U0905037

财政学国家级一流本科专业建设项目：020201K
劳动与社会保障省级一流本科专业建设项目：120403
河北省研究生课程思政示范课程建设项目：YKCSZ2021005
河北大学课程思政教学研究改革项目：KCSZ21019
河北大学校级示范基层教学组织项目：202109

新时代大学生创新与实践系列丛书

财税理论与政策

（2020）

河北大学财政学系　编

河北大学出版社
·保定·

出 版 人：朱文富
责任编辑：王殊宁
装帧设计：王占梅
责任校对：李 易
责任印制：常 凯

图书在版编目（CIP）数据

财税理论与政策．2020 / 河北大学财政学系编．-- 保定：河北大学出版社，2022.9
ISBN 978-7-5666-2069-9

Ⅰ．①财… Ⅱ．①河… Ⅲ．①财政理论－中国－文集②税收理论－中国－文集③财政政策－中国－文集④税收政策－中国－文集 Ⅳ．①F812-53

中国版本图书馆CIP数据核字（2022）第164806号

出版发行：河北大学出版社
地址：河北省保定市七一东路2666号 邮编：071000
电话：0312-5073003 0312-5073029
网址：www.hbdxcbs.com
邮箱：hbdxcbs818@163.com
经 销：全国新华书店
印 刷：保定市北方胶印有限公司
幅面尺寸：185 mm × 260 mm
字 数：240千字
印 张：15.25
版 次：2022年9月第1版
印 次：2022年9月第1次印刷
书 号：ISBN 978-7-5666-2069-9
定 价：48.00元

如发现印装质量问题，影响阅读，请与本社联系。
电话：0312-5073023

前　言

2020年5月，教育部印发《高等学校课程思政建设指导纲要》，进一步明确了课程思政建设的重要意义与目标要求、重点内容与教育任务、质量评价体系与激励机制、组织实施与条件保障，为部署课程思政建设工作提供了政策依据与根本遵循。课程思政建设以高水平人才培养为核心，以此来不断完善课程思政工作体系、教学体系和内容体系，同时引导学生了解世情国情党情民情，增强对党的创新理论的政治认同、思想认同、情感认同，坚定中国特色社会主义道路自信、理论自信、制度自信、文化自信。高校课程思政教学体系涉及公共基础课程、专业教育课程、实践类课程三个方面，而财政学既拥有专业的知识理论体系，又具备较强的实践意义，财政还是国家治理的基础和重要支柱与优化资源配置、维护市场统一、促进社会公平、实现国家长治久安的制度保障。财政的经济社会功能以及学科属性决定了其与思政要素的紧密联系与高度融合。为更好地将思想政治教育贯彻于财政学课程讲授与新时代财税人才培养，河北大学财政学教学团队立足于自身优势，不断推进课程思政教学改革创新，力求落实好立德树人的根本任务。

“培养什么人、怎样培养人、为谁培养人”始终是教育的根本问题，习近平总书记进一步强调，我们党立志于中华民族千秋伟业，必须培养一代又一代拥护中国共产党领导和我国社会主义制度、立志为中国特色社会主义事业奋斗终生的有用人才。财税理论与政策作为经管专业的重要课程，在教学过程中应坚持马克思主义的指导，贯彻新时代中国特色社会主义思想，同时加强学生法治意识与经世济民理念培育，并格外注重学思结合、知行统一，积极培养学生的实践能力与创新精神。抓创新就是抓发展，谋创新就是谋未来，课程思政更须在创新方面起到示范作用。鉴于此，教学团队将培养社会主义建设者和接班人作为根本任务，格外注重学生实践能力与创新精神的培育。

本书遴选了2020年入学的23位财政学、社会保障学、资产评估专硕研究生在财税理论与政策课程学习过程中的学术论文，是在课程思政建设中训练新时代大学生创新与实践能力的成果之一。相关学术研究以问题为导向，紧密联系时事，深入剖析现象本质，并结合所学专业知识，系统地回答了财税领域的相关现实问题。

课程思政建设是在马克思主义指导下，构建中国特色哲学社会科学学科体系、学术体系、话语体系的有效路径，是引导当代大学生争当社会主义核心价值观的坚定信仰者、积极传播者、模范践行者的必要措施。当下正值中华民族伟大复兴的关键时期，望在课程思政建设下，新时代广大青年学生坚定理想信念，不负青春韶华，锤炼过硬本领，坚持守正创新，勇担民族复兴重任。

编　者

2021年6月

目　录

河北省财政支农支出对农业经济增长的影响分析

高 梦

摘 要：本文选取1998—2017年河北省相关数据，首先分析了河北省农业增长获得资金支持的现状，然后实证分析了政府财政支持对农业增长影响的规模和结构，并结合相关的经济学分析，得出财政支农资金的最适规模和最优结构配置。本文定义了财政支农资金对农业GDP的边际产出MPG＝dGDP/dG，表示政府财政支持对农业GDP的贡献率，引入C-D生产函数模型，使用STATA13软件进行定量分析，通过相关图表，并结合经济增长理论、经济稳态、边际分析法等经济学分析，得到政府财政支农资金运用的最适规模；通过灰色系统理论与灰色关联方法，对政府农业基本建设支出、支援农村生产支出、农林水利气象等部门事业费、农业科技三项费用和农村救济费与农业经济增长的关联度进行分析，得出各项财政支农支出对农业经济增长的不同影响程度，以及由此得到政府各项财政支农资金的最优结构配置。通过以上分析，证明确实存在这样一条最优路径，能够使政府财政支农资金在促进农业经济增长上实现最适规模和最优结构配置，也就是确实存在最优解，即均衡解，并结合河北省的实际情况，提出合理的建议。

关键词：财政支农支出；农业经济增长；C-D生产函数；灰色系统理论与灰色关联方法

文章结合课程知识点：财政支出——财政支农支出

文章所体现的思政元素：习近平总书记强调，民族要复兴，乡村必振兴。全面建设社会主义现代化国家，实现中华民族伟大复兴，最艰巨最繁重的任务依然在农村，最广泛最深厚的基础依然在农村。2021年中央一号文件指出，新发展阶段“三农”工作依然极端重要，须臾不可放松，务必抓紧抓实。2021年，财政部农业农村司将坚持以习近平新时代中国特色社会主义思想为指导，立足新发展阶段，贯彻新发展理念，构建新发展格局，充分发挥财政职能作用，着力完善财政支农政策，积极创新财政支农机制，不断强化财政支农资金管理，加快推进巩固拓展脱贫攻坚成果与乡村振兴有效衔接，加快推动乡村全面振兴，加快推动农业农村现代化，促进农业高质高效、乡村宜居宜业、农民富裕富足，为全面建设社会主义现代化国家开好局、起好步提供有力支撑。

近年来国家对农业发展问题极为关心，相关财政支农支出对农业经济增长影响的研究也有很多。国外学者的研究较早，首先是凯恩斯基于流动性偏好、边际消费倾向递减和资本边际效率递减三大规律解释了为什么会存在人们愿意购买而没有能力消费的原因，而人们对于支付能力的这种需求不能单纯通过市场来调节，所以需要政府的介入，来干预经济的运行。阿罗塔尔（Arrowetal）在构建经济模型中提出了政府财政支出与经济增长两个变量的结合。我国学者分别从全国层面和地区层面进一步验证了财政支农支出与农业经济增长的关系。张元红和朱钢、张军等分别利用我国 1952—1998 年和 1991—1995 年间财政支农支出数据，实证分析了财政支农支出与农业经济增长之间的关系，发现财政支农支出对农业经济增长具有显著促进作用，并提出我国财政总体实力的制约是我国财政支农力度偏低的重要原因。席小瑾认为目前首先应建立财政支出的监管体系，改革原有经济结构，建立一套与实际支出体制相符的监管体系。这些研究从全国向具体省份聚焦，但关于河北省的研究还是比较少。本文从河北省的实际情况出发，分别从规模和结构层面进行分析，通过搜集数据，运用柱形图、折线图等进行基本分析，用 C-D 生产函数模型和灰色系统理论与灰色系统方法进行实证分析，结合 STATA13 软件，对财政支农支出规模和结构对农业经济发展的影响量化处理，从而找到政策运行过程中存在的问题，并提出合理的建议。

1 河北省财政支农支出与农业经济增长的现状

1.1 河北省财政支农支出现状

1.1.1 河北省财政支农支出规模

河北省财政支农支出规模是指用现有政府资金支持农业和农村发展的支出，通常有两个指标：绝对规模和相对规模。这两个指标分别从总量和百分比上反映政府对“三农”事业的支持程度。在河北省，农业的总体财政支持正在增加，财政支农支出总量占地方公共预算支出的比例和农业国内生产总值的份额也在增加，但财政支农支出总量的环比增长率却不断波动，近年来出现了下行趋势。

（1）河北省财政支农支出绝对规模

政府对农业的财政支持的绝对水平反映了政府对农业和农村发展的支持，一般用政府财政支农支出总额来表示。根据《河北经济年鉴》《河北农村统计年鉴》及国家统计局数据，本文采用河北省地方财政农林水事务支出来表示。1998—2017 年河北省财政支农支出的绝对规模呈逐渐上行的趋势，具体变动情况如下：

如图 1-1 和图 1-2，表示 1998—2017 年这 20 年间河北省政府财政支农支出的总额及其定基增长率和环比增长率。20 年来，河北省财政支农支出总额呈明显上升趋势，总共上涨 763.44 亿元，平均每年上涨 40.18 亿元。定基增长率也逐渐上升，但其环比增长率却起起伏伏，主要分为四个阶段。第一阶段是 1998—2002 年，环比增长率逐渐上升，表明河北省地方政府财政支农支出总额增速逐步变大。第二阶段为 2003—2010 年，环比增长率呈不断上下波动的趋势，而且波动幅度较大，尤其在 2003 年环比增长率突然下降为负值，这与当年爆发的“非典”有直接关系，政府财政资金更多地用于救助病人、抵御防范病毒的传播等，而用于支持农业生产的则较少。“非典”过后，河北省政府为了弥补“非典”期间农业生产损失，投入大量资金，使 2004 年政府财政支农支出环比增长率大幅度上升，甚至成为 1998—2017 年这 20 年来最大的环比增长率。第三阶段为 2011—2015 年，环比增长率虽仍然上下波动，但波动幅度微小，表明这几年河北省财政支农支出总额增长速度比较稳定，政府对发展“三农”事业的支持力度正在增加。第四阶段是 2015 年以后，环比增长率开始下降，表明河北省财政支农支出总额增速开始放缓，政府转变对“三农”事业发展的支持方式，注重提高财政支农资金使用的质量。

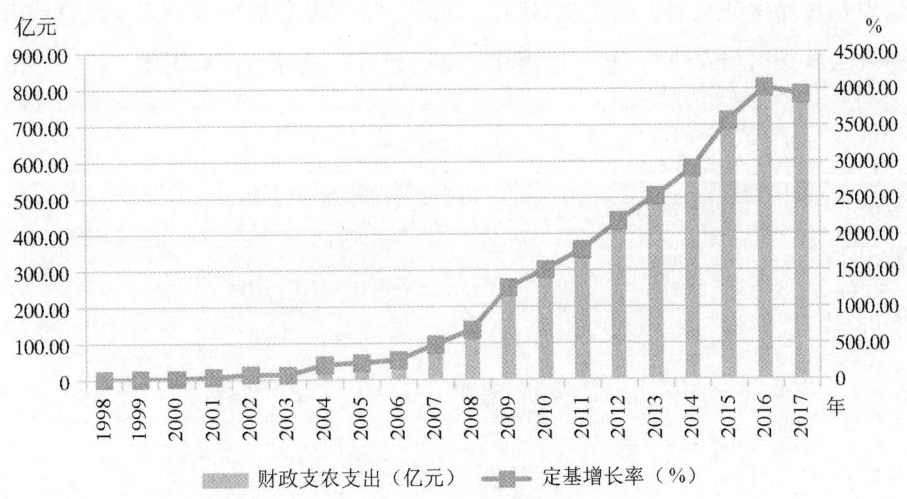

图 1-1 河北省 1998—2017 年政府财政支农支出总额与定基增长率

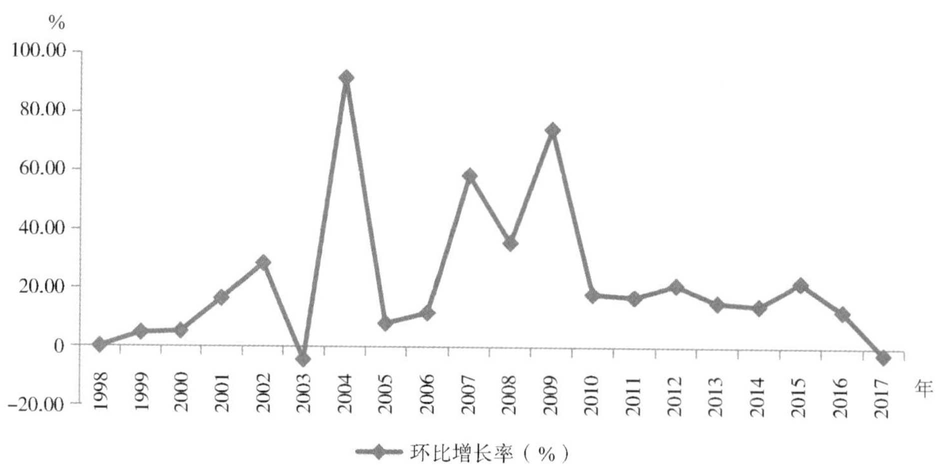

图 1-2　河北省 1998—2017 年政府财政支农支出环比增长率

（2）河北省财政支农支出相对规模

政府财政支农支出的相对规模是用百分比反映政府对农业农村发展的支持程度，一般有两个衡量指标：财政支农支出总额占地方公共财政预算支出的比重与财政支农支出总额占农业 GDP 的比重。根据《河北经济年鉴》《河北农村统计年鉴》及国家统计局数据，本文采用河北省地方财政农林水事务支出表示政府财政支农支出总额，用河北省农林牧渔生产总值表示农业 GDP。1998—2017 年政府财政支农支出总额占地方公共财政预算支出与农业 GDP 的比重均呈上行趋势，具体情况如下图。

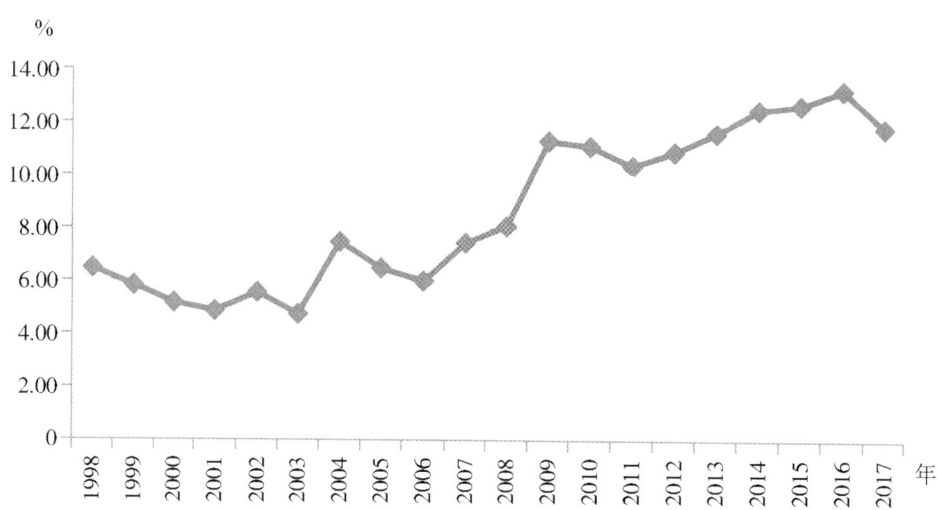

图 1-3　河北省 1998—2017 年财政支农支出总额占地方公共财政预算支出的比重

如图 1-3，1998—2017 年这 20 年间河北省财政支农支出总额占地方公共财政预算支出的比重从总体上说是上升的，共增长 5.33%，平均每年增长 0.28%。在这 20 年间政府财政支农支出总额占比主要分为四个阶段。第一阶段为 1998—2003 年，政府财政支农支出总额所占比重不断下降。由于国家经济发展规模与方向的影响，政府对农业发展的关注度不是很大，只能维持基本的农业经济发展的需要，财政资金主要用于工业的发展以保持经济的快速发展。第二阶段为 2004—2009 年，政府财政支农支出总额所占比重整体上是上升的。自 2003 年中央将“三农”问题放在国家战略高度以来，河北省也开始高度重视农业的发展，通过财政直接补贴等方式，在政策支持上加大对农业的倾斜力度，并使政府财政支农支出总额占比在 2009 年首次突破 10%，达到 11.28%。第三阶段为 2010—2011 年，政府财政支农支出总额所占比重是下降的，但下降幅度很小，均维持在 10%以上。政府财政政策的调整直接影响财政支农支出总额的占比，使其发生微小的变动。第四阶段为 2011 年以后，政府财政支农支出总额所占比重整体上是上升的，并在 2016 年达到最大值 13.24%。中央推出“四万亿计划”及一系列惠农政策以来，河北省作为农业大省，非常重视农业农村经济成长，尤其近年来国家推行乡村振兴战略，坚持农业农村现代化，坚持走中国特色社会主义乡村振兴之路等，更是坚定了河北省通过财政政策来大力扶持发展农业农村的决心，政府财政支农支出总额的占比也因此不断提高。

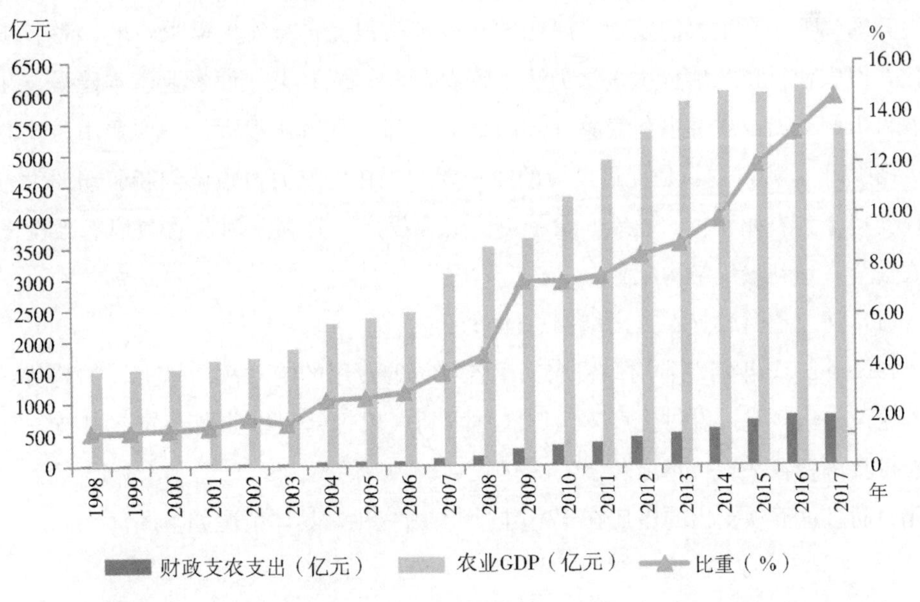

图 1-4 河北省 1998—2017 年财政支农支出总额占农业 GDP 的比重

如图 1-4，1998—2017 年这 20 年期间，河北省政府财政支农支出总额占农业 GDP 的比重是逐渐上升的，共增长 13.28％，平均每年增长 0.70％。在 2003 年由于“非典”的影响，政府财政支农支出总额占比有所下降，但下降幅度较小。政府财政支农支出总额占比在 2009 年前后有所不同，2009 年以前增速较小，平均每年增长 0.54％，表明政府财政政策对促进农业经济发展的影响较小；2009 年以后，在 2009 年占比 7.27％的基础上，政府财政支农支出总额以较大的速率增长，平均每年增长 0.91％，表明政府各项财政政策开始发挥其优势作用，能够正确引导农业农村的发展，并在促进农业发展中发挥良好作用。

1.1.2　河北省财政支农支出结构

政府财政支农支出结构是指在现有的给定的财政支农支出规模的基础上，政府财政支农支出各项目的分布。根据《河北经济年鉴》《河北农村统计年鉴》及国家统计局数据，为保持统计口径的一致，本文将财政支农支出分为五项：农业基本建设支出、支援农村生产支出、农林水利气象等部门事业费、农业科技三项费用及农村救济费。由于 2016 年及 2017 年的数据未能获得，本部分采取的数据为 1998—2015 年的数据。

河北省财政支农支出结构就目前河北省农业经济发展速度与方向和财政支农资金的各项分配来讲是非常不合理的。为了适应经济发展的需求，政府对社会的投资日益增多，但随着政府财政支农支出的提高，扶持农业农村发展支出的各项目财政支持发生了不同变化：农林水利气象等部门事业费呈逐渐下行趋势，其余四项则是上升的，但上升的幅度也有很大的差别。河北省政府部门根据自身发展需求不断调整各项目的占比，但农业科技三项费用占比仍然比较少，未突破 10％，而农业基本建设支出、支援农村生产支出及农林水利气象等部门事业费却一直占比很大，三项费用占比总和均在 85％以上。科技创新是促进发展的第一要素，在国家大力强调创新驱动的大背景之下，支持干预农业科技的发展，给予更多资金投入，有利于河北省政府有效配置财政支农资金，达到最优结构配置。

（1）河北省财政支农支出结构总体特征

1998—2015 年河北省财政支农支出各项目的费用的绝对额均呈上升的趋势：农业基本建设支出、支援农村生产支出、农林水利气象等部门事业费、农业科技三项费用及农村救济费各平均每年增长 13.53 亿元、15.42 亿元、6.59 亿元、3.13 亿元、2.09 亿元。而且这五项支出的占比在 17 年内均不断变化，具体情况如下图。

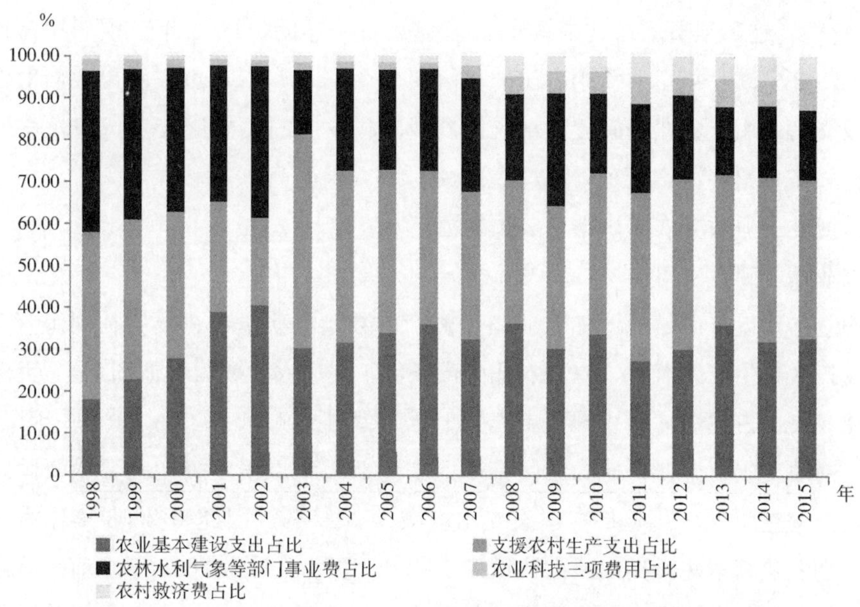

图 1-5　河北省 1998—2015 年财政支农支出各项目占财政支农支出总额的比重

如图 1-5，1998—2015 年之间，农业基本建设支出占比不断上下波动，从整体上看是上升的，平均每年增加 0.87%；支援农村生产支出占比也是不断上下波动的，但基本保持不变，维持在 39.02%的水平；农林水利气象等部门事业费占比整体上呈下降的趋势，平均每年降低 1.29%；农业科技三项费用和农村救济费占比均是不断增加的，各平均每年增加 0.28%、0.25%。

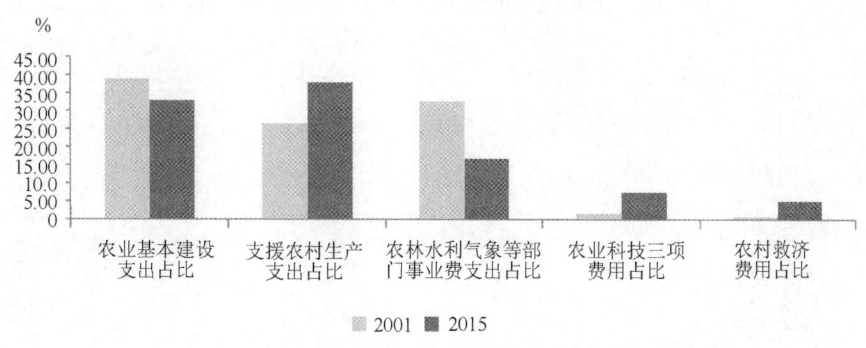

图 1-6　河北省 2001 年和 2015 年财政支农支出各项目占比柱状图

如图 1-5、图 1-6，在 17 年期间，农业基本建设支出、支援农村生产支出、农林水利气象等部门事业费这三项支出总和占比最大，都在 85%以上，其中 2001 年这三项支出之和占比最大，高达 97.80%；2015 年此三项支出之和占比最小，为 87.44%。

但是17年间，这三项费用占比之间的比值却是不一样的，1998年三项费用占比的比值为1∶2∶2，2015年三项费用占比的比值变为2∶2.25∶1，可以看出政府对农业发展的财政支持中用于农业基础建设和支援农业农村发展的支出比较多。1998—2015年间，农村救济费始终占比最小，平均占比2.83%，最高为5.56%。

（2）河北省财政支农支出结构分项特征

①农业基本建设支出

农业基本建设支出是指增加农业固定资产的数量和质量，建设各种固定资产，以满足农业扩大再生产的需要，提高农业生产条件，促进农业成长。如图1-7，河北省农业基本建设支出占比总体呈上升的趋势，17年共增长14.82%。由于2003年“非典”的影响，财政支农资金变得尤为紧张，因此农业部门新添固定资产的数量及固定资产的维护资金突然减少，农业基本建设支出就减少了10%，因此将2003年作为一个时间节点，把农业基本建设支出所占比例的变化分为两个阶段。2003年之前，该比重是严格递增的，河北省政府由于经济发展的需要，意识到资本劳动比人力劳动更能有效地释放农业生产能力，促进农业经济的发展，因此对农业固定资产的投入呈不断增加的趋势，农业基本建设支出占比在此期间平均每年增长5.60%，2002年农业基本建设支出占比达到17年来的最大值40.36%，更加表明了政府对农业机器设备及先进技术投入的倾斜力度非常大，有利于激发农业生产活力，满足农业扩大再生产的需求。2003年以后农业基本建设支出占比不断上下波动，维持在30%—35%，此时河北省政府对农业固定资产的投入已经达到一个比较稳定的状态，根据农业经济发展目标及战略思想的调整，政府将农业扶持力度倾斜于其他方面，以期政府财政支农资金得到最有效的配置，并使政府财政支农资金促进农业经济健康快速成长的效果更佳。

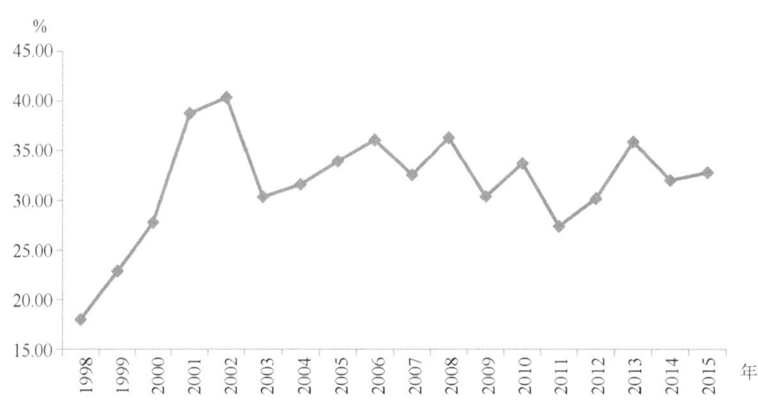

图1-7　河北省1998—2015年农业基本建设支出占政府财政支农支出的比重

②支援农村生产支出

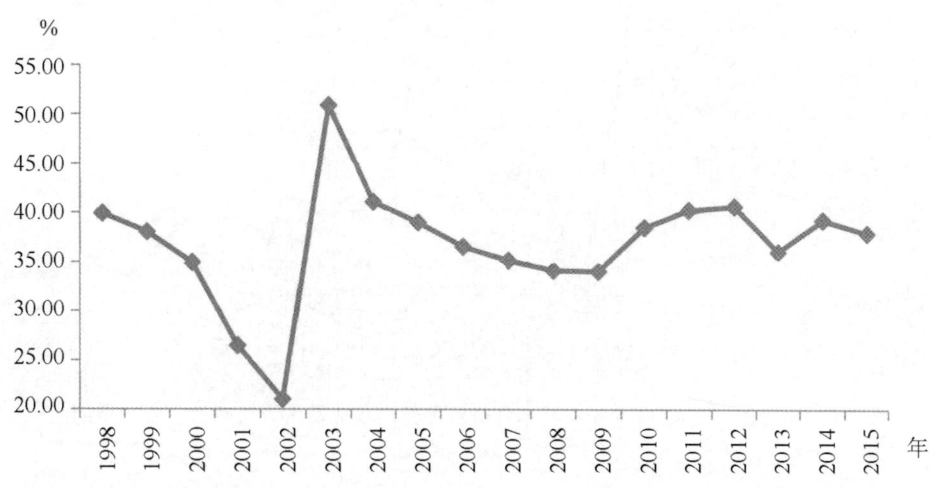

图 1-8　河北省 1998—2015 年支援农村生产支出占政府财政支农支出的比重

支援农村生产支出是指国家预算中用于支持农业集体（家庭）的生产发展支出，它是农业财政支持的主要组成部分，尤其包括用于保护水资源的小规模农业用地、土地和水的补贴及支持农村合作支出，用于组织生产、农村土地复垦补贴，农村水产养殖、植树造林和森林保护、放牧和牲畜保护补贴，粮食生产专项资金和农业发展基金的资金。如图 1-8，1998—2015 年间政府财政资金支援农村生产支出占比整体上是保持稳定的，维持在 35％—40％之间。2003 年支援农村生产支出占比增长最为迅速，增长了 29.88％，是 17 年间增长最为突出的一年。仍以 2003 年作为时间节点，2003 年以前，支援农村生产支出占比是严格减少的，2003 年以后，支援农村生产支出占比上下浮动较小，维持稳定状态。

③农林水利气象等部门事业费

农林水利气象等部门事业费是指用于农林业、水资源保护和气象业的经营成本，涉及农业用地、农业企业、畜牧业、农业机械、林业、供水、水产品、气象、乡镇和村庄经营的技术推广，促进良好品种（示范），动植物保护监测水质，勘探设计，资源收集，干部和其他项目培训，农业管理费，气象机构融资等成本。如图 1-9，农林水利气象等部门事业费占比整体呈下降的趋势。由于该项费用大部分用于农业行政部门的人员及其管理费用，与农业经济生产的关联性较小，而且国家倡导减少地方官员的“三公”经费，所以该项费用占比逐渐下降是大势所趋，符合河北省经济发展的需要。

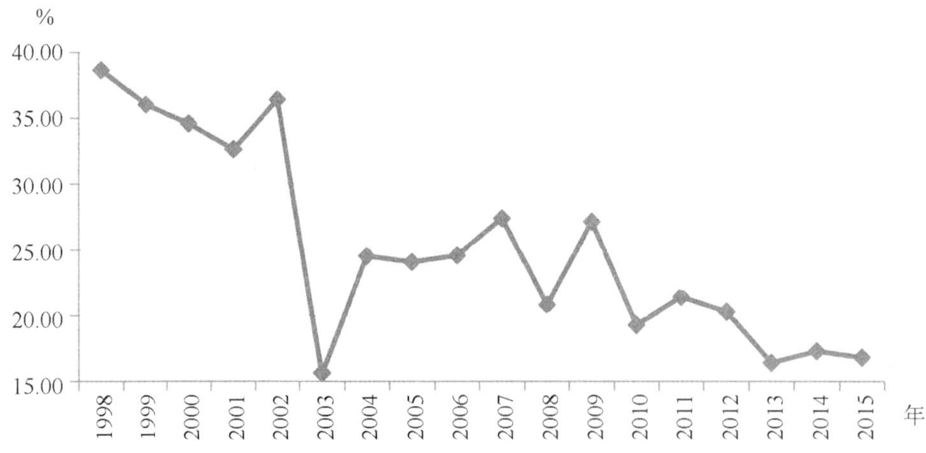

图 1-9　河北省 1998—2015 年农林水利气象等部门事业费占政府财政支农支出的比重

④农业科技三项费用

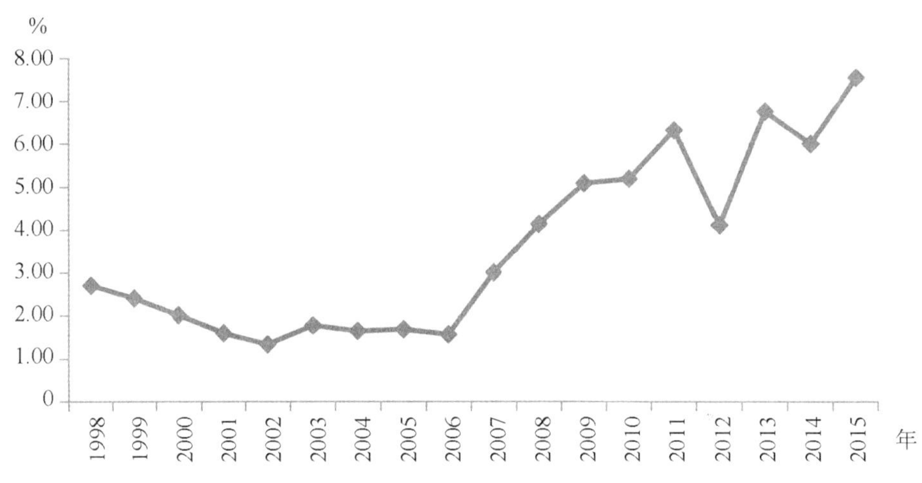

图 1-10　河北省 1998—2015 年农业科技三项费用占政府财政支农支出的比重

农业科技三项费用涵盖了国家科技预算的支出，包括农产品新产品生产补贴、中期评审和科学研究三项。如图 1-10，农业科技三项费用占比整体呈上升趋势，具体可分为三个阶段：第一阶段 1998—2002 年，该项费用占比不断减少；第二阶段 2003—2006 年，该项费用占比基本保持不变，维持在 1.67%附近；第三阶段 2007—2015 年，该项费用占比大幅增加，但最高也未超过 8%。根据经济增长理论，科学技术是带动经济发展最快最有效的要素，近年来国家大力推进技术创新、掌握科技关键技术，积极支持科技发展，河北省财政支农资金中用于农业科技方面的也日益增多，但就目前来看，资金支持力度仍有待增加。

⑤农村救济费

农村救济费是指用于保障农村贫困人口最极端生存需求和支持贫困地区的经济发展的费用支出。如图 1-11，农村救济费占比呈现双 J 形状，并以 2008 年为时间节点进行区分。2008 年以前，该项费用占比是严格递增的，并于 2008 年达到最高点 4.68%。2008 年以后，该项费用占比先下降后上升，而且上升幅度较大，并在 2014 年达到新的最高点 5.56%。农村救济费占比在这 17 年间整体呈上升趋势，但相比其他项目来说，比重是最小的，最高占比未超过 6%。农村救济费体现的是政府对贫困地区及贫困人口的帮扶，近年来国家实行精准扶贫，脱贫攻坚十分急迫，河北省政府响应号召，政府财政支农资金中用于农村救济费的部分不断上升，但仍有待增加。

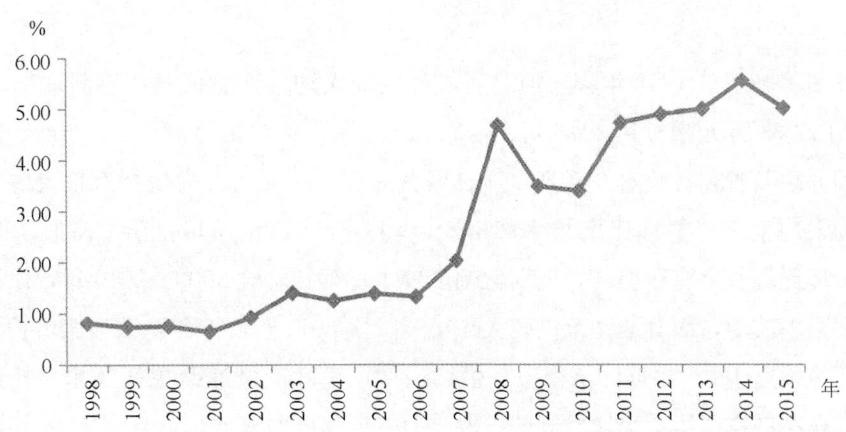

图 1-11　河北省 1998—2015 年农村救济费占政府财政支农支出的比重

1.2　河北省农业经济增长现状

农业经济总量是反映农业成长状况的最直接的手段，河北省农业经济总量总体呈上升趋势。根据《河北经济年鉴》《河北农村统计年鉴》及国家统计局数据，本文选取河北省农林牧渔产量反映农业经济增长，由于难以获得合适的剔除物价影响的相关指标，故采用名义价格，以保持数据的一致性。因此，用河北省农林牧渔人均生产总值和人均生产总值的环比增长率来更加精确地反映农业经济增长的情况。由于 2017 年第一产业从业人员人数未能获得，因此此项分析只针对 1998—2016 年的数据。

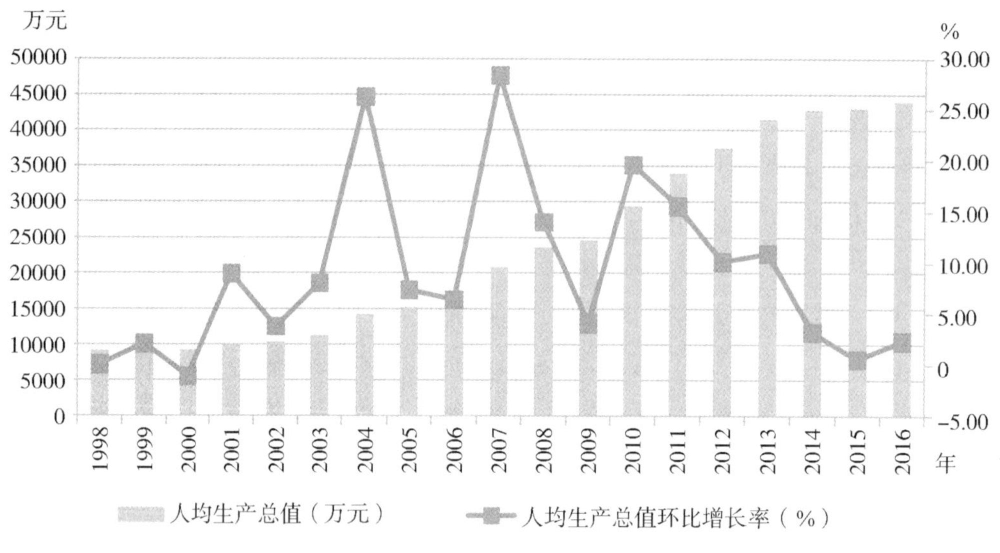

图 1-12 河北省 1998—2016 年农林牧渔人均生产总值与环比增长率

如图 1-12，从 1998 年起，河北省农林牧渔人均生产总值总体不断增加，从 1998 年的 9125.51 万元增长到 2016 年 44 075.40 万元，平均每年增长 21.28%，这与党中央、国务院及省委省政府一系列“强农惠农富农”政策的大力扶持有很大关系。而农林牧渔人均生产总值环比增长率却不断浮动，分成三个阶段：第一阶段 1998—2001 年，该环比增长率有所提高，但变化幅度较小；第二阶段 2002—2010 年，该环比增长率不断上下波动，而且波动范围较大；第三阶段 2011—2016 年，该环比增长率有所下滑，直至接近于 0。根据经济稳态、生产规律、边际产量递减规律及帕累托最优，河北省农业经济在经历了快速发展的阶段之后发展速度明显放缓，直到 2014 年开始接近于 0，经济达到稳态，此时需要新的外生动力来刺激农业经济的发展，向更好更持久的稳态水平跨越，比如农业科技创新、第一产业从业人员素质大幅提高等。

如图 1-13，2006 年我国新添“农林牧渔服务业”，所以，在此之前没有其占比统计。从图中可以看出，农业占比最大，保持在 50%附近。其次是牧业，平均占比 38.98%。林业占比最少，最高才为 3.27%。渔业和农林牧渔服务业在 2006 年到 2017 年间比较稳定，而农业、林业和牧业变动偏大。农业和林业占比均先减少再增多，而牧业则与之互补，先增多再减少。河北省坚持因地制宜、开拓创新的发展思路，立足于本省特色产业和优势资源，不断调整五业的相对规模，推动当地生产水平和经济效益的提高，增加居民收入。

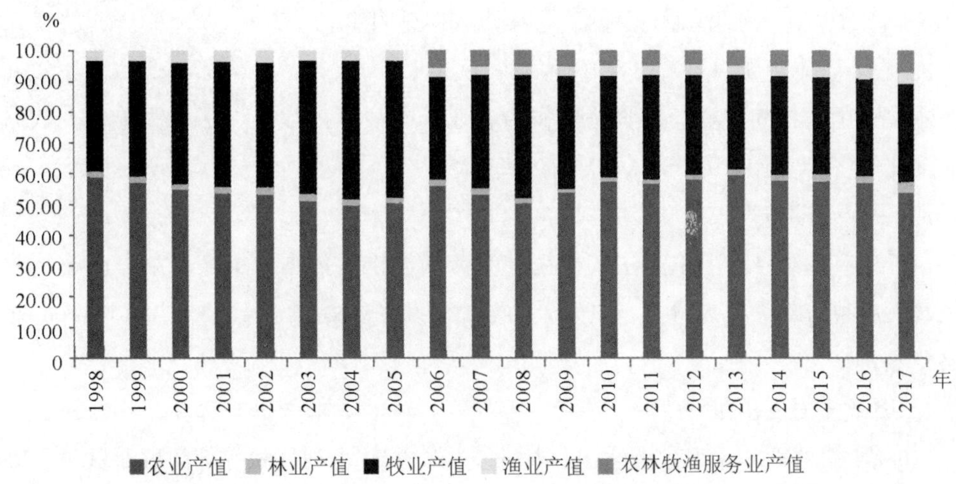

图 1-13 河北省 1998—2017 年农、林、牧、渔及农林牧渔服务业产值占总产值的比重

2 河北省财政支农支出规模对农业经济增长影响的实证分析

本节分析河北省财政支农支出规模对农业经济增长的影响，选用河北省财政支农与农业经济增长相关统计数据，被解释变量是农林牧渔产量总值，解释变量分别是财政支农支出、农村固定资产投资额和农业劳动力投入。本部分使用 C-D 生产函数模型，结合平稳性检验、协整检验、方差分解等对河北省财政支农支出与农业经济增长的关系进行实证分析与检验。

2.1 C-D 生产函数模型构建

本文选取经典的 C-D 生产函数为基本模型进行分析，将模型设定为：

$$Y = AK^{\alpha}L^{\beta}G^{\gamma}e^{\mu}$$

进一步，将基本模型转化为线性形式，两边同时取对数，得：

$$\ln Y = \ln A + \alpha \ln K + \beta \ln L + \gamma \ln G + \mu$$

其中：Y 代表农业产出，A 代表农业综合技术水平，K 代表农业资本存量，L 代表农业劳动力投入，G 代表财政支农支出，α、β、γ 分别代表资本、劳动力和财政支农支出对农业经济增长的产出弹性系数，μ 是随机变量。

2.2 变量选择与数据来源

由于数据取得的可行性，本文选取各变量 1998 年到 2016 年的时间序列数据为样本进行相关数据的检验与实证分析。

1. 农业产出总量（Y）

本文采用农林牧渔产量总值来表示农业产出总量 Y，数据以亿元为单位。数据来自 1998—2016 年《河北省经济年鉴》，具体数据见附录表 2-1。

2. 农业资本存量（K）

本文采用农村固定资产投资总额作为农业资本存量，数据以亿元为单位。数据来自《河北经济年鉴》。

3. 农业劳动力投入量（L）

由于现有的统计年鉴上无法获得精准的劳动力投入数据，本文以第一产业从业人员人数来反映劳动力投入量 L，以万人为数据单位。数据来自 1998—2016 年《河北省经济年鉴》。

4. 财政支农支出量（G）

1998 年—2006 年采取农业支出、林业支出、农林水利气象等部门事业费三个支出项目表示财政支农支出，数据以亿元为单位，2007 年—2016 年，采取农林水事务这一支出项目表示财政支农支出，数据以亿元为单位。数据来自 1998—2016 年《河北省经济年鉴》和国家统计局数据。

为了减少数据的波动性和异方差影响，对各数据分别取自然对数，以上四个变量经处理以后分别记为 $\ln Y$、$\ln K$、$\ln L$、$\ln G$，变量基本信息如表 2-1 所示。

表 2-1　变量描述性统计

变量	均值	标准差	最小值	最大值
$\ln Y$	8.04738	0.5308824	7.317153	8.713395
$\ln K$	5.782947	0.43665	5.168266	6.411933
$\ln L$	7.329432	0.0729225	7.230078	7.425429
$\ln G$	4.860419	1.377753	2.968875	6.685599

2.3 实证分析

2.3.1 平稳性检验

平稳性意味着时间序列的统计规律不会随时间而变化，然而，实际中大多数经济活动时间序列不是平稳的，即会随着时间的推移不断发生变化，如果将这些序列直接进行回归分析，很可能会出现伪回归或假回归现象。因此在执行时间序列的实证分析前，必须首先测试平稳性。平稳性检验也称为单位根检验，常用的平稳性检验方法有 DF、PP 和 ADF 检验法，本文采用 STATA13 软件，使用 DF 单位根检验法，对 $\ln Y$、$\ln K$、$\ln L$、$\ln G$、$\Delta\ln Y$、$\Delta\ln K$、$\Delta\ln L$、$\Delta\ln G$ 八个变量进行平稳性检验，检验结果如表 2-2。

表 2-2　DF 单位根检验表

变量	DF 检验值	各显著性水平下的临界值			检测结果
		1%	5%	10%	
ln *Y*	−0.289	−3.750	−3.000	−2.630	非平稳
Δln *Y*	−3.291	−3.750	−3.000	−2.630	平稳
ln *K*	−1.941	−3.750	−3.000	−2.630	非平稳
Δln *K*	−4.798	−3.750	−3.000	−2.630	平稳
ln *L*	0.049	−3.750	−3.000	−2.630	非平稳
Δln *L*	−3.227	−3.750	−3.000	−2.630	平稳
ln *G*	−0.033	−3.750	−3.000	−2.630	非平稳
Δln *G*	−4.133	−3.750	−3.000	−2.630	平稳

数据来源：通过 STATA13 软件分析得到。

结果表明上述变量存在单位根，即这些变量是非平稳变量。农业产出总量、农业资本存量、农业劳动力投入量、财政支农支出量的对数序列的 DF 统计量在 0.1 的显著性水平上不能拒绝原假设，表明这些变量是非平稳的。对这些变量的对数一阶差分序列检验表明，他们的 DF 统计量在 0.05 或 0.1 的显著性水平上通过了显著性检验，可以拒绝原假设，表明这些变量的差分变量具有平稳性，可以进行下一步的协整检验以确定它们之间是否具有长期均衡关系。

2.3.2　协整检验

协整检验就是非平稳序列的因果关系检验，是用来检验回归方程所描述的因果关系是否存在伪回归现象的。主要方法有 JJ 检验和 EG 两步法。前者是在建立 VAR 模型的基础上检验回归系数，此检验方法要求模型需符合 ADL 模式。后者可以通过建立 OLS 模型检验回归残差。本文通过建立回归分析方程，以 EG 两步法进行数据的协整检验。

表 2-3　　残差单位根检验

变量	DF 检验值	各显著性水平下的临界值			检测结果
		1%	5%	10%	
ε_t	−3.281	−3.750	−3.000	−2.630	平稳

数据来源：通过 STATA13 软件分析得到。

由以上结果可以看出，残差的 DF 统计量全部小于各显著水平下的临界值，说明该回归方程的残差在 5%的显著性水平上拒绝原假设。因此，认为农业产出总量、农业资本存量、农业劳动力投入量与财政支农支出量之间存在协整关系，OLS 模型得到的回归结果是有效的。

2.3.3 回归分析

前文对变量进行平稳性检验和协整检验，表明变量之间存在长期均衡关系，在此运用高斯普通最小二乘法进行估计，得到回归分析方程（表 2-4）：

$$\ln Y = 11.81652 + 0.1417932 \ln K - 0.8227859 \ln L + 0.2979082 \ln G$$
$$(2.14) \qquad (1.90) \qquad (-1.14) \qquad (6.81)$$

表 2-4 计量回归结果

变量	系数	标准差	T 统计值	P 值
$\ln K$	0.1417932	0.0744741	1.90	0.076
$\ln L$	−0.8227859	0.720235	−1.14	0.271
$\ln G$	0.2979082	0.0437413	6.81	0.000
常数项	11.81652	5.514332	2.14	0.049
Prob>F=0.0000	R-squared=0.9937	Adj R-squared=0.9925	$D.W.$=1.7074	

数据来源：通过 STATA13 软件分析得到。

从回归结果来看，（1）R^2 为 0.9937，调整后的 R^2 为 0.9925，表明回归模型的拟合优度较高，残差微小，能够用模型解释的部分占比较大，整体上模型能够很好地解释变量间的关系；（2）F 统计量的 P 值等于 0.0000，表明可以完全拒绝原假设，即拒绝模型无效的假设，认为被解释变量和解释变量之间是存在显著关系的，即证明财政支农支出规模确实能够影响农业经济增长；（3）$D.W.$ 值在 2 左右，表明不存在序列相关，参数估计及模型检验均有实际意义；（4）$\ln G$ 和 $\ln K$ 的系数均为正，即政府财政支农支出规模和农业资本存量都能够促进农业经济增长，而且它们都通过了 1%和 10%显著性水平下的 t 检验。而农业劳动力投入量系数为负，即农业就业人数对农业经济发展的影响为负，可能原因是：①农村大量劳动力转移到其他行业；②由于科学技术的发展，农业从劳动密集型转向技术密集型，但劳动力的减少，并没有使农业产出因此减少而下降；③劳动力受所受教育程度的限制，劳动力的素质不是很高。

2.3.4 模型稳健性分析

（1）异方差检验

同方差性是经典线性回归的重要假定之一，指总体回归函数中的随机干扰项在解释变量条件下具有不变的方差。因此，异方差检验是非常重要的。异方差检验有多种方法，比如图示法、BP 检验、White 检验等，在此采用 BP 检验法来判断模型是否存在异方差。BP 检验法的基础原理就是通过辅助回归的 R^2 来进行检验。对回归模型进行 BP 检验，结果如下图所示。

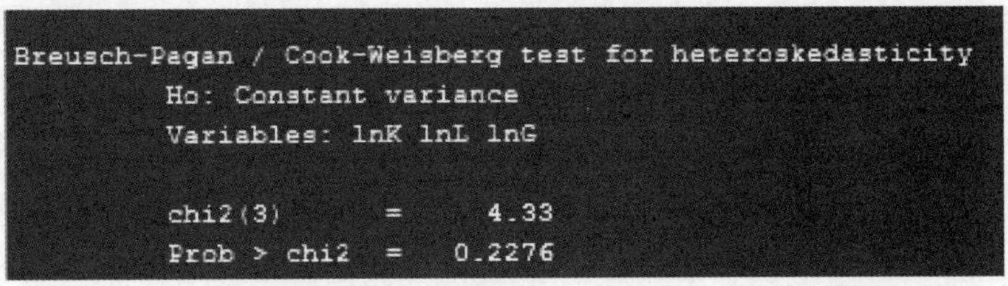

```
Breusch-Pagan / Cook-Weisberg test for heteroskedasticity
         Ho: Constant variance
         Variables: lnK lnL lnG

         chi2(3)      =     4.33
         Prob > chi2  =   0.2276
```

图 2-1　模型 BP 检验结果

数据来源：通过 STATA13 软件分析得到。

结果表明，在给定 $\alpha=0.05$ 的情况下，BP 检验的卡方统计量 chi 2（3）=4.33，对应 p 值为 $0.2276>0.1$，不能拒绝模型不存在异方差的原假设，说明该模型不存在异方差。

（2）序列相关检验

序列相关，又称自相关，是指总体回归模型的随机误差项之间存在相关关系，即不同观测点上的误差项彼此相关。可以表示为：

$$Cov(\mu_i, \mu_j)=E(\mu_i, \mu_j)=0 \quad (i \neq j)$$

普通最小二乘法（OLS）的基本假设要求随机扰动项具有零均值、同方差，且不序列相关，如果模型的残差项存在序列相关，那么该模型设定错误，需要进行调整。

检验模型的残差项是否存在序列相关，有图示法、DW 法和 BG 检验法，在此采用 BG 检验法。该模型的检验结果如下表所示。

表 2-5　模型 BG 检验结果

滞后阶数（P）	卡方统计量（chi 2）	自由度（df）	P 值
1	0.402	1	0.5262
2	0.470	2	0.7904
3	1.128	3	0.7704
4	2.032	4	0.7299
5	5.133	5	0.3999

数据来源：通过 STATA13 软件分析得到。

结果表明，由于 P 值均大于 0.1，因此不能拒绝原假设（$H0$：不存在序列相关），因此认为该模型不存在序列相关。

2.4 河北省财政支农支出最适规模分析

根据边际产量递减规律、帕累托最优及经济稳态，本文定义了财政支农资金对农业 GDP 的边际产出 MPG＝ΔGDP/ΔG＝dGDP/dG，表示政府财政支农资金对农业 GDP 的贡献率，即政府财政支农资金每增加一单位所带来的农业 GDP 的增加值。只有当 MPG＝1，即边际成本＝边际收益时，政府财政支农支出达到最适规模。若 MPG＞1，即边际收益＞边际成本，财政支农支出规模偏小；若 MPG＜1，即边际收益＜边际成本，财政支农支出规模过大，导致农业 GDP 不增反减，造成财政资金的不合理损耗。

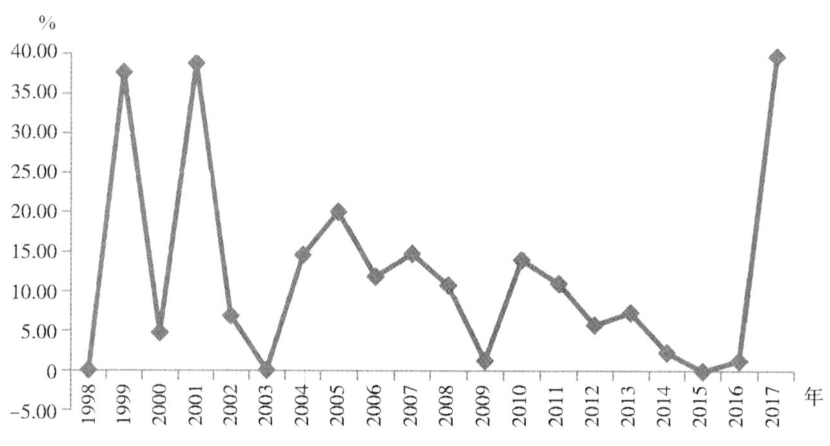

图 2-2 财政支农资金对农业 GDP 的边际产出 MPG

如图 2-2，由于 2003 年 MPG＝－105.33，并且只有 2003 年是这样，为了保证图形的美观及分析的需要，在此去除 2003 年的数据。如图，政府财政支农资金对农业 GDP 的边际产出 MPG 是不断波动的，2003 年以前波动较大，政府财政支农资金每增加 1 亿元，农业 GDP 增加值超过 30 亿元。2003 年以后，可以分为三个周期：第一周期 2004—2009 年，MPG 先增加再减少，在 2005 年达到最大值，此时政府财政支农资金每增加 1 亿元，农业 GDP 增加 20 亿元，2009 年为最小值 1.20，但也大于 1，表明财政支农支出不足，仍需增加财政支农资金。第二周期 2010—2015 年，MPG 也是先增加再减少，但相比前一周期，MPG 增加的幅度较小，下降的幅度偏大，2015 年下降到 0 以下，表明此时政府财政支农资金过多，导致农业 GDP 不增反减，而且 2015 年由于自然灾害的原因，农产品产量急剧下降，市场供不应求，给农业经济的发展沉重一击。第三周期是 2015 年以后，此周期还在进行，因为 MPG 仍处在上升阶段，而且上升的幅度是19年来最大的，2017年MPG也达到了19年间的最大值39.74，即政府财政支农资金每增加1亿元，农业GDP增加39.74亿元，政府财政支农资金对农业经济增长的贡献率很大，超过1/3，而且由于MPG的数值远远大于1，说明政府财政支农支出还未达到最适规模，政府仍需加大对农业经济的投入，进而更好地促进农业经济的发展，达到农业经济稳态水平。

3 河北省财政支农支出结构对农业经济增长影响的实证分析

本节分析河北省财政支农支出各项目与农业经济增长之间的关系，基于灰色系统理论，用灰色关联方法找出财政支农支出5个项目分别与农业经济增长的关联度，并进行实证分析与检验。

3.1 灰色系统理论与灰色关联方法

灰色系统理论主要用于分析既无经验、数据又少的可变性问题，即“少数据不确定性”问题，其研究内容包括灰色系统建模理论、灰色关联分析方法等。本节采用灰色关联分析方法进行研究，通过关联度来描述财政支农支出5个项目与农业经济增长之间的关联顺序。灰色关联分析方法具体过程如下：

(1) 确定参考序列和比较序列表达式

参考序列用 X_0 表示，设 $X_0=(X_0(1), X_0(2), \cdots X_0(n))$；比较序列用 X_i 表示，设

$$X_i=(X_i(1), X_i(2), \cdots, X_i(n)), i=1, 2, \tag{3-1}$$

(2) 求各序列的初值像（或均值像）

$$X_i^{'}=\frac{X_i}{x_{i(1)}}=(x_i^{'}(1), x_i^{'}(2), \cdots, x_i^{'}(n)) \tag{3-2}$$

$$\Delta_i(k)=|x_0^{'}(k)-x_i^{'}(k)|, \Delta_i=(\Delta_i(1), \Delta_i(2), \cdots, \Delta_i(n)), i=1, 2, \cdots, m \tag{3-3}$$

(3) 求两级最大差与最小差

$$M=\max_i \max_k \Delta_i(k) \tag{3-4}$$

$$m=\min_i \min_k \Delta_i(k) \tag{3-5}$$

(4) 求关联系数

$$\gamma(x_0(k), x_i(k))=\frac{m+\rho M}{\Delta_i(k)+\rho M} \quad (k=1, 2, \cdots, n; i=1, 2, \cdots, m) \tag{3-6}$$

ρ 为分辨系数，一般 $\rho=0.5$。

（5）计算关联度

$$\gamma_{0i}=\frac{1}{n}\sum_{k=1}^{n}\gamma_{0i}(k),\ i=1,\ 2,\ \cdots,\ m \tag{3-7}$$

3.2 数据选取与数据来源

选取 1998—2015 年河北省农林牧渔生产总值作为参考序列，1998—2015 年河北省财政支农支出各项目支出作为比较序列。

3.3 灰色关联实证分析

表 3-1 河北省 1998—2015 年财政支农支出结构灰色关联系数计算表

项目	农业基本建设支出	支援农村生产支出	农林水利气象等部门事业费	农业科技三项费用	农村救济费
关联度	0.68	0.67	0.74	0.75	0.71

数据来源：根据 1999—2016 年《河北经济年鉴》《河北农村统计年鉴》及国家统计局数据整理得到。

由表 3-1，这 5 项财政支农支出项目与农业经济增长的关联度均大于 0.6，表示每一项都有很强的促进农业经济增长的能力，但他们之间还是有差别，关联度从大到小排序为：农业科技三项费用＞农林水利气象等部门事业费＞农村救济费＞农村基本建设支出＞支援农村生产支出。农业科技三项费用与农业经济增长的关联度是最大的，其值为 0.75，科技创新一直是促进经济发展的第一要素，资金向农业科技的大力倾斜将会带来新的局面，使农业经济有质的飞跃，达到更高层次的发展。支援农村生产支出与农业经济增长的关联度是最小的，其值为 0.67。该项目支出是为了保证农业基本生产的顺利进行，所以相比其他项目来说，该项目促进农业经济发展的能力是有限的，促进农业经济发展的效果也是最弱的。农村救济费与农业经济增长的关联度也比较大，其值为 0.71，表明促进农业经济的快速增长，只在前方增加科技的投入、提高劳动人员的素质等是远远不够的，还需保障后方的利益，即降贫脱贫，缩小地区间的差距，做到各地区之间同比增长。

3.4 河北省财政支农支出最优结构配置分析

河北省财政支农支出中，用于农业基本建设支出、支援农村生产支出和农林水利气象等部门事业费三项支出的费用是最多的，占比均达 85%以上，但这三个项目与农业经济发展的关联度却不是最强的，尤其农村基本建设支出（0.68）和支援农村生产支出（0.67）与农业经济发展的关联度是最少的，反而占比较少的农业科技三项费用（未超过 8%）和农村救济费（未超过 6%）与农业经济发展的关联度较强，这反映出河北省目前财政支农支出结构存在不合理。但是这一现象正在逐步改善。1998—2015

年，农业科技三项费用和农村救济费所占比例不断上升，其余三项占比相应减少，减少最多的是农林水利气象等部门事业费。根据经济增长理论，只有科学技术的进步，才能带动经济整体水平最优发展，才有可能突破现有局限，找到一条最优的平衡增长路径。所以只有当农业科技的投入达到一定水平之后，才有可能达到均衡状态，实现财政支农资金的最优结构配置。

4 河北省财政支农支出对农业经济增长影响的研究结论及对策建议

4.1 研究结论

第一，河北省财政支农支出对农业经济增长有明显的促进作用，而且确实存在着一条平衡增长路径，能够使财政支农支出在最适规模和最优结构配置的条件下最有效地促进农业经济的快速高质量增长。首先，除去自然灾害、疾病等外生因素的影响，财政支农资金对农业GDP的边际产出MPG在1998—2017年都是大于1的，说明政府财政支农支出总量不足，并且从C-D生产函数的回归方程中可以看出，ln G 的系数0.2979明显偏小，而且2017年MPG的数值大幅度上升到39.74，新的周期正在进行，根据边际产量递减规律，政府应该适度增加财政支农支出总量，以期在这一新的周期中能够使MPG=1，达到最适规模。其次，河北省政府财政支农资金中用于发展农业科技方面的资金逐年增多，农业科技三项费用与农业经济增长的关联度（0.75）又是最大的，根据经济增长理论与经济稳态，只有科技的进步才有可能带来质的突破，才有可能使财政支农资金得到最优结构配置，减少财政支农资金的无谓损耗。综上所述，河北省财政支农支出对农业经济增长的促进作用确实存在着一条最优路径，而且这条最优路径中充满了地域特色，非常符合河北省农业农村发展的需求。

第二，高素质劳动力的匮乏是阻碍农业经济发展的重要因素。农业劳动力受其所受教育程度的限制，所能创造的剩余价值是不一样的，一般受教育程度越高，所能创造的剩余价值越大，而河北省目前农业劳动力所受教育水平较低，从事农业劳动的大多数都是小学以下水平，甚至有的连小学都没有上过，这对农业农村的发展是非常不利的。通过C-D生产函数模型的回归分析方程可以看到，ln L 的系数为负，由于农业劳动力没有经过专业化的特殊训练，其创造剩余价值的能力是十分微小的，甚至个人所创造的价值大大低于社会平均价值，对农业经济反而有阻碍其发展的不良效果。河北省目前大多数农业劳动者只能维持温饱水平，这就需要国家向农业农村输入大量专业化人才，让接受高等教育的具备农业经济发展知识的高素质人才引领农业农村更快更好地发展，充分发挥农业劳动者创造剩余价值的能力。

第三，河北省财政支农支出中用于增加固定资产的数量和质量的资金比较恰当。从1998—2015年河北省农业基本建设支出占比图中可以看到河北省财政支农支出中用于固定资产的投资趋于稳定，稳定在30%—40%附近，而农业基本建设支出与农业经济增长的关联度为0.68，处于中等水平，表明河北省政府此项支农资金运用恰当，能够充分发挥固定资产的潜在效应，最大化释放农业生产能力，从而更好地促进农业经济的发展。

第四，农业科技的大量投入是促进农业经济发展的关键性因素。根据灰色关联分析结果可知，农业科技三项费用与农业经济发展的关联度是最高的，为0.75，而河北省目前财政支农资金中用于发展农业科技方面的支出最高未超过8%，这种严重的不合理差距是阻碍农业经济向前发展的关键性因素。根据经济增长理论与经济稳态，科学技术的进步是唯一可以有效促进经济快速发展的关键性要素，所以河北省政府加快农业科技创新、促进农业发展的任务迫在眉睫，只有加大农业科技的投入，才有可能使农业经济有质的飞跃。

第五，河北省财政支农支出中用于农村救济费的支出偏少。农村救济费是保障贫困地区最基本的生活需求的，与农业经济的发展也有很大的关系，其关联度为0.71，处于中等偏上水平，但河北省目前农村救济费占比最高不超过6%，此项支出还是相对偏小。河北省政府应该加大此项支出，但是要适量。农村救济费不应过多，过多可能降低农业劳动力的劳动创造积极性。

4.2 对策建议

4.2.1 适度加大财政支农支出，强化资金利用管理机制

河北省政府应该发挥主导作用，在积极广泛筹集财政支农资金的同时，继续加大对农业的投资程度，加深对农业弱势方面的扶持与正确引导，同时还应拓宽财政支农资金的使用范围。但是一定要强调适量，过量投资反而会造成农业经济的倒退及财政资金的浪费。河北省政府还应建设稳定的长期的财政支农支出增长机制，保障财政支农资金稳定上升，对农业经济发展的促进作用保持长期的稳定，减少因其他外部因素而造成的农业经济迅速增加或减少的可能，使农业经济能够稳定健康快速地成长。此外，河北省政府还应建立完善的农业支出与预算管理体系，以有效地规范资源分配，增加透明度，确保资金的使用，减少腐败，落实惠民政策，提高资金使用效率。

（1）多方面筹措支农资金，保证支农资金的来源

第一，河北省政府应大力争取中央财政支农资金的支持，比如通过积极参与中央重点扶持的促进农业生产等项目，获得本省农业支持发展基金。第二，河北省政府应正确引导社会资本的投入，让支持农业农村的发展成为一场全民参与的事业，有效落实PPP项目落地扶持政策，比如与一些农业相关的企业建立长期合作，通过市场的力量运转更多的社会资金，以“钱”生“钱”，保证财政支农资金的来源。第三，河北省政府应加强金融资本的投入，比如加快建设农村信用体系，提高农村信贷的可信度与

可靠的后期保障，通过建立新型农村金融组织、特色农业保险等，用金融经济的思维拓宽财政支农资金筹集渠道。

（2）加大政府购买支出力度，进一步完善农业补贴政策

河北省农村大部分面临技术落后、无销售渠道、商家压价等严峻问题，政府应加强农村新材料、新技术等的购买与引导，支持机器生产，而且以高于市场价格的支持价格增多对农产品的购买。但农产品有多种类别，政府应逐步统一对同一产品的购买及补贴力度，同时对各个地区的优势品种着重补贴，大力扶持，比如河北省衡水市深州大蜜桃产业比较兴旺，政府应对其进行消费性补贴，加大政府购买的同时刺激社会成员的消费。

（3）建立有效合理的监管机制，提高财政支农资金使用效率

在政府财政支农资金被利用的同时，要防止公款挪用、非生产性支出过多等造成的财政资金的浪费，建立健全各项监督检查机制，实行专款专用，将资金的调配表具体到每一个项目，并设置最高限额与最高使用次数，杜绝各个市县之间串通洗钱的可能。同时，及时向社会公布，增强财政支农资金使用的透明度，发动群众进行参与和监督，把责任落实到个人，严查严纠，保证财政支农资金的使用效率。

4.2.2　优化财政支农支出结构，保障财政资金高效配置

河北省财政支农支出结构严重不合理，存在着许多问题，应该引起政府的特别关注，努力优化财政支农支出结构，使财政支农资金合理地被分配到相应的项目，通过高效率配置财政支农资金，有效促进农业经济的增长。而且政府应该适量加大对农村贫困地区的救助，保证各地区能够同比增长，减少因地区差异而导致的资源未合理分配等现象，满足各个不同的地区的发展需求。政府财政支农资金应在保障基本农业生产与农村基本需求的条件下，大力扶持能有效促进农业经济增长的项目，其余项目也应合理分配财政支农资金，保证各地区各项目的同比增长。现阶段，河北省政府应优先发展弱势项目，从以下几个方面进行加强。

（1）加强生产性支出，减少非生产性支出

河北省政府应该加强农村基本建设支出，把财政支农资金用于水、电、路、坝、桥等基本建设项目，在农产品的生产与销售环节投入更多精力，加强生产性支出。同时要减少不必要的非生产性支出，比如办公经费、管理经费、行政经费等，提高财政支农资金的使用效率，加强农村基础建设支出，扎实根底。

（2）加强对农业科技的投入，创新改良新方法新方式

根据经济增长理论，只有科学技术的进步，才能带动经济整体水平最优发展，才有可能突破现有局限，找到一条最优的平衡增长路径，所以河北省政府应该大量聚焦农业科技的发展，以科技带动农业农村的整体发展，改善贫困地区的落后的生产力及

落后的致富思维，以新思想注入每个农村地区，使河北省农村整体面貌焕然一新。在农产品生产、推广方式等方面注入新思想，使农村特色产品逐渐产业化，形成产业链，并根据各个不同地区的特色优势产业，以产业区、产业园等方式逐步向市场推广，同时以旅游、观光等方式形成正面效应。

（3）加大教育方面的投入，引入高素质专业人才

河北省政府应该大力支持大学生返乡，落实相关的补助优惠措施，给大学生以可靠的保障，以高素质人才、专业化能力给农业农村带来新的气息与精神面貌。以高能力人才引导河北省各地区农业经济的发展，因地制宜，找到适合每个地区的特有的农业产业，通过对农业劳动力的专业化培训，大大提高其创造剩余价值的能力，以精英带动每一个地区的发展，以专业化的生产水平替代落后的生产，促成农业生产能力最大化，最有效地促进农业经济的发展。

4.2.3 转换财政支农支出方式，实现财政资金三位一体

为达到生产性的“挤入效应”，可以采取不同的财政支农支出方式，以促进农民消费支出的积极性，从需求方面去解决目前的问题。但一定要保证供给的质量，通过发展地方优势产业，政府对农村居民进行一定的鼓励，提高农村居民的创业积极性，同时必须强调财政支农支出规模、结构、效率的同步性，从三方面分别出发，共同达到最终促进农业经济增长的目标，实现长期均衡稳定增长。

（1）提高农村整体消费水平，鼓励农村居民自主创业

从促进农民消费支出的角度出发，必须给农村居民一定的物质奖励，同时引导农村居民针对自村特色产业进行自主创业，政府通过政策引导与财政支农资金的支持，使农村居民获得起始创业资金，再通过先进设备的引入、机器化生产等及广泛宣传、参观、旅游等方式逐步推广，从一家到一村，提高自村农村创业的积极性，提高他们的整体消费水平，使需求与消费能力匹配，增强农村居民的信息，如此一来，才会形成良性循环，最大效率地促进农村经济的增长。

（2）实现财政资金三位一体，支持相关政策配套实施

政策不是孤立的，必须强调财政支农支出规模、结构和效率的同步规范，只有注意将这三个融于一体，才能达到政策实施真正想要的结果。财政支农支出规模、结构分别纵向和横向反映了农业经济的发展，而财政支农支出效率从整体的角度反映了资金配置的效果。政府部门应当重视三个指标的同步进行，保证农业经济的实质发展，而且应当注重农业经济发展的长期政策与短期政策配套实施，在逐步建立和完善长期政策的同时，还要有促进农业经济的短期政策，建立现有农业基础设施的长期维护机制，在后期确保支持和资金费用的持续投入，处理好建设与维护的关系。

参考文献

[1]马艾,向自强,徐合帆,余家凤．财政支农支出对农民消费影响的区域差异研究[J]．统计与决策,2020,36(03):75-78.

[2]刘锦怡,刘纯阳．财政分权对农业要素流动及其结构变迁的影响——基于1994—2017年省际面板数据的实证检验[J]．湖南农业大学学报(社会科学版),2020,21(02):8-19.

[3]史璟．财政支农事权与支出责任划分问题的考量与解决[J]．哈尔滨工业大学学报(社会科学版),2020,22(04):149-154.

[4]于扬,吴鸣然．农业财政投入与农业经济增长的动态关联性[J]．财会月刊,2019(02):171-176.

[5]高齐圣,王秋苏．我国财政支农支出的减贫效应分析——基于VAR模型和SVAR模型的检验[J]．系统工程,2019,37(01):35-43.

[6]彭志敏．财政支农对农业经济增长的影响实证[J]．农业工程,2018(12):115-117.

[7]潘泽江,黄霞．农业供给侧改革背景下支农财政政策的研究[J]．浙江农业科学,2018(12):2312-2315.

[8]沈锋．支持实施乡村振兴战略的财政投入保障制度研究[J]．当代农村财经,2018(12):8-12.

[9]陈伟．财政农业支出效率问题研究——基于广州市实践[D]．暨南大学,2017:18-43.

[10]杨奇锋．高要区财政支农资金对农业经济增长的影响分析[D]．仲恺农业工程学院,2017:30-40.

[11]余丹．海南省财政支农支出与农业经济增长的实证分析[D]．海南大学,2017:27-38.

[12]贾蓉洁．呼和浩特市财政支农支出对农业经济增长影响研究[D]．内蒙古农业大学,2017:28-31.

[13]董文杰．财政支农政策对城乡经济一体化发展的效应研究[D]．西南大学,2017:37-193.

[14]黄寿峰．财政支农、金融支农促进了农民增收吗？——基于空间面板分位数模型的研究[J]．财政研究,2016(08):78-90.

[15]王谦,李超．基于三阶段DEA模型的我国财政支农支出效率评价[J]．财政研究,2016(08):66-77+90.

[16]杨世林,王广斌,李立佳．山西省财政支农支出对农业经济增长影响的实证分析[J]．山西农经,2016(09):66-67+72.

[17]杨嘉芬．财政支农支出对农业经济增长的效应分析[D]．山东财经大学,2016:29-39.

[18]邓卫平．财政支农促进农业现代化的机理及实证研究[D]．湖南大学,2016:33-143.

论我国房地产税改革的完善与启示

——基于收入分配的视角

吴晓芬

摘　要：本文着重从收入分配的视角分析我国现行房地产税改革的缺陷与不足：征税对象范围较窄、税收优惠力度不够、税率设置单一。通过对美国、英国、新加坡房产税的介绍，概括出可供我国借鉴的经验，结合我国国情提出完善我国房地产税改革的对策建议，包括适当扩宽征税对象、科学设定免税面积、合理制定差异化税率。

关键词：房产税；收入再分配；税制完善

文章结合课程知识点：直接税改革——房产税改革

文章所体现的思政元素："十四五"规划和2035年远景目标纲要明确将"推进房地产税立法"纳入工作重点；2021年5月6日，财政部部长刘昆撰文《建立健全有利于高质量发展的现代财税体制》，"推进房地产税立法和改革"被提及。2021年10月16日《求是》杂志发表习近平总书记重要文章《扎实推动共同富裕》，有三处提及房地产及相关内容，其中积极稳妥推进房地产税立法和改革，做好试点工作是重点之一。基于到本世纪中叶全体人民基本实现共同富裕，即扩大中等收入群体、缩小城乡收入差距、改善收入和财富分配格局的国家战略，收入分配、财富调节等顶层制度改革宜早不宜迟，房地产税改革则是重要的一环。2021年10月23日第十三届全国人民代表大会常务委员会第三十一次会议决定，授权国务院在部分地区开展房地产税改革试点工作，引导住房合理消费和土地资源节约集约利用，促进房地产市场平稳健康发展。

随着中国发展的步子越迈越大，人民的整体生活水平有了很大的提高。然而由于历史、地形、政策等原因，我国仍存在经济发展地区差异大、收入分配不均、贫富差距加剧等问题。税收兼顾效率与公平，运用得当，会成为经济发展、社会安定的催化剂。房产税于2011年正式在重庆、上海试点，从10年的运行结果来看，仍存在着各种各样的问题。而试点外其余地区，房产税对个人保有住房免征房产税的规定也已经不适用于如今经济高速发展的时代。去年 3 月，李克强总理在十三届全国人大二次会议中表示“健全地方税体系，稳步推进房地产税立法”。可见，房产税推进有一定困难但指日可待。

一、国内外房产税研究现状

随着我国市场经济的飞速发展以及住房制度改革的深化，房地产经济开始在我国社会经济发展过程中发挥重要作用。随着房地产市场的繁荣而来的是房价的飞速上涨，并直接导致贫富差距的扩大。在此背景下，2011 年沪渝两地试行的房产税改革引起了全社会的关注，就房产税是否能够调节收入分配、缩小贫富差距的问题展开了激烈的争论。目前已有一些文献尝试研究房产税对收入分配的影响，可以概括为三种观点，即我国房产税具有收入分配正效应、负效应以及这两种效应均有。

一是房产税不具有调节收入分配职能。夏商末（2011）认为，由于经济的发展，社会财富的形式多种多样，在高收入群体的全部资产中，房产价值可能只占一小部分。因此，一般性的房产税对收入分配调节起不到关键性作用。陈小安（2011）认为，中央和地方各自的职能明确，房产税作为地方税，发挥不了调节收入分配这种偏宏观的、由中央负责的职能。

二是房产税具有收入分配正效应。胡怡建、范桠楠（2016）认为不同设计方案对分配功能影响不同。若对全部房产实行比例征税，则对收入分配影响基本上呈中性。若对全部房产实行差异化税率，则房产税具有收入分配功能。黄潇（2014）认为，政府能够通过财政政策加大转移支付力度、更多地投入公共服务等途径保护中低收入群体，因而具有调节收入分配的作用。何辉、樊丽卓（2016）认为，只有在优化房产税税率及计税依据的前提下，才能更好地发挥税收调控功能。张海煜（2015）通过阐明房产税调节财富分配的理论基础，得出房产税具有再分配的作用。李娇、向为民（2013）基于结构和整体角度，认为我国房产税具有调节收入分配的作用。程瑶（2013）考察不同年份全国各地的房产税征收情况，得出房产税具有收入分配职能。

三是房产税的收入分配效应呈中性。陈哲（2011）通过对比不同收入群体承受房产税的税负情况，得出房产税的 U 形税率曲线。陈多长（2005）借助均衡理论，认为房产税的收入分配效用具有不确定性，需要具体问题具体分析。

然而，房产税至今仍未全面推广，表明在推行过程中遇到了很大挑战。张德勇（2011）认为完善房产税必须要解决税率、税基、税收征管、税收优惠等问题，进而发挥房产税稳定房价的职能。岳树民、王海勇（2004）认为现行房产税制无益于税收的横向公平和纵向公平，存在征收范围狭窄、税收规定不一致等问题。樊丽明、李文（2004）认为，目前我国房产税的征收不够透明，制度不够清晰，多种税种混杂，不仅起不到收入分配作用，还违背了公平和效率原则。李尚鑫（2020）认为，尽管全国涉税价格认定工作发展已经进入平稳发展期，但认定机构队伍建设亟须加强，要因地制宜开展涉税房地产价格认定工作，将价格认定工作同地方政府和人民群众的需要紧密结合。黄璟莉（2013）比较分析了美国、日本等多国情况，认为房产税应该成为地方主体税种，为地方财政注入力量，同时严密划分征收范围，建立完善的个人财产登记系统，加强税务机关的管理能力和行政效率。

关于房产税改革方面的研究。自20世纪六七十年代至今，国外学者对房产税进行了大量研究。研究的主要目的是阐述房产税的经济影响，提出改革方向。奥茨（2005）总结了地方财产税改革的几种形式，包括控制税率的设置，认为对不同房产税收减免应将收入和年龄这两个因素考虑进去。Gary & Barrett（2005）对于拥有多套房产或独栋住宅的居民进行实证分析，以此研究房产税的横向公平和纵向公平。

目前对于房产税的职能，各界的争议主要在于是否具有筹集财政收入、调控房价以及调节收入分配作用。本人认为，现阶段的房产税以下几个方面需要加以深入研究。

第一，关于征税对象，除试点地区，其他地区均没有对居民保有住房征税，试点地区的征税对象也仅限于新增住房，并没有对所有房产进行征税。因此，我国未来房产税制应将征税范围扩大到保有环节所有的居民经营性与居民非经营性房产。

第二，关于税收优惠政策，要使房产税能够被广泛接受，应考虑纳税人的实际情况，如健康程度、收入水平、人口数量等，采取人均免征面积、税收返还等多种税收优惠政策，以体现房产税的税收公平性。

第三，关于税率设置。房产税的税率选择要考虑我国各地区的实际情况，设置上体现差异化，明显区分高收入群体和低收入群体。

二、房产税影响收入分配的机理分析

（一）房产税的功能分析

1. 筹集财政收入

筹集财政收入是税收最基本的职能。房产税改革理论上可以增强地方财政收入，改善中央和地方政府的分税状况，激励地方政府增加提供公共服务。从试点情况来看，房产税对地方政府财政收入贡献并不明显。

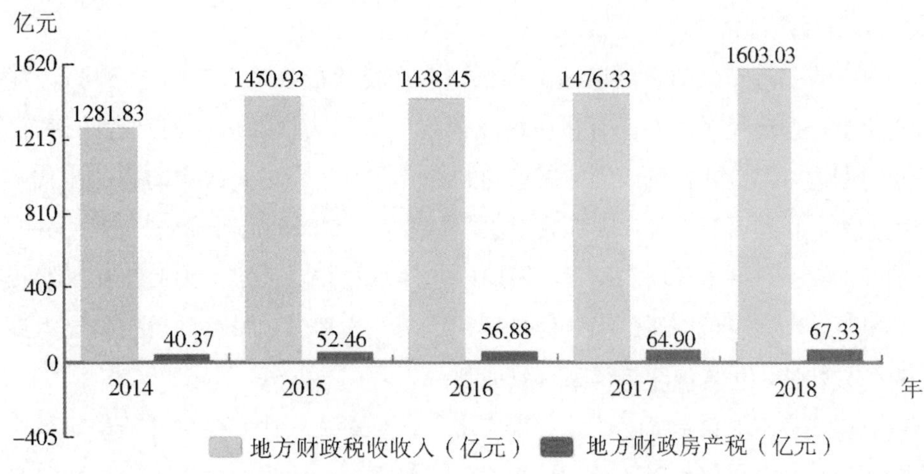

图 1　2014—2018 年重庆市房产税和财政收入情况

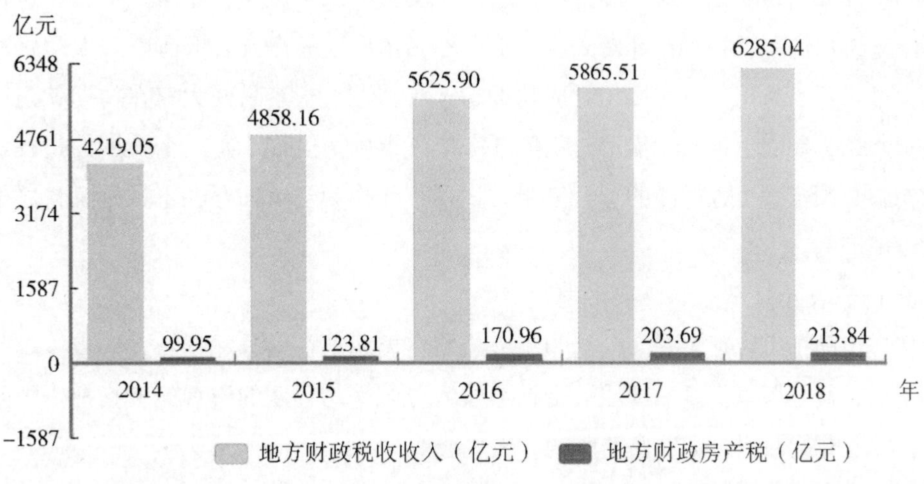

图 2　2014—2018 年上海市房产税和财政收入情况

从图 1 和图 2 可以看到，2014 年至 2018 年，无论是上海市还是重庆市，房产税收入对于地方财政收入来说微乎其微。也就是说，目前我国的房产税并没能实现房产税筹集财政收入的职能。究其原因，分析上海和重庆征收规定发现，首先，征税范围的局限导致税基小。例如上海仅对增量房征税，且对于本地居民有高达人均 60 平方米的免税面积。重庆的征收对象重点在于高级住房，存量房和增量房都包含在内。虽然一定程度上更能体现收入分配职能，但涉及人群的范围有限。其次，就税率而言，从局部来看，由于重庆主要对高级独栋住宅征税，税率变动幅度较大，比上海更具针对性和差异化。但从整体看来，无论是上海还是重庆，与国外房产税发展较完善的国家相比还是偏低。因此，我国房产税筹集财政收入的效果并不明显。

2. 调节住房价格

房价一直是近年来的热门话题。那么，房产税的征收是否有助于给房价“降温”呢？理论上，房产税对个人保有住房恢复征税一方面会增加房产拥有者的持有成本，在较短时期内，部分或投机或刚性需求的购房者均有所考虑，放慢购房的步伐，这时房产税能否起作用就要看税率、征收对象等是否对投机行为有致命的打击。另一方面，房产的开发建造是一个长期的过程，短期内住房总量相对稳定。因此，在供给相对不变的情况下，购房者可以通过降低房价转移税负给卖房者。最终随着定价能力逐渐向购房者一方转移，房价泡沫将得到有效抑制。

然而房产税不能只是纸上谈兵。现实中，恢复对个人保有住房开征房产税对于房地产市场影响甚微，更不用说对房价起着举足轻重的作用了。根据中国指数研究院发布的报告，上海、重庆两市住宅成交量在试点房产税的前三个月下降 46％和 26％，但成交均价并未出现大幅下跌，并且这种趋势在实施第二年就恢复正常。那么，这种情况是不是说房产税无用呢？针对某些“房产税无用论”的声音，上海财经大学姚玲珍教授说过，正因为国外有许多相对成功的房产税典范，很容易使大家在初期就抱以很高期望，认为我们也可以凭借房产税控制房地产市场。但改革是一个长期的过程，具体的实施必须经过多方严谨的综合考量，试点工作作为尝试，存在不足是意料之中也是可以理解的。

3. 调节收入分配

房产税的初衷，很大一部分是为了缩小贫富差距，在再分配领域进一步体现公平性。基尼系数是用以衡量一国或一个社会收入分配平均程度的宏观经济指标。国际上通常把 0.4 作为收入分配贫富差距的“警戒线”。

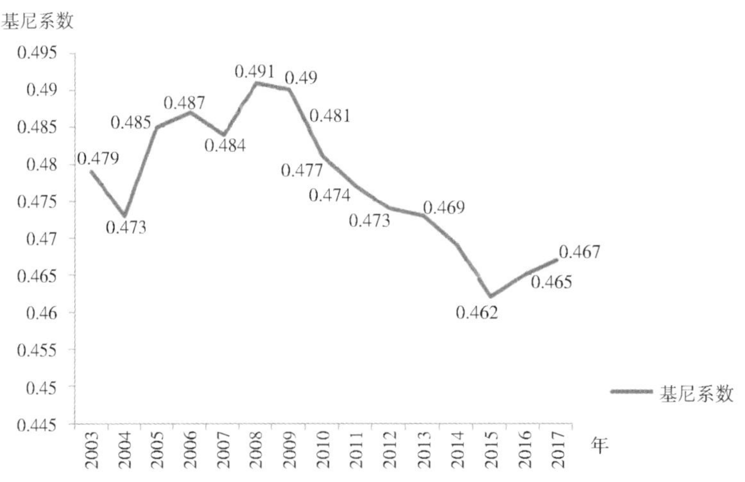

图 3　2003—2017 年中国基尼系数

中国 2003—2017 年基尼系数如图 3 所示。可以看出，2003 年以后，基尼系数一直在 0.4 的警戒线以上。这些数据说明了我国贫富差距较大。随着经济快速发展，房价一路上涨，住房这类财产性收入导致贫富差距的逐渐拉大。对居民保有住房征收房产税可以直接减少人均可支配收入，房产税的征收过程就是收入再分配的过程，只要控制得当，税制设计合理，必定能发挥巨大的作用，实现再分配领域的公平与效率。

（二）房产税影响收入分配的运行机理

1. 通过调控房价抑制投机获利

房产税在理论上有着调控房地产市场，进而影响房价的功能。一方面，房产税开征的初衷是为了打击房产投机者，而不是对住房有刚性需求、辛苦打拼的工薪阶层或中低收入者。另一方面，如果某房产投机者手中持有多套住房，房产税的征收必定会增加其房产成本，出于自己利益的考虑停止下一套投机性目的房产的购买或出售“坐等升值”的闲置住房。因此，综合起来房产税会使房地产市场需求下降，供给增加，根据市场均衡模型，房价会有轻微下降。房地产市场流动性增加，房产需求方与供给方会以更合理的价格进行交易，资源配置效率得到提高，最大限度减少了社会福利的净损失，极大地体现了再分配领域的公平性原则。但从试点情况来看，由于税率、税基、征税管理等不合理之处，房产税的开征对房地产市场影响微乎其微，房屋市场的供给和需求变化并没有因房产税的开征而明显变化，房价依旧在稳定上升。具体缺陷与不足后文阐明。

2. 筹集财政资金增加中低收入者社会福利

我国实行分税制，中央占据税收大头，房产税的征收在一定程度上可以缩小地方政府的财政缺口，地方政府可以利用新增的财政收入更多地投入公共物品的供给，完善居民的居住环境，更好地在住房方面扶持中低收入者，例如为其提供住房补贴、降低贷款利率或建设保障性住房，通过合理分配增加民众的幸福感，使社会更加和谐稳定。

房产税尤其可以扛起地方财政收入的重任，用于建造并合理分配保障性住房，重点照顾中低收入者，缓解城市中低收入群体的购房压力，保障无收入来源人群的基本住房需求。在沪渝两市房产税试点改革中，建设和维护保障性住房经费就占去了房产税收入的很大一部分。

三、我国现行房地产税制的主要缺陷——基于收入分配的视角

（一）个人保有住房免征房产税的缺陷分析

个人保有住房免征房产税是导致房地产投机或投资的重要原因。目前，我国房产税的纳税义务人主要包括生产经营房屋的产权人、经营管理单位、承典人、房屋代管

人及使用人。除上海、重庆两地的试点改革外，其余地区的个人住房尚未纳入房产税征收范围。个人所拥有的非营业用房产免征房产税，是鉴于当年我国城镇居民住房的实际状况，能够提高居住质量。经过三十多年经济的高速发展，已经不再适用于当今房地产市场日渐繁荣、人民住房条件得到极大改善的情况，因此修正不适宜的政策势在必行。

然而，尽管近几年国家对房地产投机性行为采取了严格的举措，控制房价的增长速度，但“有钱买房”这种思想依旧根深蒂固。设想，如果高收入者都去投资房地产，想着靠转卖房产赚取中间价赢利，势必会进一步抬高交易价格，推动房价的上涨，低收入阶层甚至中产阶级购买房产的压力倍增，贫富差距越来越大。此外，即使高收入阶层不购买多套住房，但住房极其奢华，这种情况也应当进行管理。

此外，房产税税率比例过于单一，没有针对具体的房产情况采用不同的税率，整体差别不大。目前试点税率基本维持在 1％，集中于 0.6％左右，无法平衡贫富差距。只有根据不同房产所有人的具体财富情况以及结合住房价值，区分房产所有者是刚性需求还是投机性需求，针对他们设定不同的税率，方能真正实现公平。

（二）沪渝房产税改革的缺陷分析

1. 关于征税范围

目前，试点工作在上海、重庆开展，因为房产税属于地方税，因而这两地的政策也有所不同。上海仅对新增住房征税。在上海的房产税政策中，本市居民和外地居民有着明显的区别。本市家庭只需要对新购的第二套及以上住房征税，且赋予人均 60 平方米的免税面积的税收优惠。非本地居民只要购入新房，便要征税。尽管有规定居住三年有稳定工作后可以退还税额，但仍对非本地居民极为不利。重庆同时对增量房和存量房纳税。重庆仅对第二套住房征税，征收对象更偏向本地的高档小区、独栋住宅等，主要针对高收入阶层。

从征税对象而言，重庆模式针对高收入群体，且其全部住房均进入纳税范围，对于发挥房产税的收入分配效应更为有效。而上海模式把矛头指向外地流动人员，更保护本地居民。当然，此行为肯定有相应的道理，但不利于人口的自由流动，会限制人才跨区域发展，导致区域之间的税负不公平。同时，只对增量房纳税，却放过已存在的高档住宅，未免有失公平，对于缩小贫富差距并没有明显作用。

2. 关于税收优惠政策

税收优惠在房产税是否具有调节收入分配功能这一问题上起着关键性的影响。房产税应该对居民基本的住房需求提供一定的优惠，不能给普通民众带来较大的纳税压力，真正保护中低收入家庭。上文也曾提到，在上海，本市居民新购的住房暂免征收房产税，且累计拥有房产总面积不超过人均 60 平方米的都属于免税房屋。抛开上海高昂的房价不说，任何城市中人均60平方米的住房本身也称得上豪宅，因此该税收优惠有些不合理。而重庆规定，一个家庭仅对第一套应税住房免征房产税。对于独栋商品住宅，纳税人在房产税施行前拥有的免税面积为180平方米，新购的免税面积为100平方米。可以看到，按照人口合理分配人均免税面积，能够最大限度地体现公平性，但实施起来需要税务机关对家庭人口数量的严格把控，避免有人“钻空子”。重庆模式以“第一套”为房产税征收的分界点，却不具体规定第一套的标准，例如第一套为160平方米和80平方米，或者一套价值500万而一套价值200万，在同一个城市，这些“第一套”都属于免税范围，是非常不公平的。

3. 关于税率设置

关于税率，重庆模式设置在0.5%—1.2%之间，针对重庆平均三倍以下、三倍至四倍及四倍上的房价分别对应0.5%、1%、1.2%的税率。上海的税率设置在0.4%—0.6%之间，一般性住房税率为0.6%，只有住房低于上海市平均住房两倍以下（含两倍）税率才稍降至0.4%。

从两种税收模式可以看出，重庆模式在税率设置上显然更有利于调节收入分配。对于成交价格三倍甚至四倍均价以上的住宅直接以高于一倍的税率征收，严重打击拥有多套房的“土豪”，而保护那些只有一套房的或者打算买房的刚性需求的老百姓们。而上海模式整体税率差别小，只分为0.4%和0.6%两档，虽然对于税务机关来说税率单一便于征收管理，但这样的结果就是，尽管上海市整体房产税税收收入高于重庆，但对房地产市场、人民收入分配情况调控不明显，甚至还会进一步推动房价的高涨，并未真正实现二次分配的公平。

四、国外房产税制经验借鉴

（一）美国做法

美国的房产税历史悠久，制度完善。美国房产税以估定价值作为计税依据，由两部分构成，房屋本身的价值和土地价值。由于美国房产税征税权在地方，所以各地房产税税率并不一致，通常在1%—3%之间。美国房产税税率会依据每年经济状况如通货膨胀率等发生变动，避免税率因经济发展而陈旧化。尽管美国房产税出了名的高，但税收优惠依旧力度很大；对于多套房产的拥有者会随着数量的增加大幅度增加税率，很好地限制了房产的投机行为。美国房产税也考虑了地区经济差异，例如相对贫困的地区给予70%的折扣率。同时，美国州政府将房产税筹集的收入主要用于与百姓紧密相连的教育、医疗等公共服务支出。

（二）英国做法

英国房产税历史悠久，税收体系十分完善。目前英国的房产税包括住房财产税和营业房屋税，税率的设置因各地区经济发展程度不同而有所区别。据规定，英国按照房屋价值将不同地区划分为 9 个级次，并规定各个级次应纳税额的法定比例，如第一级次（A 级）所应纳税款是最后一个级次（H 级）的 1/3。看似高额的税率下，英国有大量详细的税收优惠政策。像学生、学徒这种几乎无收入来源的群体居住房屋免税；对于有重大疾病成员的家庭可依据实际情况下调应纳税率。与此同时，为了促进不同产业的发展，减轻其税负，税法还规定对工业、运输业的空置房屋免税，农业所用房屋免税等。

（三）新加坡做法

新加坡的房产主要分为政府组屋和商品房两部分。其中，组屋类似于保障性住房，供中低收入阶层使用，由政府出资修建并定价。五年之内不得转让或出售或用于商业用途。每个家庭仅准许拥有一套组屋。若享受组屋的家庭想再购买其他房产就必须卖掉组屋。组屋的出售并不“轻松”。该出售的组屋会同时征收高额的房产税，由房产拥有者负担。也就是说，基本上只有贫穷的家庭可以有享受组屋的机会，并且几乎没有拿组屋进行投机活动的可能。商品房进行了层次区分，税率依据房产价值为累进制，物业年值 6000 新币为免税额；超过 6000 而低于 24 000 的部分按照 4%收取；超过 24 000 新币，超过部分征收 6%的房产税。对于住房面积，新加坡也有硬性规定，超过 100 平方米就被定义为“高级住房”，征收高额的土地出让金和物业费。综上所述可以看出，新加坡的房产税极大地体现了效率与公平，有利于缩小贫富差距，调节收入分配。

五、完善我国房产税制的政策建议

（一）合理确定征税对象

总体上，我国对个人保有住房免税，侧重对营业性住房征税。显然，这条规定已经不适用于如今我国居民普遍拥有房产的实际情况。在上海、重庆模式中，征收对象集中于增量房和少量存量房，重庆作为国内首个对存量房征税的城市，范围也仅限于个人独栋住宅，更不用提上海仅对新增住房征税的政策了。因此应扩大房产税的征税范围，全国范围内都应该对个人保有住房恢复开征房产税。同时扩大房产税征税比重，减少如物业费等流转环节征税比重。此外，对于保有环节，也应该合理归类。在征收房产税的过程中，有必要探讨如下边界的划分：（1）能不能区分普通住宅和豪宅？（2）能不能区分自住房和投资房？（3）能不能区分第一套、第二套或多套房？（4）能不能按照收入水平及经济能力征收房产税？

对于第一个问题，重庆将高于上两年房价均值 2 倍的住房称为高档住房，针对重庆平均三倍以下、三倍至四倍及四倍上的房价分别对应 0.5%、1%、1.2%的税率。税率的高低暂且不提，关于普通住宅和豪宅甚至更高级住宅的区分度，重庆还是在全国范围内起到了表率作用。对于第二个问题，首先要判断房产所有人所持有的住房数量、使用状态等，在此基础上区别投机房和住宅房。重庆和上海的试点工作都提出了对家庭第二套及以上住宅征税，一定程度上抑制了房产投机行为。但仅仅这样是不够的，这就涉及第三个问题，拥有两三套和拥有十几套的税率应该一样吗？对此，仅有重庆市稍有提及，将拥有多套普通住房适时纳入征税范围，但也仅是计划，具体怎么征收还未明确。对此，我认为可以通过两种方式解决：第一种为参考我国个人所得税征收方式，以拥有房产套数为依据，实行超额累进税率或全额累进税率；第二种参考新加坡模式，以房产所有人的房产总额为依据，实行超额累进或全额累进税率。最后一个问题也就是第四个问题，我认为房产税如果以收入水平为征收依据实行起来是不合理，也不公平的。房产税并不是为了打击高收入群体，而是针对高收入且居住奢华甚至有投机目的的群体。因此，问题四的解决更应该放在税收优惠中，对于无经济能力的老人、残疾人等低收入群体给予一定税收减免。

最后，由于我国房产税起步于市场经济的初步阶段，考虑到经济发展状况的局限，农村排除在房产税之外。如今中国经济高速发展，很多处于农村的群体收入水平也渐渐提高。此外，由于农村往往处于环境优美、空气质量良好的地段，更有不少高收入群体在农村建设别墅、洋房、公寓等，有的地区甚至发展成旅游业，出现了大量的经营性住房，然而这些都属于当前的免税区域，有失公平。因此秉持“宽税基、低税率”的原则，可以考虑将农村的房产根据实际情况计入征税范围内。

(二) 科学设定免税面积

免税面积的确定可基本分为两种方案：第一种是依据当地经济发展状况、房价平均水平等因素设定居民人均住房面积，以此为标准对家庭总面积超出设定人均住房面积的部分进行征税；第二种对家庭第二套及以上房产征税。

从试点情况来看，上海选择了方案一，重庆选择了方案二。在免税面积上，上海给予本地居民人均 60 平方米的免税面积，相当于在上海一户四口之家居住 240 平方米的房屋都是不用征税的。就在 2019 年 7 月底，国家统计局发布了一个报告显示，到 2018 年，我国城镇居民人均住房面积为 39 平方米。上海作为我国经济中心，房价一直都居于全国的前列。拥有一套 240 平方米的住房在上海可以说是百万甚至千万富翁。因此，上海给予了本市居民远远高于全国城镇居民人均住房面积的免税面积，使得大多数本地居民排除在房产税的征收对象之外，是不合理的，也是造成房产税税基过小的原因之一。同时，上海没有像重庆一样，对独栋别墅和高档住宅执行较高税率，一定程度上违背了税收公平原则，无法达到合理调节收入分配、促进社会和谐的目的。

重庆的方案，也有其不合理之处。首先，重庆对第一套住房免征房产税，而对于第一套住房的面积、价值等的规定并不清晰。也就是说，一个居住 200 平方米的两人家庭和 80 平方米的五口之家，如果购买第二套住房是征收同样的税，这显然有失公平。其次，如果房产税全国推广的话，假设一户家庭在多地购买房产，由于每个地方的经济发展程度不尽相同，房产税政策有所差异，面积相同的房产价值可能差异悬殊。那定义的第一套究竟是按时间顺序还是常住所在地或者其他来判断呢？因此，在房产税推广全国的过程中，应该注意到这个问题，在全国范围内有一个基本的标准确定究竟哪一套才是免征房产，尽可能避免税法的漏洞。

总体来看，上海和重庆的房产税试点改革都不够全面、彻底。还有很多问题需要去解决和思考。我认为，免税面积的规定可以在结合各地实际情况，满足人们最基本住房需求的前提下，选择人均面积免税的方式进行税收优惠。规定一个全国平均水平的人均住房面积，以此为基准，各地区可以根据自身情况设定浮动比率。基准的设立应避免如上海一样，免税面积过大不仅缩小征税范围、减少税收收入，更重要的是会大大减低房产税带来的“威慑力”，对于投机者起不到警示作用。同时免税面积也不能过小，避免使老百姓的纳税负担加重。

（三）灵活制定差异化税率

怎么才能合理安排税率，在制定税法过程中，一直都是一个需要多方考量、严谨斟酌的问题。税率的设计对房产税的征税效果起着举足轻重的作用，税率过低则形同虚设，税率过高则税负过重，两者都不利于经济的健康发展。正如前面所讨论，中国现行的房产税税率集中在 1%以下，对于高收入甚至中产阶级家庭来说不痛不痒，既不能起到调节收入分配、缩小贫富差距的作用，也不能给当地的财政收入很大的帮助。因此，税率的调整应往差异化方向调整。如同中国现行的个人所得税一样，高收入群体应承担高税率，并且越富税率越高。只有实行差异化的房产税税率，才能减少低收入群体对房产税的恐慌与负担，让高收入群体“任性”地买房时存在后顾之忧，真正体现公平原则。针对不同类型的房产应当设定差异化税率。具体而言，一是要规范房价的统计管理，对于特别高档的小区住宅采用最高税率，这个“高”不能仅仅是重庆模式的 1.2%，应该更高些，例如 4%左右，普通住宅可以采取低税率。二是可以根据人均面积采用超额累计税率，例如，人均面积在 40 平方米以下免税，人均 40—60 平方米采用普通税率，人均超过 60 平方米适用高税率，当然还可以划分得更细致些，尽可能做到合理公正。

我国各地区经济增长不均衡，为了能够使房产税最大限度地发挥提供财政收入的作用，各地区的税率也应当存在差异，比如，中小城市的房产税税率对较大城市来讲可以适当降低，高档住房较普通住宅税率更高，等等。另外对于房产投机者“坐等升值”的行为，可以通过对闲置住房征收高额税率的方式，降低住房的闲置率，使房产税真正发挥调节分配、合理配置资源的作用，真正做到“横纵”均差异化。

参考文献

[1]夏商末．房产税:能够调节收入分配不公和抑制房价上涨吗[J]. 税务研究,2011(04).

[2]陈小安．房产税的功能、作用与制度设计框架[J]. 税务研究,2011(04).

[3]胡怡建,范桠楠．我国房地产税功能应如何定位[J]. 财政研究,2016(01).

[4]黄潇．房产税调节收入分配的机理、条件与改革方向[J]. 西部论坛,2014(01).

[5]张海煜．房产税的财富公平效应分析[J]. 山西财政税务专科学校学报,2015(4).

[6]何辉,樊丽卓．房产税的收入再分配效应研究[J]. 税务研究,2016(12).

[7]李娇,向为民．房产税收入分配效应的实证检验——基于结构和整体的视角[J]. 当代财经,2013(12).

[8]程瑶．发达国家房地产税制体系比较与借鉴[J]. 大连理工大学学报(社会科学版),2012(06).

[9]陈多长．房地产税收论[M]. 北京:中国市场出版社,2005.

[10]陈哲．我国住宅保有税税收公平效应及改进研究[J]. 重庆科技学院学报,2011(08).

[11]张德勇．进一步完善房产税的几个问题[J]. 税务研究,2011(04).

[12]岳树民,王海勇．我国现行房地产税制的现状与问题分析[J]. 税收经济研究,2004(03).

[13]樊丽明,李文．房地产税收制度改革研究[J]. 税务研究,2004(09).

[14]李尚鑫．涉税房地产价格认定工作机制、问题和对策[J]. 价格理论与实践,2020(01).

[15]黄璟莉．国外房产税的征收经验及对我国的启示[J]. 财政研究,2013(02).

[16]奥茨．财产税与地方政府财政[M]. 丁成日译,北京:中国税务出版社,2005.

[17]Comia Gary,Slade Barrett. Property Taxation of Multifamily Housing: An Empirical Analysis of Vertical and Horizontal Equity and Assessment Methods[J]. Journal of Real Estate Research , 2005(1).

[18]Richard M. Bird, Enid Slack. International Handbook of Land and Property Taxation. Journal of Property Investment & Finance . 2005 , 23 (3).

京津冀财政透明度现状及影响因素
——基于2009—2017年京津冀面板数据

杨云腾

摘　要：本文从横向和纵向角度分析了京津冀政府财政透明度，又分析了造成财政透明度波动的原因以及造成北京、天津和河北财政透明度差异的影响因素。最后，基于分析的结论，本文提出了相关政策建议。

关键词：京津冀；财政透明度；影响因素；地方政府

文章结合课程知识点：预算制度改革——财政透明度

文章所体现的思政元素：自从党的十七大提出“让权力在阳光下运行”，我国财政透明度建设有了很大进展。国务院在2019年4月15日发布的《中华人民共和国政府信息公开条例》中规定行政机关应当及时、准确地公开政府信息。提高财政透明度，必然要加强对财政资金使用情况的监督检查，2020年修订的《预算法实施条例》在“建立健全全面规范、公开透明的预算制度”的原则性要求上，明确和细化了政府信息公开的内容和方式，有利于促进决策的科学化、民主化水平，提高财政运行的效率。在“十四五”建设时期，中共中央、国务院印发的《法治政府建设实施纲要（2021—2025年）》提出，全面主动落实政务公开；大力推进决策、执行、管理、服务和结果公开，做到法定主动公开内容全部公开到位；加强公开制度化、标准化、信息化建设，提高政务公开能力和水平。

一、财政透明度概念界定

不同国际组织和专家对财政透明的定义不同，但核心含义相似。经济合作与发展组织（OECD）将透明定义为对政策趋向、表达和执行的公开；透明是良好的治理政府的核心要素，透明政府才是一个易于治理的政府，它使公众能了解政府发生了什么以及为什么发生。国际货币基金组织（IMF）认为，财政透明是就公共财政的过去、现在和将来公开报告相关信息，具有综合性、明晰度、可靠度和及时性，这对高效财政管理和责任非常关键。联合国开发计划署（UNDP）认为，透明度是建立在信息自由流动基础上的，相关人可以直接了解有关程序、制度和信息，可以获取充分的信息以便理解和监督政府。他们认为，财政透明度是向公众最大限度地公开关于政府的结构和职能、财政政策的意向、公共部门账户和财政预测的信息，并且这些信息是可靠的、详细的、及时的、容易理解的、可以进行比较的，便于公众和金融市场准确估计政府的财政地位和政府活动的真实成本及收益，包括向公众公开政府怎样支出财政收入的高质量信息，以便于公众监督评价，促进政府良好治理。

二、京津冀财政透明度现状

（一）京津冀财政透明度整体现状

表 2-1 是从 2009 年到 2017 年京津冀财政透明度评估得分表，从中可以看出，2009—2017 年北京和天津财政透明度得分均呈上升趋势，河北省财政透明度得分呈现波动向好趋势，三地 2017 年的财政透明度得分均高于 2009 年。图 2-1 也显示，京津冀财政透明度整体上也是保持着上升的态势，平均分曲线则是呈现明显的稳步增长趋势，2017 年省级财政透明度平均分为 48.26 分，相较于 2009 年的 21.71 分，提高了 26.55 分。然而，对比 2009 年到 2017 年的财政透明度平均值，会发现京津冀财政透明度的整体水平仍然不太理想，每一年的平均得分均没有超过 50 分，按照百分制来看的话，表示还有大约 60%的财政信息没有公开，而且就 2017 年的省级财政透明度而言，河北省的得分为 36.41，也就意味着河北省还有绝大部分的财政信息没有公开。但最低分呈现逐年上升的趋势，说明京津冀政府对财政公开透明的重视程度在不断加深，有在实践中加以落实的趋势。

表 2-1　2009—2017 年京津冀财政透明度评估得分及平均得分表

年份	2009	2010	2011	2012	2013	2014	2015	2016	2017
平均	21.71	21.88	23.14	25.33	31.40	32.68	36.04	42.25	48.26
北京	30.63	20.56	20.96	27.57	30.57	38.51	39.00	42.96	44.49
河北	16.92	20.79	42.93	27.67	42.72	29.39	34.43	29.16	36.41
天津	23.54	19.94	19.98	20.63	21.88	24.33	32.72	40.64	40.24

数据来源：上海财经大学公共政策研究中心发布的《中国省级财政透明度报告》。

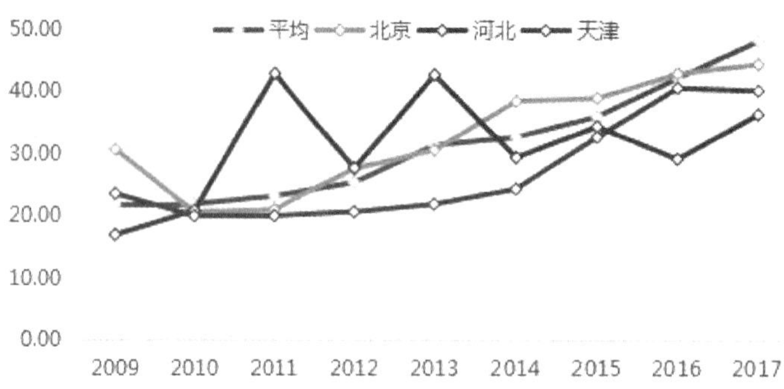

图 2-1　2009—2017 京津冀财政透明度得分及平均得分趋势图

（二）京津冀区域内财政透明度差距波动情况

本文选取 2009—2017 年京津冀财政透明度得分情况，通过整理出每年的最高分和最低分计算极差，其中极差的结果具体如表 2-2 所示。

2009—2017 年，京津冀的财政透明度得分差异较大，尤其得分较高的和较低之间分数差距大，表明了政府预算信息公开的不均衡性。2009 年京津冀财政透明度的最高分和最低分的差值为 13.71 分，2017 年最高分与最低分之间的差值减少到 8.08 分。自 2014 年提出京津冀一体化，京津冀政府之间的财政透明度差异有逐渐缩小的趋势。

表 2-2　2009—2017 年京津冀间财政透明度得分差距变化（百分数得分）

年份	最高分	最低分	得分差
2009	30.63（北京）	16.92（河北）	13.71
2010	20.79（河北）	19.94（天津）	0.85
2011	42.93（河北）	19.98（天津）	22.95
2012	27.67（河北）	20.63（天津）	7.04
2013	42.72（河北）	21.88（天津）	20.84
2014	38.51（北京）	24.33（天津）	14.18
2015	39.00（北京）	32.72（天津）	6.28
2016	41.96（北京）	29.16（河北）	13.80
2017	44.49（北京）	36.41（河北）	8.08

本文对年度财政透明度的变异系数进行计算，得出了相似的结论。2010 年京津冀政府信息公开差异最小。2011 年京津冀政府信息公开差异大，整体对平均得分的偏离程度达到 37.90%，在之后的一年，财政透明度变异系数大幅下降至 13.03%，表明京

津冀政府之间的财政预算信息公开水平差异性有较大减小。在 2012 年至 2013 年间，省级财政透明度变异系数呈现攀升的趋势，在 2013 年达 26.4%。而在 2013—2015 年，年度得分变异系数再次下降，2016 年有小幅度的上升，2017 年再次下降。这表明，虽然 2016 年的极差有一定上升，但是整体各地之间的差距是逐渐变小的，即存在着一定程度的趋同。受各种因素的影响，京津冀政府每年对于政府信息公开的积极响应度不同，并且政府之间存在着一定的财政透明度“竞争”或者“趋同”现象，且这种“竞争”与“趋同”的程度不断变化（见下图 2-2）。

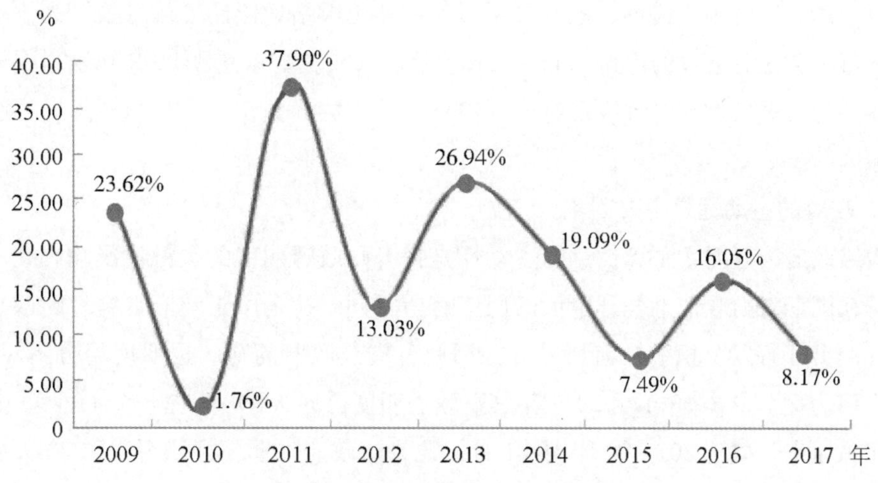

图 2-2　京津冀财政透明度年度变异系数图

三、京津冀财政透明度波动及差距的影响因素

自 2009 年至 2017 年，京津冀财政透明度排名得分不断变化，本文分析了整体呈现波动的原因以及得分呈现差异的原因。

（一）整体呈波动现象的影响因素

1. 法治建设是关键因素

政府信息的公开需要法律法规的保障和规范，因此我国相关法律文件和条例是影响省级财政透明度的根本原因。自 2008 年《中华人民共和国政府信息公开条例》颁布实施，我国便开始走上了财政预算透明公开的新道路。2009 年全国人大初审的《保密法》过于强调保密性，限制了政府财政预算信息的进一步公开。随着各类法律条例的出台，政府信息公开程度也不断变化。2012 年国务院办公厅发布了《2012 年政府信息公开重点工作安排》，对各级政府的财政预算信息公开提出了新要求，表明了国家对于公开政府信息、建设阳光政府的重视和激励，使得京津冀政府增强了公开信息的责任心。在 2013 年，京津冀财政透明度各自得分、平均得分相较于 2012 年均有较大提升。2014 年修订《预算法》及配套措施《条例》对公开哪些政府预算信息以及如何公开进行要求。我国预算信息公开范围逐渐扩大，由预算报告到预算报表，由政府公共预算到部门预算，由总预算到专项资金、“三公”经费等具体项目，财政预算信息公开的力度有了显著增强。2016 年《财政部政务公开规定》出台，2017 年国办印发《2017 年政务公开工作要点》后，财政部制定了《财政部 2017 年政务公开工作要点》，将公开政府行政事业性收费和政府性基金目录清单和减税降费信息、推进政府和社会资本合作项目信息、国资国企信息、地方政府债务种类规模结构偿还等信息公开列为工作要点。随着相关法制建设的提升，自 2014 年起，京津冀财政透明度得分逐步提升。因此，相关的法规条例等对省级政府公开信息有重大的导向作用，是财政透明度变动的重要原因。

2. 政府的主动性是主要因素

省级政府公开财政预算信息的主动性是提升财政透明度的关键性影响因素。不同的省份在同期对财政信息公开申请的回应有所不同，这是由于政府自身对财政预算信息公开的责任感以及积极性有所差异，因此各省级政府的财政透明度得分不尽相同。以北京市为例，自 2009 年至 2017 年其财政透明度得分从 30.63 提升至 44.49。自《条例》实施以来，截至 2014 年 12 月 31 日，北京市政府主动公开信息 117.35 万条，仅 2014 年一年，通过“首都之窗”主动公开信息 22.58 万条，不断加强完善统计信息公开产品，积极建设公开平台。这充分说明北京市政府财政信息公开的主动性高，做了许多卓有成效的工作，使得财政预算透明度得以不断提升。

3. 对公开的自由裁决是重要因素

政府部门对财政信息公开的随意性和行为的反复性是省级财政透明度得分波动的主要原因。9 年间，不管是同期的不同省份还是同一省份在不同的年份财政透明度得分都有较大变动，每年的财政预算信息公开程度高低不同。本文认为具体影响政府反复性的原因有以下两点：其一，在权衡公开哪些信息以及公开的程度上，相关行政部门持有较大的自由裁决权。由于没有相关法律法规进行规范，每年各省份的政府信息公开程度很大程度上依赖于相关政府部门的主观裁决和态度。其二，政府信息的公开程度具有一定的“邻里特征”，财政透明度得分的走势具有一定跟随效应，京津冀政府部门在进行信息公开时，有时会根据上一年邻居的做法进行相应调整，以避免“枪打出头鸟”。以河北省在 2011—2014 年的数据为例，河北省政府会根据当年北京和天津的信息公开状况，预判下一年的信息公开程度，一定程度造成了河北省财政透明度得分的较大波动。

（二）得分呈现差异的影响因素

1. 城市发展水平差距大，经济财政状况不同

中央财经大学的卢真等人基于 2011—2015 年 26 省的省级面板数据，研究政治因素、财政经济因素及社会因素对不同地区财政透明度的影响，认为对东部地区来说，经济发展水平、财政赤字比例以及网络普及率对财政透明度意义深远。不少学者，如肖鹏、阎川（2013），王永莉、梁城城（2015）等，都发现经济发展水平与财政透明度有着正向关系。一般来讲，地区经济越发达，该地居民对税收所做出的贡献也就越大，同时，随着经济的发展，地区居民对自身政治权利的关注也会提高，要求加强对政府的监督，因而对财政透明的需求也会较高，他们更希望清楚地了解政府财政从哪里来，支出到了什么地方。近 30 年来，我国经济经历了较长时间的高速增长，政府的财政收入和支出也大幅增长。自分税制改革以及营改增以后，地方政府经济增长一度依靠“赤字财政”，通过扩大政府投资刺激相关产业发展。从长期来看，大量的财政赤字，无论对财政本身的运作，还是对国民经济的整体运行都是不利的。梁城城（2016）在我国财政透明度影响因素的实证研究中证实，财政赤字比例越大，为了隐瞒其中可能存在的不正当使用财政资金的情况，地方政府一般会简化财政信息，从而财政透明度会相应地降低。由表 3-1 可知，2010—2018 年京津冀各省的财政赤字率各不相同并且差距较大，这也是造成京津冀财政透明度出现差异的重要原因。

表 3-1　2010—2018 年京津冀财政赤字率表

年份	北京市	河北省	天津市
	财政赤字率（%）	财政赤字率（%）	财政赤字率（%）
2010	15.43%	111.74%	28.82%
2011	7.95%	103.56%	23.45%
2012	11.17%	95.72%	21.77%
2013	14.00%	92.09%	22.61%
2014	12.35%	91.18%	20.68%
2015	21.46%	112.60%	21.20%
2016	26.09%	112.27%	35.83%
2017	25.66%	105.31%	42.07%
2018	29.13%	119.88%	47.34%

资料来源：根据河北省统计年鉴整理得到。

2. 公众需求动力不同

财政透明度虽然衡量的是政府财政信息公开程度，但是作为委托人，社会公众在推动财政透明的进程中的作用也不可忽视。政府财政收入来源于社会公众，社会公众有权监督政府财政收入去向并向政府提出财政信息公开的要求。

从整体上看，我国社会公众对政府财政透明的需求意识相当不足。各个省份之间公众的需求意识也参差不齐。影响公众需求意识的原因有以下几点。首先是公众受小农思想的深刻影响，在对公共事务方面缺少“主人翁”的意识，在政府财政信息透明这一块更是只有极少部分公众关注。北京市和天津市更早进入城镇化进程，受小农思想影响相对少。梁城城（2016）发现城镇化水平会显著抑制地方政府的财政透明度。其次是公众的教育水平。财政信息本身并不具备较强的可读性，由于其相关知识的抽象化和专业化，对于大部分公众来说可能并不具备能够读懂财政信息的知识储备，只有具有读懂财政信息的能力，才会关注政府的公开信息，并且表达自己的需求。北京市和天津市人均学历高于河北省，教育程度、教育普及程度、教育重视程度以及教育质量的不同都影响着公众的意识。一方面是公众本身对政府财政信息兴趣度一直不够，另一方面不能看得懂已经公布出来的信息，公众对政府财政方面的关注度自然会下降。最后，“政治生活化”在各省份执行程度不同。相较而言，北京市居民能够参与政治生活的机会多，参与度强，一部分人能够表达出对财政透明的需求。河北省居民参与政治生活程度低，公众表达需求的愿望不强烈，政府回应程度低。首先公众对财政透明的需求较弱，其次需求在表达过程中会遇到困难，二者很有可能造成恶性循环，使得本来就为数不多的正当需求减少。在日渐减少的需求中，政府感受不到来自公众监督的压力，财政透明的进程便会逐渐放缓，社会公众也难以成为监督政府公开财政信息的重要角色。

四、促进财政透明度建议

就未来如何进一步提升各省的财政透明度得分，加大政府财政信息公开的力度，深化推进阳光透明政府建设，本文给出以下建议。

（一）规范实施和改进完善新《预算法》和《条例》，不断完善法治建设

从根本上说，法治建设是促进省级财政信息公开的根本途径，必须通过法律强制规范政府信息公开的内容和方式。我国于2014年修订《预算法》，作为其重要配套措施的《条例》于2014年、2018年以及2020年进行修改。《预算法》在总则中明确规定了“建立健全全面规范、公开透明的预算制度”的原则性要求，并对政府预算公开提出了具体要求，包括政府预算信息公开的公正性、内容、形式和时间要求。而《条例》修订明确和细化了《预算法》的有关规定，进一步落实其原则和相关条款，消除

了《预算法》施行过程中的实践障碍，增强了预算制度的可操作性。因此必须始终严格贯彻执行《预算法》及《条例》，并在未来的信息公开等实践中不断完善相关法律法规。

（二）增强官员政治激励

在省级财政信息公开进程中，提高官员的积极性，增强对其政治激励，是必不可少的措施。具体有以下几点：（1）加快量化财政信息公开的考核机制。目前，地方政府绩效的评估指标大多是经济层面的，相关政府信息的披露程度从来没有根据其评估进行量化。尽管个别省份有一些单独的部门在官员公开考核中有一些要求，但这种考核内容根本不能规范化，相关指标也很模糊，缺乏真正的约束力。因此，对省级官员积极披露地方财政信息不能起到积极促进作用，干部业绩指标体系中缺乏定量的财政信息披露指标，也导致政治激励不足。因此，有必要加快财政信息披露指标的量化和硬化，在各级领导干部晋升考核中增加明确的指标，从内部加强省级财政信息披露的动力，继续提高省级财政透明度得分。（2）加强对省级官员在任期间债务情况考核。一些官员盲目扩建基础设施，希望提高所辖地区的经济增长量或增速等绩效。但由于不可避免地需要借入大量外债，导致该省财政失衡，政府的财政赤字率上升。债务问题的出现也降低了披露财务信息的动机。因此，应将政府部门的债务负担作为考核和提拔干部的指标。（3）提高政府公开信息的积极性与责任感，减少主观随意性。长期正确的政治激励有助于潜移默化地增强官员的责任感和主观能动性。在社会各方监督的基础上，各级政府部门要更加明确自己的职责，有高度的责任感，减少并逐步杜绝随意性，不能想公开就公开，不想公开就不公开。

（三）重视媒体及网络建设，推进社会多元主体协同治理

重视网络在财政信息披露中的重要作用，提高电子政务水平。一方面，政府应重视政府网站的门户功能，将政府网站建设成信息宣传的窗口，成为宣传的主渠道，主动将相应的财政信息放在政府网站上供公众浏览。另一方面，政府要有“网络思维”，适应迅速变化的环境，为现实的新要求做好准备。要重视新媒体的作用，加强新媒体建设，充分利用新媒体反应迅速、与公众互动强的特点，定期通过新媒体发布信息，积极回应公众的问题和需求，把新媒体建设成监督的新渠道。

参考文献

[1]戴慧．提高面向现代化的财政透明度[J]．审计观察，2020(10)：62-66.

[2]梁城城．我国财政透明度影响因素的实证研究[D]．西南民族大学，2016.

[3]卢真，郝麦红．我国地方政府财政透明度影响因素的差异分析——基于省级面板数据实证研究[J]．经济研究参考，2018(43)：18-29.

[4]戴林序．省级财政透明度影响因素研究[D]．上海交通大学，2018.

[5]齐雁．基于影响因素提升财政透明度的建议[J]．中国财政，2020(19)：64-65.

[6]廖玉群．财政透明度对地方民生性财政支出的影响研究[D]．西南财经大学，2019.

[7]王永莉，梁城城．基于省级面板数据的政府财政透明度影响因素实证研究[J]．商业研究，2015(12)：58-64.

[8]郑浩生．财政信息公开的政府驱动力分析[J]．地方财政研究，2020(08)：42-47+64.

[9]肖鹏，樊蓉．债务控制视角下的地方财政透明度研究——基于2009—2015年30个省级政府的实证分析[J]．财政研究，2019(07)：60-70.

[10]肖鹏，阎川．中国财政透明度提升的驱动因素与路径选择研究——基于28个省份面板数据的实证分析[J]．经济社会体制比较，2013(4)：199-206.

数字服务税多国单边开征与OECD框架下全球治理
——兼议对我国数字税改革的思考

李 敏

摘 要：数字经济越来越成为我国及世界经济增长中的新引擎使得数字服务税的开征迫在眉睫。OECD框架下的数字税全球治理尚未实现，在多国相继开征单边数字服务税的背景下，本文通过分析其内容及课征理据、各国改革进展状况，提出我国在数字税制改革方面应做好立法完善和草案试点工作，以英法等先行国为镜鉴推动我国企业主动迎接挑战并积极参与全球治理和国际合作。

关键词：数字服务税；301调查；单边开征；全球治理

文章结合课程知识点：税制改革——数字税收

文章所体现的思政元素：2017年到2022年，“数字经济”一词在政府工作报告中曾五次被提及，国务院依据《中华人民共和国国民经济和社会发展第十四个五年规划和二〇三五年远景目标纲要》所制定的《“十四五”数字经济发展规划》中指出，数字经济是继农业经济与工业经济后的主要经济新形态，是当代国家综合实力的重要体现和构建现代化经济体系的核心引擎。当前，受内外多方面因素影响，我国数字经济发展形式正经历着深刻变化，要创新基于新技术手段的数字经济协同治理模式，强化数字经济领域的税收监管与稽查。习近平总书记在《国家中长期经济社会发展战略若干重大问题》中也强调，我国应积极参与到数字货币、数字税等国际规则制定当中去，以更好塑造国际竞争中的新优势。可见，数字经济不仅是全球未来发展方向，也事关我国发展大局。当前数字经济时代，我国作为全球数字经济大国，在数字税制单边开征或全球治理方兴未艾之时，如何更好地应对并参与国际税收规则制定是当前亟待解决的重大问题。

据中国信息通信研究院（简称CAICT）2020年10月发布的《全球数字经济新图景（2020年）》报告显示，2019年，全世界数字经济的平均名义增长速度为5.4%，相较于同期 GDP 名义增长速度高出 3.1%，而我国数字经济增速更是达到了 15.6%的全球领先增速。OECD 即经济合作与发展组织自 2013 年以来针对数字经济对当前国际税制所带来的挑战出台了一系列行动计划，且 2019 年与 2020 年连续两年所发布的年度报告改革展望中均详细论及对数字产品及相关服务征税政策制度的落地及推进。而奥地利、印度尼西亚等 30 余国已计划或已实施单边征收数字税的举措，反映出后疫情时代下数字经济的蓬勃发展倒逼现行税制改革的效应，同时 OECD 和欧盟也在积极推进数字经济全球统一税制，这些对于我国未来数字经济方面的税收体制改革将具有重要的借鉴意义。

一、数字服务税的内容、课征背景与理据

（一）数字服务税的概念及内容

数字服务税（Digital Service Tax，简称 DST）是指针对在互联网平台基础上提供相关数字产品及服务而获得的增加值专门征收的一个新税种，其征税对象多为互联网科技型数字企业。当前 OECD 作为推动全球数字税收改革的主要国际组织，由其牵头的 BEPS 即税基侵蚀与利润转移项目与 2019 年末发布的支柱一和支柱二方案促成了关于数字服务税的系列改革。与此同时，伴随着美国退出数字税国际规则制定的谈判及英法等国单边开征数字税，使得数字服务税近年来在国际税收领域改革中一直存在着较大争议。

（二）数字服务税的课征背景与理据

1. 数字产品与服务的发展规模日益扩大

据 CAICT 报告估算，2019 年世界数字经济所创造的增值达到了 31.8 万亿美元，其在全球 GDP 中占比达 41.5%，而 2020 年，我国的数字经济所创造的增值将达到 40 万亿元人民币规模，且据当前速度推算 2027 年其可占据我国 GDP 的半壁江山，也将进一步成长为拉动我国经济增长的新引擎。与实体经济相比，数字经济摆脱了地域方面的限制，可跨越全球来提供数字产品与相关性服务，其用户遍布全球范围。因此，税务部门根据实体经济中企业常设机构的所在区域来进行征税的原则与数字经济的发展不相适用，由此数字服务税得以出现。

2. 利润转移等避税行为导致税基侵蚀和税收流失

诸多科技型互联网企业不仅用户遍布全球各地，其当前缴纳税款的物理常设机构也大多设置在开曼群岛、百慕大等所谓的“避税圣地”，如我们熟知的百度、阿里巴巴等科技型巨头在开曼群岛均注册有子公司。这些科技型企业利用法律制度漏洞进行合法避税和利润转移，使得全球面临着严重的税基侵蚀进而导致税收流失。据美国税务与经济政策研究所 2019 年的一项调查显示，379 家盈利企业实际纳税率仅为 11.1%，

低于法定税率近一半，91 家企业未进行纳税，这其中不乏部分盈利企业；还有 56 家企业实际平均纳税率仅有 2.2%。可见，数字型科技企业利用其新兴优势实现自身茁壮成长的同时并未像传统实体企业那样相应地承担起纳税责任，截然不同的竞争环境与优势使这些企业能够实现资源的优化汇聚与整合，造就了一批跨国巨头公司，在全球市场占据了垄断性地位，一定程度上也影响到了各国国内科技型企业的既得利益。如今欧盟等着力推行的单边数字服务税就出于保护本土数字公司并防御跨国企业侵蚀本国税基的目的。

3. 开辟税源增加财政收入并保障税收公平

2020 年，美国政府预算赤字超 3.1 万亿美元，总赤字远超正常范围；我国政府财政赤字率达 3.6%以上，是改革开放以来最高水平数字；法国和意大利等欧洲国家赤字率更是接近两位数水平。各国面对严峻的财政预算赤字不得不开辟新税源，通过向蓬勃发展的数字服务课税来缓解政府的支出困境。在数字经济时代，遍及全球的互联网用户在消费科技企业所提供的产品及服务同时也创造了有价值的新数据信息，但针对数字服务方面的税制不够完善，使得这些科技巨头通过用户攫取利润的同时并未利用税收渠道给予消费者福利，数字科技型企业与消费者之间的所得处于一种不对等状态，与传统实体企业税负之间的不对等使得遵循横向的税收公平的原则很难达成。有数据显示，互联网数字企业平均税率为 17%，相较于制造业等传统实体企业 25%以上的税率，两者之间存在较大的差距，这些均体现了税收不公。因此，数字服务税作为未来具有相当增长潜力的一种新税源，可一定程度上满足各国弥补财政赤字与实现税收公平的需求。

4. 在重构数字经济国际税收规则中占据优势地位

伴随着数字经济的蓬勃发展，改革现行国际税收规则已然是大势所趋，但建立多边数字服务税全球治理体系的进程由于受到各国之间错综复杂的利益冲突而举步维艰，美国也因此采取了退出谈判并针对法国启动“301 调查”等举措。面对数字经济全球税收秩序尚未确定的局面，多国率先单方面开征数字服务税以维护本国的发展利益，如法国、印度尼西亚等 30 余国已计划或已实施单边征收数字税，这些在数字服务税领域的实践既为将来构建多边数字服务税全球治理体系提供了一定的参考与借鉴，同时也反映了各国企图在重构数字经济国际税收规则中争夺话语权以获得相对有利的地位。

二、多国相继单边开征数字服务税的进展状况

2018 年，欧盟委员会发布报告，针对数字经济的兴起率先提出两条对数字经济课税的建议以调整当前国际税收秩序并实现税收公平。当年 11 月的欧盟理事会草案提出，若 2021 年 1 月 1 日国际上尚未针对数字服务税达成一致意见，欧盟将率先开征。

但由于欧盟各成员国之间对此存在分歧，截至目前该组织计划未能如期实施。虽然欧盟未能按计划推出数字税，但在其成员国当中支持欧盟意见的国家相继开始针对数字经济出台相应税收制度与政策。此外，后疫情时代也进一步推动了数字经济的发展同时加剧了各国财政预算的负担。基于多重原因，越来越多国家开始思考数字产品及服务的可税性，这在一定程度上加快了数字服务税改革的步伐。据不完全数据显示，全球已有30多国家已采取或计划征收数字税，其中意大利、印度、土耳其已经开始征收，英国、奥地利、捷克等国已采取或计划实施相关举措，泰国已确定于2021年9月正式开征数字服务税。

（一）法国：率先探索并“如约”开征

2020年11月25日，法国财政部宣布自12月始，将根据既定计划正式向数字科技型巨头企业开征数字税并向其发布相应的预付款征税通知，这一举措将波及Google、Facebook和Amazon等在内的美国部分跨国科技企业。基于此原因，法美两国多次就数字服务税问题进行谈判，2020年7月10日美国政府为保障本国科技企业的利益甚至对昔日盟友启动了“301调查”，严重影响到了两国经贸往来。此情形下，法国仍在7月11日通过相关法案，如约开征数字服务税，但同时法国更希望双方能基于OECD框架展开谈判，尽快达成多边合作协议同时取消本国的单边数字服务税征收，这也是切实解决当前科技企业跨国经营进而实现利润转移问题的最佳策略。

法国是欧洲各国中第一个针对数字型科技企业立法征税的世界主要经济体，其主要目的是弥补税收缺口。其投票通过的“GAFA（Google、Apple、Facebook、Amazon）税”法案对于所要征收的数字服务税规定从2019年1月1日开始，符合全球数字方面的业务营业收入达到7.5亿欧元以上和本国境内营业收入在2500万欧元以上标准的企业将要为税务部门缴纳其营业额收入的3%。据法国估测，数字服务税在2021年会为其国内创造6亿欧元财政收入。

（二）英国：开征数字服务税的态度先行者

英国是最早表明要征收数字服务税的国家，其财政部早在2017年就在所发布的《公司税收与数字经济：立场文件》当中明确提出要对数字经济的发展进行合理征税，在之后的2018年10月，最早立场鲜明地公布了相关法律草案并宣布要在2020年4月份开始征收。该税种将对于跨国数字科技型企业在全球销售总额达到5亿英镑并且这其中由本国消费者创造的营业收入至少达到2500万英镑以上，以本国消费创造的营收作为税基征收2%的数字服务税。据其国内税务海关总署（HMRC）估算，该项新税源在2025财年底预计为政府获得5.15亿英镑的财政额外收入。

英国在2020年疫情的影响之下，经济发展受阻甚至停滞不前。根据2020年英国国家统计局（ONS）所公布的经济数据，英国该年国民生产总值萎缩达9.9%，这也是其本国 311 年以来最为剧烈的经济降幅，而路透社还预计在第三次疫情封闭状况下，英国经济情况在 2021 年初还将急剧萎缩。而数字服务税的开征无疑能增加该国财政预算，适当缓解疫情影响下的窘境。此外，美国“GAFA”等数字科技巨头在后疫情时代利用其强大的互联网技术实现了大幅进军英国市场且一定程度威胁到了英国本国企业的发展，如亚马逊一直在试图与英国本土超市进行激烈角逐，这也引起了英国政府的不满。据此，英国再次立场坚定地针对以美国科技巨头为首的企业征收数字服务税，甚至不惜与美国发生新一轮的经贸冲突。

（三）欧洲多国：开征数字服务税的主力军

在欧盟有关于数字服务税方案未能如期实施后，欧洲多国开始紧随英法步伐实施或计划单边开征，也因此成为推动征收该税的主力军。

自 2020 年 1 月开始，意大利就已开征数字服务税，并明确规定对数字科技企业其满足在全球范围内营业收入达到 7.5 亿欧元以上且在本国范围内关于数字领域的营收达到 550 万欧元的标准时，对其中由定向广告与数字接口服务获得的营业所得开征 3%的数字服务税。

奥地利与意大利同步开征，其征收门槛相对较高，只针对在其本国国内涉及数字产品及服务方面营业收入达到 2500 万欧元以上的企业中的在线广告部分销售所得征收 5%的数字服务税。

土耳其则是从 2020 年 3 月开始明确规定对数字科技企业其满足在全球范围内营业收入达到 7.5 亿欧元以上且在本国范围内关于数字领域的营收达到 2000 万土耳其里拉的标准时，对其中由社交媒体、定向广告与数字接口服务获得的销售收入开征 3%的数字服务税。

此外，波兰计划对如美国亚马逊与奈飞等在线流媒体平台的营业收入征收 1.5%的数字服务税。捷克也正在草拟法律议案，针对企业中的定向广告与数字接口服务获得的营收所得开征 7%的数字税。

（四）其他地区：紧随征收数字服务税的风潮

印度政府早在 2016 年就针对跨国数字科技企业的广告和相关衍生业务所取得的营收开征 6%数字服务税，并于 2020 年 4 月 1 日开始对在本国内提供数字业务且年销售总额达到 2000 万卢比的跨国公司开征 2%数字服务税。

泰国计划在 2021 年 9 月对在本国国内开展数字方面业务且年度营收达到 180 万铢的跨国企业开征 7%的增值税。印度尼西亚也于 2020 年 7 月 1 日针对科技企业开征 10%的数字税。南美洲的巴西计划针对数字科技巨头的数字产品及服务所获取的总收入征收数字税。非洲的肯尼亚和尼日利亚等国也在考虑开征数字方面的税收。

三、OECD 方案下构建数字服务税全球治理规则的进展

早在 2012 年墨西哥举办的 G20 峰会议题中就涉及提高全球征税透明度，严厉打击利润转移等避税行为。OECD 作为当前全球税收治理制度政策的主流平台，在 2013 年就推动了 BEPS 项目以解决税基侵蚀与利润转移等导致税收流失的问题，推动构建起一个全球性的合作体系。2015 年 OECD 所制定的行动计划之一就是要率先面对当前数字经济蓬勃发展倒逼国际税制改革的境况。此后 2018 年到 2020 年三年里，OECD 持续关注相关性议题，并在 2019 年形成了支柱一和支柱二两个涉及数字税改革的蓝图方案。其中，支柱一是关于征税权力的优化配置，囊括了多项拟定草案，并在 2020 年终于凝聚成为统一性方案；支柱二针对当前数字经济发展侵蚀税基的世界性问题提出防止利润转移、确保最低征收率和平衡传统实体企业与数字科技企业征税率三点建设性意见。但由于国际政治经济大背景及各国利益错综复杂，没能如期在当年就数字服务税征收问题达成一致意见。此外 2020 年至今新冠疫情持续蔓延，各国的经济发展停滞不前，进而 OECD 框架下的国际合作也难以顺利开展。

与此同时，数字税全球治理格局构建也遭到了美国等国家的反对。数字经济通过互联网平台摆脱了地域方面的限制，可跨越全球来提供数字产品与服务，但只需在企业常设机构的所在区域纳税（见图 1），而针对数字跨国科技巨头征税必然影响到了这些企业的既得利益。对此，美国在特朗普政府时期就提出了所谓的“安全港”原则，让本国企业选择有利于自身的纳税规则，于 2020 年 6 月退出 OECD 框架之下针对数字税全球治理的谈判并对欧盟及意大利、巴西、印度尼西亚等十余国家启动“301 调查”，认为这些国家对本国企业采取了不合理或不公正的贸易做法，在 7 月份就宣布将从 2021 年 1 月 6 日开始对法国出口商品多征收 25%的关税。此外 2021 年 1 月后还相继公布印度、意大利、土耳其、英国等多国数字税不合乎原则，但尚未对此采取相应关税惩罚措施，这也使得构建数字服务税全球统一规则的谈判一度深陷僵局。但拜登政府继任以来，境况有所缓和。2021 年 2 月 26 日的 G20 财长与央行行长会议中，美国财长耶伦阐述了美国将会放弃原计划的“安全港”规则，这为遵循所有企业一律公平纳税原则迎来了重大的转机，同时美国还将在数字经济挑战下积极和各国一起在 OECD 的“双支柱”框架下参与全球数字税制改革。

可见多重因素影响下 OECD 关于数字服务税的全球治理规则构建进展一度较为缓慢，同时新冠疫情的持续也对于其原定计划的实施产生了一定冲击。伴随着美国新任政府抛弃原有原则积极参与数字税全球统一治理规则构建进程，使得全球范围内的数字税制改革突破了原有障碍，但实现数字服务税的全球治理目标尚需时日。

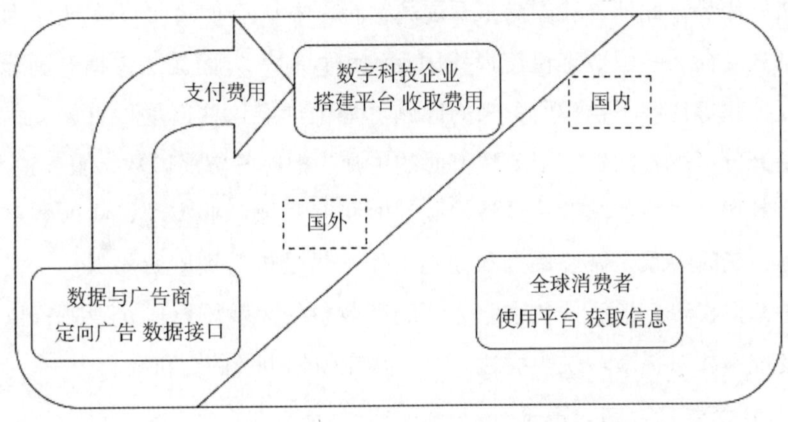

图 1 跨国企业营收与纳税示意图

四、对我国数字税改革的思考

无论是数字税的单边征收还是全球治理都会影响到我国互联网科技公司的既得利益。当前英法等多国开征单边数字税，同时 OECD 框架之下的全球治理规则尚未统一，处理数字服务税的重中之重就是要协调好错综复杂的利益关系，在改革之中权衡这其中的成本和未来收益。

（一）完善我国数字经济领域法律法规

2020 年 6 月，发改委与商务部联合发布了最新外商投资准入的负面清单，当前我国面临着新一轮更广阔领域的对外开放，互联网基础上的数字经济领域发展态势迅猛，因此亟待针对数字产品和服务加快制定法律法规，如健全知识产权保障法律，以维护科技企业和从业人员的合法权益；同时加强平台反垄断方面的立法，以抵御别国数字科技企业垄断我国市场，充分地保护我国企业的本土市场的竞争力。

（二）推动数字服务税草案制定和试验区建设

伴随着数字经济的兴盛，开征数字服务税已是大势所趋。在制定数字服务税草案时要着力解决 OECD 支柱一蓝图方案所提及的数字科技企业所获收益在数字科技企业、广告商及用户三层次之间的均衡配置问题。我国无法一蹴而就开征数字服务税，但在越来越多国家开征的大环境和相应制度政策不完善的情况下，可遵循已有实践进行小范围的试验区改革与试点。

（三）本国数字科技企业主动迎接单边数字税的挑战

越来越多国家开征单边数字服务税使得我国数字科技企业的跨国发展要承担更多的税负，也变相抬高了我国数字产品的成本，大大减少了我国数字产品及服务在全球市场的价格等优势。此外，我国尚未开展数字税，本国企业遵循所在地原则缴纳各项税收，而率先开征的各国数字税使得我国在纳税规则等方面无法占据有利地位，还可能出现重复征收等税制不合理所带来的问题。为了规避这些问题，首先，我国企业在国际市场要充分了解各国数字服务税方面的规则，把握各贸易国数字服务税发展动态，合理纳税。其次，当前各国数字经济领域各项制度法规不够完善，我国数字科技企业在开拓国际市场时要预先做好调查和预判工作，尽量规避别国贸易保护主义方针下对我国企业恶意征税等。最后，数字服务税的征收也代表我国跨国企业所提供的数字产品及服务的成本相对提高，说明应适当调整其在国际市场的定价。

（四）以英法等先行国为镜鉴

当前英法等欧洲国家作为征收数字服务税领域的先行者，在相关的法律制度等方面已有实践，而我国在数字经济征税方面仍属空白，这也对我国现有税收体制改革形成了倒逼作用。数字经济的迅猛发展更加意味着我国在加快推动数字服务税政策改革进程中要充分借鉴当前英法等国家在先行实施或计划征收数字税方面的经验，但也不可忽视其改革中所出现的缺陷与不足。

从当前各国已有征收实践来看，数字服务税作为一种新税源，其开征能为本国政府带来财政收入，同时数字经济领域税制的完善也使得跨国科技企业无法转移其利润进而缓解了税收流失的情况，也保障了传统实体企业与数字科技企业之间税收公平的竞争环境。据我国信通院发布的《中国数字经济发展白皮书（2020 年）》，2019 年中国数字经济的增加值超过 35.8 亿元，在我国 GDP 中占比达 36.2%，在全球处于领先地位。我国当前不应盲从开征数字服务税的潮流，而应在充分考虑本国国情基础上审时度势推动税制改革，保持减税降费的政策基调，在实现数字经济合理征税的基础上保障本国数字科技企业的优势地位。

（五）积极参与数字税全球治理和国际合作

在 OECD 发布的关于 2020 年税制改革方案中首次将中国专门列入，但与美欧等国相比，我国当前作为数字经济下的价值创造和用户消费大国，在 OECD 中所享有的话语权仍然较为有限。在该背景下，我国应更为积极主动参与数字经济发展、数字货币及数字税等国际规则的制定与改革，通过 G20 等国际组织深化同 OECD 之间的交流合作，保障我国在国际数字税制改革中占有一定的话语权，在我国数字科技企业“走出去”的步伐中进一步深化改革开放，充分保障我国数字科技企业的合法权益与税收利益；利用以我国为主导或拥有较大话语权的区域性合作组织推行有利于税收公平及维护我国权益的贸易主张与合理诉求，并致力于推动国际数字服务税的全球统一治理，在数字税国际规则体系构建中发挥我国应有的作用。

参考文献

[1]刘志毅．理解数字税:公平、疫情、数字化与反垄断[N]．经济观察报,2021-01-18(021).

[2]朱青．美国“301 条款”与数字服务税[J]．国际税收,2021(01):43-48.

[3]龚辉文．数字服务税的实践进展及其引发的争议与反思[J]．税务研究,2021(01):39-46.

[4]燕晓春,梁若莲．2020 年世界主要国家税收政策改革特点及展望——OECD《税收政策改革(2020)》报告评析[J]．税收经济研究,2020,25(06):33-40.

[5]苍岚,张淑翠,关兵．数字经济是否存在税收流失风险？[J]．互联网经济,2020(12):8-11.

[6]寇韵棋．数字经济背景下英国数字税制度分析与启示[J]．湖南税务高等专科学校学报,2020,33(06):12-18.

[7]蔡昌．数字国际税收治理挑战巨大中国如何积极应对[N]．中国财经报,2020-12-15(008).

[8]杨志勇．数字资产税征收的国际实践与我国的政策建议[J]．经济纵横,2020(11):102-110.

[9]崔景华,李浩研．数字服务税的制度实践及其效应研究[J]．税务研究,2020(11):76-82.

[10]邱冬梅．数字经济所得课税国际规则制定的最新进展及中国应对[J]．税务研究,2020(10):63-72.

[11]蔡昌,马燕妮．数字经济征税规则的变革趋势与中国应对举措——基于美国电商 Wayfair 税案的研究[J]．创新,2020,14(04):88-99.

[12]赵珂艺．英法两国数字服务税制度研究及启示[D]．云南财经大学,2020.

[13]彭喜文．经济数字化下数字服务税规则探析与反思——以法国数字服务税法案为切入点[J]．河南财政税务高等专科学校学报,2020,34(02):23-29.

基于风险角度探讨地方政府债务可持续发展问题

白玉彤

摘　要：自2015年新《预算法》实施以来，我国地方政府债务管理迈入了新的发展阶段，地方政府被赋予了自主发债的权利，拓宽了地方政府的财源。然而，随着地方政府债务的不断发展，债务风险也进一步凸显，日益成为经济发展与社会稳定的重要威胁。结合我国目前地方政府债务的现状，地方政府债务风险在规模上基本可控，但是我国财政体制还不完善、监管不够到位、政府行为不当等因素导致地方政府债务面临着严峻的结构性风险、区域性风险以及效率风险。因此，化解地方政府债务风险需要提高财政工作的透明度，加快财政体制改革，提高存量债务和新增债务的使用效率，尽早建立地方政府债务风险预警机制，以实现地方政府债务的可持续发展。

关键词：地方政府债务；债务风险；风险监管；可持续发展

文章结合课程知识点：债务管理——地方政府债务

文章所体现的思政元素：2014年，《国务院关于加强地方政府性债务管理的意见》（国发〔2014〕43号）中明确指出，建立“借、用、还”相统一的地方政府性债务管理机制，有效发挥地方政府规范举债的积极作用，切实防范化解财政金融风险，促进国民经济持续健康发展。党的十九大报告明确指出要将坚决打好防范化解重大风险作为打赢“三大攻坚战”的首要任务。2020年的《政府工作报告》也指出，要加强重大风险防控，坚决守住不发生系统性风险底线，防风险仍是“攻坚战”之一。而防范化解重大风险的关键就在于防控地方政府债务风险，牢牢守住地方政府债务风险底线。

党的十九大报告明确指出要将防范化解重大风险作为打赢“三大攻坚战”的首要任务。2020年的《政府工作报告》也指出，要加强重大风险防控，坚决守住不发生系统性风险底线，防风险仍是“攻坚战”之一。而防范化解重大风险的关键就在于防控地方政府债务风险，牢牢守住地方政府债务风险底线。近年来，随着《预算法》的修订、国发43号文等一系列法律政策的出台，我国地方政府债务管理不断成熟发展，地方基础设施建设、公共服务提供、民生福祉以及城镇化建设等方面有了不同程度的进展，防控地方政府债务风险的一系列举措也应运而生，地方政府债务风险在总体上可控，但仍面临着日益严峻的结构性、区域性、效率以及外部风险。在新的时代背景下，有必要结合地方政府债务现状对地方政府债务风险进行分析，探索有效化解地方政府债务的途径，以实现地方政府债务的可持续性发展。

一、地方政府债务的分类界定

地方政府债务简称地方债，有广义和狭义之分。广义的地方政府债务是指有财政收入的地方政府及其公共机构为了履行职能，以自身信用为担保、以还本付息为前提来筹集资金的债务。狭义上是指地方政府作为发债主体以发行地方政府债券的方式而形成的债务。

根据不同的划分标准，地方政府债务的分类方式也各有侧重。按照地方政府对债务负有的义务来说，地方政府债务可以划分为三大类：第一类是由当地地方政府举借并用财政收入偿还的债务，第二类是当地地方政府负有担保责任的债务，第三类是当地地方政府可能承担一定救助责任的其他债务。其中，第一类指的就是狭义上的地方政府债务。但是在 2014 年国务院 43 号文发布之后，地方政府债务逐渐以发行置换债券的方式来置换。后两类合称为地方政府或有债务。由于国发 43 号文的出台，禁止地方政府提供担保或救助，地方政府的收支缺口由发行一般债券和专项债券来弥补。

2017 年中央政治局会议上首次提到了“地方隐性债务”这个概念，从此以后，地方政府债务的划分标准变成显性债务和隐性债务。地方政府隐性债务主要由三个方面构成：地方政府融资平台债券、融资平台银行借款以及 PPP 融资。它们因地方政府负有间接偿还和担保责任而被认定为地方政府隐性债务。

按照偿债资金的来源，地方政府显性债务可以分为一般债券和专项债券。一般债券通常是指为发展公益性事业并由一般公共预算收入进行偿还的债券，专项债券是指为发展具有一定收益性的专项用途的项目并由项目收益或政府性基金进行偿还的债券。

按照筹集资金的用途，地方政府显性债务还可以分为新增债券、置换债券与再融资债券。新增债券用来为新增项目筹集资金；置换债券用期限较长的债券置换以前高利率、期限短的存量地方政府债务；再融资债券则是 2018 年首次提出的用发行新债的方式偿还即将到期的地方政府债券，即“借新还旧”债券。

地方政府债务的具体分类可以用图 1-1 表示：

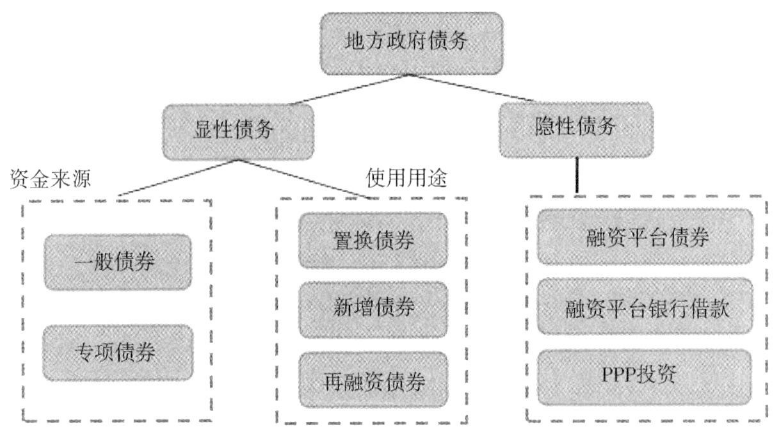

图 1-1　地方政府债务分类图

二、地方政府债务的现状

（一）地方政府债务的规模现状

如图 2-1，除 2016 年受置换债券的影响以外，我国地方政府债券发行额大致呈现逐年上升的趋势，发行额由 2015 年的 38 351 亿元上升到 2020 年的 62 602 亿元，尤其是 2020 年受到新冠肺炎疫情的影响，规模更是大大增加，比上年增加 18 978 亿元。2020 年我国地方政府债券发行的增长速度更是达到 43.5%，为近 6 年来的最大增速。

图 2-1　地方政府债券发行额

从图 2-2 中看出，债务余额与债务限额自 2015 年开始一直处于一个逐年上升的趋势，2019 年，我国地方政府债务余额为 213 098 亿元，债务限额为 240 584 亿元，债务限额的增长速度为 14.7%，达到了 5 年以来最高增速，但 2015—2019 年的地方政府债务余额均未超过地方政府债务限额，地方政府债务处于管控区间内。

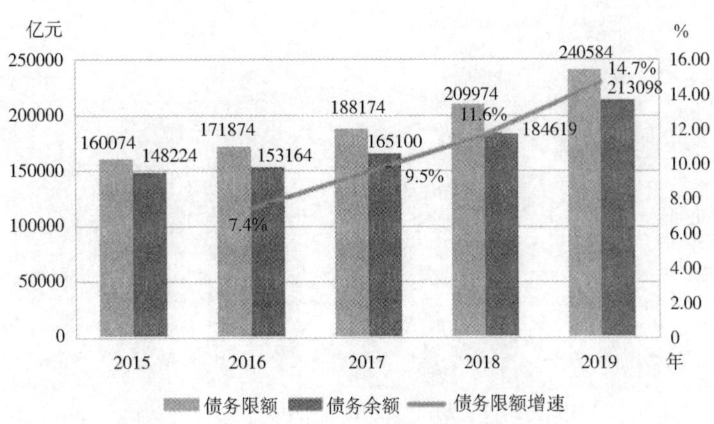

图 2-2　地方政府债务余额、债务限额及其增速

（二）地方政府债券结构现状

如图 2-3，一般债券的发行量大致上呈现逐年递减的趋势，专项债券的发行量呈现递增的趋势。专项债券在近几年发行规模越来越大，增长速度大幅提高，在地方政府发行的债券总量中的比重越来越大，并在 2019 年的时候发行量首次超过一般债券，是目前政府最重要的债券类型。

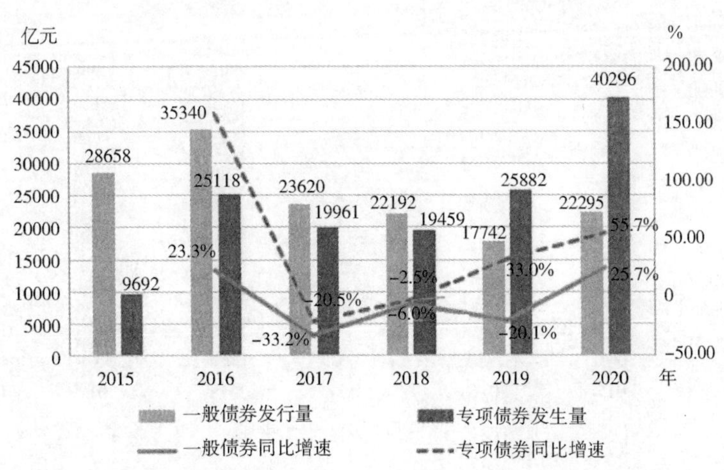

图 2-3　地方政府一般债券和专项债券的发行量及增速

如图 2-4 显示，自 2011 年以来，我国城投债余额逐年上升，增长速度越来越慢，呈现下降的趋势，近两年有上升反弹。2019 年，我国城投债融资余额将近 9 万亿元，比上一年增长了 14.3%。作为隐性债务的重要来源之一，城投债余额的不断扩大需要提高对可能引发的地方政府债务风险的重视。

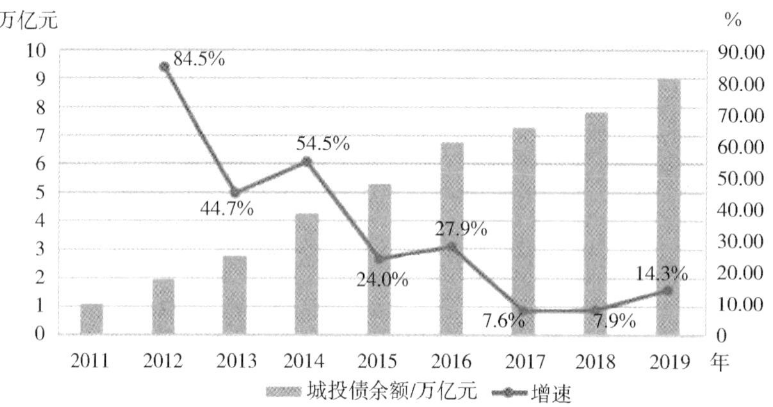

图 2-4　2011—2019 年城投债余额及增速

如图 2-5 显示，PPP 融资金额自 2017 年大幅增长之后开始逐渐减少，呈现一种平稳下降的态势。其中，2019 年 PPP 融资金额近 17.4 万亿元，全国管理库在库项目达 9382 个，项目大多用于基础设施建设、市政建设、交通运输领域以及生态领域建设等。

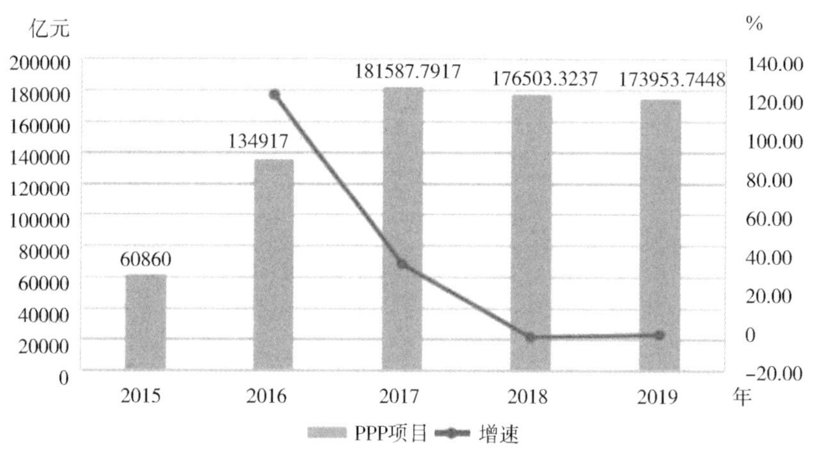

图 2-5　2015—2019 年 PPP 融资规模及增速

（三）地方政府债券区域现状

如图 2-6，2019 年全国各省市显性债务规模较去年均有所增加，西藏、甘肃等 6 个省份债务增长率超过 20%；辽宁、贵州未超过 10%；湖南、四川、江苏、山东等 6 个省份规模超过万亿元；而青海、西藏等四个省份不超过 3000 亿元。负债率方面，超过 60%警戒线的仅为青海省，面临着严峻的偿还隐患。

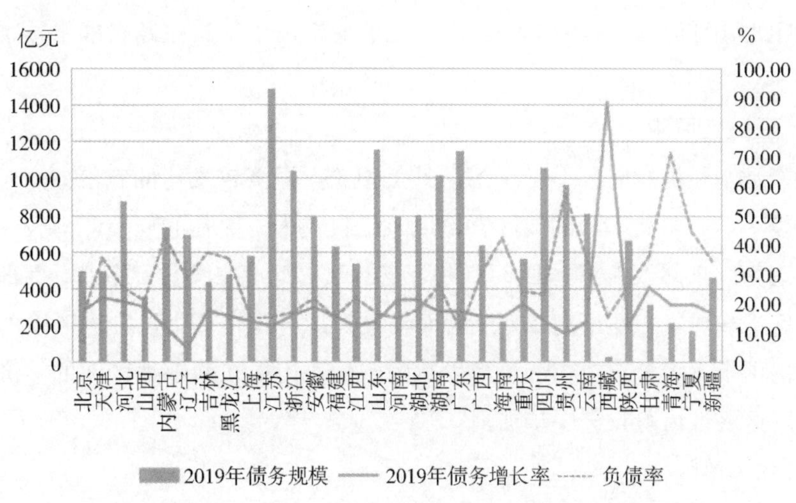

图 2-6　2019 年全国各省市显性债务规模、债务增长率及负债率

三、地方政府债务风险类别

（一）结构性风险

1. 隐性债务规模较大

隐性债务主要由城投债、银行贷款以及 PPP 投资三个部分构成。虽然 2015 年新《预算法》规定地方政府债券为唯一合法的举债方式，但从实际的运行情况来看，投融资平台债务并未完全从地方政府债务中剥离出去，地方政府通过城投平台违规举债的行为屡见不鲜，地方政府将 PPP 变成地方政府的变相融资工具，由此导致了政府债务变相增加，隐性债务风险未能得到真正的控制。IMF 预测 2024 年中国含隐性债务的政府总债务将达到 143 万亿，隐性债务风险不容小视。

2. 债务层级结构不合理

我国地方政府债务层级负债特点是层级越低，负债率越高。2019 年，我国省级政府的负债率占 16%，市、县级政府的负债率分别占 45%和 36%。省级政府的债务主要投向公共服务和基础设施建设等领域；市、县级政府的债务构成比较复杂，负债率高于省级政府。层级越低的政府收入来源较少，但支出项目多、资金需求大，收支不平衡、巨大的债务融资负担和偿还压力使基层政府面临的风险越来越大。

3. 专项债管理不到位

专项债的管理涉及发行、使用和偿还三个环节。在发行方面，专项债的定价大多采用行政议价的方式，市场化的程度较低，不能够很好地反映市场的供求状况；在使用方面，挪用资金、资金闲置、“钱等项目”的情况时有发生；在偿还方面，偿债资金过于依赖土地出让收入，来源单一，而且还会面临由于项目收益可能未达预期的偿债压力。

（二）区域性风险

风险指数与经济发展水平呈现明显的负相关，经济较发达的省份如广东、江苏等风险指数较小，而东北、西部地区省份风险指数较大，面临的偿债压力较大，风险格局总体呈现为“东部＜中部＜西部”。由于各地区之间存在差异，东北、西部地区省份由于经济实力较弱，在偿还高峰期还会面临较大的再融资压力，加剧风险的分化。另外，优质的国资大多分布在东部经济发达的省份，使得东西部地区间的经济发展差距越来越大，区域性风险将进一步加剧。

（三）效率风险

地方政府通过举债筹集到的资金通常用于公共服务和基础设施建设领域，这些项目大多投资回报周期较长。另外，由于我国长期以来重视投资，而在一定程度上忽略了对项目的管理经营，效率意识不强，导致一些项目的经济效益低下，地方政府的投资回报率不断下滑。

四、地方政府债务风险的成因分析

（一）财政体制层面

1. 分税制下央地权责不匹配

1994 年分税制改革实施以来，中央与地方的财政关系发生根本性的改变，一部分财权上移至中央，大大提高了中央的财政收入水平，大量事权下放到地方政府，地方政府承担了大量的财政支出责任，形成了中央政府与地方政府的财权与事权不匹配的局面。以 2018 年央地的财政收支情况为例，2018 年中央政府的财政收入约为 8.5 万亿元，地方政府财政收入约为 9.8 万亿元，二者收入水平相差不大，但地方政府的财政支出却高达约 19 万亿元，支出规模约为中央政府的 6 倍，地方政府入不敷出。面对如此庞大的资金缺口，地方政府想要谋发展就不得不大量发行债券以弥补财政资金的短缺，导致债务规模逐渐膨胀。同时，由于这种权责不匹配的局面，地方政府要想发展经济、改善民生，还会通过各种融资平台进行融资，形成大量隐性担保，加剧了隐性债务扩张的风险。

2. 预算软约束问题严重

新《预算法》颁布之后，在允许地方政府举债的同时，又对发债的规模、方式与用途进行限制，地方政府缺乏自主性，对中央政府的依赖性很高。一方面相应的法律制度还不够健全，由于融资平台的约束以及限额管理，地方政府的融资空间受限，预算内的资金有限，地方政府只好在预算外进行融资，通过“明股实债”或改变会计做账等更加隐秘的方式来弥补融资缺口满足融资需求，导致地方政府债务更加隐性化，加剧了对风险进行管理的难度；另一方面弱化了地方政府的发债主体角色，造成中央对地方的软约束，当地方政府的发债规模超出了其偿还能力之后，由中央政府进行兜底和担保。虽然 2016 年 88 号文规定，中央政府不再为地方政府承担兜底和偿还责任，实施“不救助”的原则，但是另一方面对地方政府的转移支付力度却在不断加大，预算硬约束的实施面临阻碍。

3. 财政收入过于依赖土地收入

2019 年，我国财政收入中，土地收入的占比达到了 53%，占到了一般公共预算收入的一半左右，是我国财政收入和地方政府偿债的重要财力来源，这表明当前我国的财政收入结构并不合理，来源过于单一。这种土地财政模式并不符合经济可持续发展的要求，因为土地资源是有限的，过度依赖土地收入会使偿债资金面临着不稳定性与不确定性。近年来，我国对房地产行业进行宏观上的调控，限制房地产价格等政策随之实施，也将导致土地租金收入的减少，如果地方政府持续将土地租金收入当作偿还债务的保障的话，一旦土地租金收入未达预期，不足以获得足够的收入，那么将面临无法偿还到期债务的巨大风险，地方政府只好凭借着隐性契约将偿债的压力传到企业与银行，最终导致隐性债务风险加剧。

（二）监督管理层面

1. 债务信息透明度低

近年来，我国一直在逐步推进预算公开制度改革，2015 年 1 月 1 日，新《预算法》开始实施，更是在法律层面明确规定实施更加公开透明的预算管理制度。但是从各地方政府发布的工作报告中可以看到，有关预算方面的信息只涉及财政的收支预算和显性债务的发行情况，而对于地方政府隐性债务方面的信息披露较少而且仅仅在财政体系内公布，大量隐性债务的数据游离于信息系统之外，未建立统一的信息公开制度，信息的公开程度与要求还存在一定的差距，容易引发隐性债务风险。而构成地方隐性债务之一的城投债就存在债务信息不透明的情况，城投企业往往仅公开部分财务报表，而对于一些关键性的敏感信息不公开，不仅影响城投债的信用评级，还会引发信用风险，最终由地方政府来承担，加剧地方政府的压力。

2. 债务风险监管机制不健全

一方面，我国地方政府债务信息很复杂，地方政府债务的管理涉及多个部门，各个部门之间各司其职，不可避免地出现管理上的交叉重叠，而且目前还尚未建立协调统一的合作管理机制，不能对风险的管控实施同步的管理，容易引发项目实施与资金安排的脱节，影响项目资金使用效率，导致地方政府债务不能够按照计划实行。另一方面，我国目前还缺乏一套对风险的预警机制，尚未确立风险等级，如果地方债务规模超出合理范围，一旦经济产生波动，增长速度下降，政府偿债压力也将随之加大，地方政府债务风险就会快速增加。另外，尚未建立一个专门的机构对地方政府债务进行有效的监督，其信息尚未完全公开，缺乏公众的监督。

3. 处置与问责力度不强

一般来说，地方官员的任期较短，官员在任期间为了追求短期较高的经济效益，往往不顾实际需求大肆发债进行基础设施建设，但是由于缺乏行之有效的管理，造成了大量资金的浪费与闲置，引发地方政府债务效率风险，而这些风险却要由下一任官员来承担。在任期间资金使用效率低下却缺乏足够的处置力度，事后的离任审计与问责机制不健全，也导致许多官员存在侥幸心理，不利于地方政府债务风险的化解。

（三）主观行为层面

1. 传统政绩观不合时宜

长期以来，绩效考核都注重量化的考核指标，这种方式确实激发了地方政府发展的积极性和主动性，但也造成了大量的盲目投资。地方政府及其官员都秉持着以经济增长率为唯一指标的不正确的政绩观，并以此作为晋升的标准。一方面，在短期经济利益和考核的驱使下，为了追求更高的经济增长率，地方政府将通过各种途径筹集到的大量资金投向高回报的竞争项目当中。另一方面，地方政府之间竞争激烈，政府官员为了夺取有限资源发展本地经济，往往通过大规模的公共基础设施建设提升地区影响力，造成大量不必要的重复建设和面子工程，而这些项目往往缺乏长远考虑，可能面临着投资回报率差、收入未达预期等各种问题，导致债务的不断叠加，暴露出债务的流动性风险，最终传导至整个金融市场，引发金融风险。

2. 债务管理水平不高

地方政府债券的管理水平是影响地方政府债务风险管控水平的重要影响因素。地方政府在 2015 年新《预算法》实施之后才真正有了发行债券的权利。因此，对于地方政府债券的管理水平还处于一个初级的摸索阶段，管理水平不能够与其他拥有悠久债券管理历史的发达国家相比较。在债券的发行阶段，一些地方存在行政定价的情况，而且由于市场与政府的信息不对称，市场很难真正了解到地方政府的资金状况和偿债能力，也就无法据此确定合理的债券价格。在债券的使用阶段，以专项债为例，一方面无法确定合理的期限与项目进行匹配，影响项目的预期收益和未来债务的偿还；另一方面由于事先未做出科学规划，还会出现资金到位而项目的相关审批工作尚未完成，造成资金闲置、“钱等项目”甚至是资金挪用的情况。

3. 风险防控意识不足

十八大以来，党和国家多次强调防范和化解重大风险对于国家经济和社会健康发展的重要作用。而防范化解重大风险的关键就在于防控地方政府债务风险，强化地方政府风险防控意识。但是在实际的债务管理的过程中，一些官员却缺乏基本的风险防控意识，部分单位和个人意识不到风险管控的重要性，无法事先预估风险等级，无法敏锐地察觉潜在的债务风险。为了达到短期的经济效益以获得晋升，在传统融资平台受限的情况下，地方政府违反国家和财政部门的有关规定，通过政府引导基金、PPP等方式变相融资，违规举债，导致地方政府债务逐步走向隐性化；隐性债务风险加剧，变得更加难以统计、监测和评估。

五、化解地方政务债务风险实现可持续发展的对策

（一）提高财政工作的透明度

目前，我国地方政府隐性债务规模还很庞大而且透明度低，加大了地方政府债务管理的难度和不确定性，严重影响了地方政府债务的可持续发展。首先，应该明确界定隐性债务的范围。隐性债务不仅包括地方政府通过 PPP 模式违规变相举借的债务，还有平台公司融资的城投债务。虽然国家已经明确规定将城投债务剔除地方政府债务范畴，但在实际运作过程中，地方政府还在利用融资平台举债建设，融资平台无法真正与政府分割，由于地方政府的兜底和担保责任，当融资平台债务无法如期偿还时，只好由地方政府进行偿还，加重了地方政府的偿还负担和隐性债务风险。

其次，在界定隐性债务范围的基础上，摸清隐性债务的基本情况，对规模、结构、期限等重要信息进行全面的摸底排查，对于违规变相举借的债务要彻底清查并给予严肃的处理，按照“实质重于形式”的原则，减少地方隐性支出，使债务的管理朝着法制化的方向发展。

最后，将地方政府隐性债务逐步纳入预算管理，公开债务信息，提高隐性债务透明度，将隐性债务显性化。而提高透明度的一个重要途径就是建立信息公开平台，建立相应的政府门户网站定期向社会公布真实准确的债务信息，建立反馈交流机制，耐心解答公众提出的疑问，听取广大人民群众的意见，接受人民群众的监督，使地方政府的工作得到公众信任，最终实现地方政府债务的可持续发展。

（二）加快进行财政体制改革

明确央地的事权，合理划分央地的财政支出责任。地方政府债务规模不断膨胀的

一个重要原因就是地方政府承担了大量的事务，而现有的财政资金不足以支撑地方经济发展的重任，财政赤字严重。因此，需要搞清楚哪些属于中央政府的职责范围，哪些属于地方政府应当承担的责任，哪些是需要中央和地方共同管理的事项，以此减少地方政府的固定支出，降低支出减少债务需求，实现事权与财权的平衡。

短期来看，要加大转移支付力度。由于东西部地区区域发展水平差异较大，西部地区的投资环境较差，财政收入水平较低，债务偿还压力较大，面临着严峻的债务违约风险。可以结合地方政府的财力和地方融资需求状况，对西部地区部分省份进行转移支付，同时兼顾东部地区的重点融资需求，加强转移支付的平衡性。在转移支付的过程中需要加强对专项转移支付资金使用和项目建设的合规性审查，对于已经出现财政资金缺口的地方新建和扩建项目应该格外审慎，避免出现同样的错误。

长期来看，要进行税制改革，稳定地方政府财力来源，建立现代税收体系，转变土地财政发展模式，扩大税收范围，发展房地产税和资源税，增设以地方为主体的新型税种，增加地方政府在共享税中的比例，扩大收入来源，缓解资金压力。同时，将部分财权适当下移，赋予地方政府一定的税收管理权，提高地方政府经济建设的主动性。另外，还可以深入推进省级以下税收分配制度改革，建立税源丰富、相对独立的税收体系。

（三）提高存量债务和新增债务的使用效率

对于存量债务来说，可以充分利用置换债券的方式，把原来一些期限短、利率高的债务转换为期限长、利率低的债务，或者用低成本的显性债务置换高成本的隐性债务，优化债务结构，减少利息支出，缓解偿还压力。同时规范投融资平台，彻底清查现有的投融资平台，对于不符合要求的做整改甚至退出处理。对投融资平台进行转型，与市场机制有机结合起来，引入社会资本和私人资本参与公共服务建设，提高融资水平，缓解偿债压力，激发平台活力。

对于新增债务来说，要对其进行合理的规划，对专项债的发行进行严格的审批，规范发行机制，发挥专项债券对融资平台的替代作用。相比融资平台来说，专项债券作为一种显性债券更容易管理，在贡献债务增量的同时，并未提高债务的风险，能够有效降低总体债务风险。还要丰富专项债的种类，严格筛选投资项目，保证专款专用，提高专项资金使用效率，避免产生资金的闲置以及挪用。

（四）尽早建立地方政府债务风险预警机制

风险预警机制能够及时检测到可能遇到的债务风险，预知可能出现的危机，采取措施应对相关风险以便使地方政府债务能够可持续健康发展。构建一个完整的债务预警机制，首先需要明确主体。目前我国债务风险预警的主体是财政部门，地方政府债务的数据错综复杂，数据分析的过程中需要多个部门共同合作，仅仅依靠财政部门，任务繁重且效率较低。因此，需要将审计部门、中国人民银行等多个相关部门纳入预警主体范围内，形成全方位多层次的债务预警主体体系。

其次，需要明确阶段。债务预警涉及债务信息的收集整理、评估与应对三个阶段。信息的收集与整理是进行债务预警的第一步，相关部门应该将手中所掌握的债务信息按照相关规定进行统计和整理以解决信息的不对称问题，根据设置好的预警指标对相关数据进行风险的测算和比对分析确定是否存在风险以及风险的程度，并对评估不过关的债务及时告知相关部门采取措施予以调整。

最后，需要搭建平台，根据债务信息处理的三个阶段建立相应的数据平台。针对信息的收集整理阶段应该建立信息共享平台，各部门之间共享所得信息，使信息的获得方便快捷，提高工作效率。针对信息的评估阶段需要建立核算平台，保证数据的真实性和有效性并核算债务风险等级。针对应对阶段要建立管理平台，各个部门通力合作共同、相互配合，对债务风险进行事前监测并在风险发生之后采取必要措施及时阻止风险进一步蔓延。

参考文献

[1]吴艳红．关于加强地方政府专项债券风险防控的思考[J]．财政监督，2020(23)：75-77.

[2]张栋，叶涛．PPP 模式对地方政府债务影响研究综述[J]．财政监督，2020(22)：62-67.

[3]袁绍旗．地方政府债务形成原因分析[J]．现代营销(经营版)，2020(11)：76-77.

[4]毛振华，袁海霞，汪苑晖．当前我国地方政府性债务风险及对策研究[J]．财政科学，2020(10)：54-58+66.

[5]周亮，任静．我国地方债问题的成因及对策分析[J]．湖南财政经济学院学报，2020，36(05)：94-101.

[6]李淑芳，熊傲然．地方政府债务风险成因及防范化解[J]．地方财政研究，2020(10)：82-89.

[7]杜静，毛文俊．PPP 模式下地方政府隐性债务诱因及作用机理分析[J]．建筑经济，2020，41(10)：83-87.

[8]夏诗园，郑联盛．地方政府债务治理——基于国家治理体系现代化的视角[J]．经济体制改革，2020(05)：37-43.

[9]刘穷志，王君珩．地方政府债务风险：特征、成因与化解[J]．财政监督，2020(16)：29-35.

[10]陈进，熊莉．地方政府债务管理模式、风险评估与路径选择[J]．学习与实践，2020(08)：56-63.

[11]夏诗园．地方政府专项债特征、优势及问题研究[J]．西南金融，2020(08)：52-62.

[12]郑路．我国地方政府债务风险预警机制问题研究[J]．淮北职业技术学院学报，2020，19(02)：83-86.

[13]叶青，陈铭．新中国 70 年地方政府债务发展问题研究[J]．财政监督，2019(21)：26-31.

[14]刘磊．我国地方政府债务的风险与应对策略[J]．新金融，2019(09)：17-23.

[15]郭玉清，毛捷．新中国 70 年地方政府债务治理：回顾与展望[J]．财贸经济，2019，40(09)：51-64.

社会保障费改税的必要性与可行性研究

陈德姝

摘　要： 社会保障基金是我国社会保障系统可持续运转的重要支柱，因此社会保障基金的征收也是社会保障体系健康发展的重要课题。随着时代的发展，我国社会保障逐渐暴露出高度“碎片化”、征缴成本高等问题，因此亟须进行改革。而开征社会保障税是社会保障制度改革的重要举措，具有构建全国统一的社会保障体系、提高社会保障立法层次、扩大社会保障覆盖面等必要性，也具有国内外成功经验可以借鉴等可行性。同时需要注意税目、税率设置等问题，为深化我国财税体制改革和推进我国社会保障制度改革提供有力支撑。

关键词： 社会保障税；必要性；可行性

文章结合课程知识点： 税制改革——社会保障费改税

文章所体现的思政元素： 习近平总书记在党的十九大报告中做出中国的特色社会主义建设已经进入了新时期的历史性判断。在新的历史条件下，我国社会保障的工作重心也由实现人口全覆盖转向建立全国统一的社保制度。回顾几十年来我国推行社会保险费制度的历程以及部分地区先行试点的社会保障税制度的经验，不难发现我国已经具备推行社会保障费改税的基础条件。且推行社会保障税对于实现建立全国统一的社会保障制度、扩大社会保障制度的覆盖面、确保社保基金可持续运转等一系列目标具有较大的积极作用。因此，通过参考外国推行社会保障税的成功经验，总结本国的优秀试点经验，理性分析在我国实行社会保障税的各项条件，对于我国部分试点地区目前存在的问题有针对性地提出对策建议，有利于推进我国社会保障制度平稳运行及不断完善，更好地适应现代经济社会的发展并且为经济社会的发展发挥更大的积极作用。

一、前言

（一）研究背景

自改革开放以来，我国的社会主义市场经济体制开始建立并不断完善。为了更好地保障国民生活，与社会经济发展相适应的社会保障体系也逐步建立起来。随着经济社会以及社会保障体系的不断发展，我国社会保障体系之中诸多不完善、与经济社会不相适应等弊端逐步显现出来，因此改革显得尤为必要。尤其是自20世纪末开始提出在我国实行社会保障税的观点以来，关于我国社会保险税费之争的激烈讨论更是持续至今且热度不减。通过借鉴一些开征社会保险税国家的相关成功经验，再结合我国当前社会经济大环境，出于深化财税体制改革、构建全国统一的社会保障体系、提高社保资金的运行效率等方面的综合考量，可以发现目前在我国开征社会保障税具备一定的必要性与可行性，因此可以将推行社会保障费改税提上日程。

（二）研究意义

习近平总书记在党的十九大报告中做出中国的特色社会主义建设已经进入了新时期的历史性判断。在新的历史条件下，我国社会保障的工作重心也由实现人口全覆盖转向建立全国统一的社保制度。回顾几十年来我国推行社会保险费制度的历程以及部分地区先行试点社会保障税制度的经验，不难发现我国已经具备推行社会保障费改税的基础条件。推行社会保障税对于实现建立全国统一的社会保障制度、扩大社会保障制度的覆盖面、确保社保基金可持续运转等一系列目标具有较大的积极作用。因此，通过参考外国推行社会保障税的成功经验，总结本国的优秀试点经验，理性分析在我国实行社会保障税的各项条件，对于我国部分试点地区目前存在的问题有针对性地提出对策建议，有利于推进我国社会保障制度平稳运行及不断完善，更好地适应现代经济社会的发展并且为经济社会的发展发挥更大的积极作用。

（三）国内外研究现状

我国于1986年便开始对职工退休费进行社会统筹，自此便开始了社会保险是“征费”或是“征税”的话题之争。我国也曾在1996年《国民经济和社会发展“九五”计划和2010年远景目标纲要》中做出要逐步开征社会保障税的制度设想。在这之后，也按照税制要素对社会保障税进行初步的税制设计。

早在2001年，郑功成教授便发文称由于存在地区间经济发展不平衡、社会统筹层次不一等一系列现实问题，在我国开征社会保障税并不会如预想中那样轻松，因此此项政策应当缓行或者不行。郑秉文教授同样也在2010年做出社会保障费改税与世界社会保障私有化改革潮流相违背的判断，认为这项政策与当时我国社会、经济发展状况不相适应，不符合我国社会保障制度发展的战略取向。

时至今日，随着我国经济进入新常态发展阶段，社会保障制度也日臻完善。在中国特色社会主义进入新时期的历史背景之下，我国社会保障工作的主要任务转换为如何使目前呈现“碎片化”的社会保障制度走向全国统一、如何保证我国社保制度的长期可持续发展等。冯俏彬认为我国现行的征费制度存在的征缴成本高、监督管理工作纷繁复杂等问题已然成为阻碍社保走向全国统筹的绊脚石，改革势在必行。卢艺同样认为在财税体制改革持续推进的同时，我国人口老龄化等一系列问题逐渐加重，现行的社会保险制度的弊端不断暴露，需要在前期充分准备的前提之下进行大刀阔斧的改革。董伟康通过研究发现目前我国城乡居民收入不断提高、部分地区优先试点的经验等为社会保障税奠定了良好的基础。王诗棋认为开征社会保障税具有提高我国社保的统筹层次、降低征缴成本、促进我国社会保障制度更加完善的优势。姜鑫则认为税务机关拥有更优质的服务体系、更稳固强大的信息体系、更完整高效的组织体系等优势，因此开征社会保险税具有可行性。姜阳也进一步阐述了开征社会保险税有利于推进构建全国统一的社会保障制度、促进收入再分配公平性等制度目标的实现。杨芳楠通过借鉴国外优秀的社会保障费改税经验，对我国开征社会保障税做出加强税务部门的监管力度和社保基金的预算管理等建议，并初步阐述了税制设计。而邓子基在开征社会保障税的构思上，结合中国实际情况，认为可以采用对社会统筹部分进行征税、个人账户部分进行征费的中国特色社会保障税模式，对于农民征税涉及城乡统一税制问题，可以采取“分步实施，逐步到位”的办法。

二、我国实行社会保障税的必要性

（一）是构建全国统一的社会保障体系的需要

表 1　我国社会保险各险种年末参保人数（2013—2017）

种类	2017 年	2016 年	2015 年	2014 年	2013 年
养老保险参保人数（万人）	40293.3	37929.7	35361.2	34124.4	32218.4
城镇基本医疗保险参保人数（万人）	117681.4	74391.6	66581.6	59746.9	57072.6
工伤保险参保人数（万人）	22723.7	21889.3	21432.5	20639.2	19917.2
失业保险参保人数（万人）	18784.2	18088.8	17326.0	17042.6	16416.8
生育保险参保人数（万人）	19300.2	18451.0	17771.0	17038.7	16392.0

资料来源：《中国统计年鉴（2013—2018）》。

我国的社会保障由于建国初期百废待兴、经验不足、各地经济水平参差不齐，在一定程度上存在先天不足、后天发展畸形的不良态势，因此未能将社会保险作为一项全国统一的强制性公共产品来进行部署。我国社保制度经过数十年的摸索以及 2017 年的改革，基本走向成熟。根据 2018 年《中国统计年鉴》公布的数据，我国五项主要的社会保险参保人数呈现逐年增加的态势，以城镇基本医疗保险参保人数的增长幅度最大，失业保险的增幅最小。截至目前，我国的养老保险已经覆盖近 10 亿人口，城镇居民医疗保险也覆盖近 13 亿人口，社保制度的覆盖面日益拓宽。国家在“十四五”规划中明确指出要健全覆盖全民、统筹城乡、公平统一、可持续的多层次保障体系。而社会保险作为社会保障体系的重要组成部分，以税收的形式来征收社会保险基金能够更好地实现均等化这一目标，推进社会保障体系的全国统一。

（二）是提高社会保障基金征收立法层次的需要

《社会保险费征缴暂行条例》是我国对社会保障基金进行征收及管理的主要制度依据，此暂行条例属于行政法规而非正式法规，存在法律效力低、立法层次不高、对个人及企业缺乏约束力等问题。而税收是强制性的，若全面开征社会保险税，就必须经过全国人大审议制定、通过并实施相关正式的法律，使对社会保障基金进行征收、管理的法律支撑文件由行政法规升格成为正式的法律，进一步增强对社会保障基金进行征收、管理的法律保障性、强制性。

（三）是不断扩大社会保障覆盖面的需要

在《中国企业社保白皮书（2018）》公布的数据中，2018 年我国只有不超过 40％的企业按照国家规定为员工缴纳各项社会保险。换言之，征费制度为企业提供了逃避为员工缴纳社会保险的制度漏洞，导致我国大部分的企业职工没有享受到应有的福利待遇或是应享受的福利待遇大打折扣。而税收具有强制性、无偿性、固定性的属性，社会保险税采取类似个人所得税课税方式从源头进行扣缴，以参保者的工资、薪酬等个人所得为课税对象，从根本上避免了企业与个人少缴、欠缴、不缴等不良现象，极大地提高了社会保险基金的征管效率。

（四）是实现社会保障基金收支两条线规范管理的需要

我国一直以来都是由劳动保障部门负责社会保障基金的征收、管理等各项工作。随着制度的日益推行，社会保障制度自身存在的问题以及与社会发展不相适应的地方也逐渐显露出来。例如，一些地区存在社会保障基金征收不及时、管理不到位等问题，导致社会保险基金没有按时、按质、按量收缴，企业与个人不缴、欠缴、漏缴等问题屡见不鲜，甚至出现挪用、贪污社会保险基金等违法行为。而开征社会保险税，可以利用税收天然具有的强制性、无偿性、固定性的优势，将社会保障基金纳入我国公共财政收入，避免收费形式必须对应收付对象的要求，从而有利于提高全国范围内的社会保障基金的统筹层次和保障基金的充足供应。

（五）有助于降低征缴成本

开征社会保障税可以提高政府管理效率、降低行政成本。通过开征社会保障税，可以限制和克服现行社会保障制度中管理混乱、统筹层次低及管理机构重叠和受保人不确定的问题，征收社保税也可以使政府在全国范围内进行宏观调控，使社保纳入统一管理，社保基金专款专用更好地体现国家政策。另外，社会保障税采用与个人所得税一样的从源头进行扣税的方法以及实行比例税率，操作方法简单，征缴成本低，有利于降低征缴成本以及管理的难度，使政府部门的征收行为更加高效、更加规范。

三、我国实行社会保障税的可行性

（一）城乡居民收入不断提高，为开征社会保障税提供了税源保证

目前我国国民经济在新常态下保持平稳运行，并潜藏着巨大的发展空间。根据国家统计局发布的数据，1978 年改革开放政策推行初期，我国农村居民人均纯收入仅为 133.6 元，随着经济的迅速发展，我国人均纯收入持续增长，2018 年突破了 14 600 元。城镇居民人均可支配收入也由 1978 年的 343.5 元上涨为 2014 年的 39 251 元。由此可见，我国城乡居民已具备了一定的纳税能力。此外，我国现行的收取社保费的方式已经把社会保障税的税源相对固定下来，接下来只需要进一步考虑如何将其转换为税收的形式。从世界各国 2000 年以来公布的数据来看，我国居民收入在国民总收入中占比在 60％左右，企业收入在国民总收入中占比 20％左右，由此可见，社会保障税在一定程度上具备充足的税源。

（二）公民对社会保障的认同感，为开征社会保障税创造了环境条件

改革开放以来，国有企业进行改革，社会保障制度也作为国有企业改革的配套措施进行了重大的调整。通过在全国范围内选取一些城市进行先行试点，采用“以支定收、现收现付”的办法，在企业内部以养老、医疗、失业为重点等领域首先进行了社会保障制度改革。城乡居民逐步认识到社会保障并非全部为国家的责任，企事业单位、个人开始承担起分担缴纳社会保险的义务。另一方面，随着经济全球化步伐的加快，国内外经济大环境联系日益紧密、波动日益频繁。我国受经济下行压力的影响，养老、医疗等问题面临严峻的现实挑战，无论是城镇还是农村居民，无论是企事业工作人员，还是自由职业者，人们的防范风险的忧患意识普遍得到加强。出于自身长远利益考虑，人们都希望能够被纳入社会保障体系之中，成为社会保障制度的受益者，以抵抗自身无法防范的风险。此外，我国税收秉承着“取之于民、用之于民”的原则，税收的观念深入人心。开征社会保障税，有利于专款专用，更好地保障纳税人的各项合法权益。在此背景之下，公民对于社会保障的认同感不断增强，为社会保障费改税制度的推行创造了有利的环境条件及群众基础。

（三）开征社会保障税已具备理论基础

税收具有强制性、固定性、无偿性的属性，我国宪法明确规定了依法纳税是中华人民共和国公民必须履行的义务，税法的法律层级高，对社会保障基金的征缴约束力更大。税收与其他财政收入方式相区别的基本特征是国家法律赋予税收的强制性征缴方式，税收是国家凭借政治权力强制纳税人缴纳，还可以对违法的行为进行惩罚、征收滞纳金等，更好地满足公共需求。征收社会保障税既可以通过公共预算补贴来维持社保收支平衡，又可以保证专款专用，有利于社会保障基金的保值增值。

（四）部分地区优先试点为开征社会保障税提供宝贵经验

在现行的社会保障制度下，参保项目种类齐全为我国过渡成为项目型社会保障税的征收模式奠定了良好的基础。自 2007 年改革开始，我国现行的社会保障制度已经实行了十余年，虽然做了一些错误的尝试，但也积累了许多宝贵的经验。从 2000 年开始，我国在部分省市进行开征社会保险税的改革试点，经过二十余年的道路摸索与经验总结，目前全国陆续已经有 19 个省市加入了社会保障费改税的队伍之中，基本实现了税务机关对社会保险基金进行全面的征缴与管理。我国税务机关、财政部门以及劳动和社会保障部门通过数十年来的相互配合与沟通协调，关于社会保障基金的征缴及管理工作早已积累了丰富的经验。因此，我国日后在开征社会保障税的方面具备一定的组织机构基础。

（五）其他国家征收社会保障税的经验可以借鉴

社会保险税于 1935 年发源于美国，随着世界上越来越多的国家和地区开始建立本国的社会保障制度，这项制度也被许多国家效仿、推行，并且在许多国家的税制结构中的比重也逐步提高，仅次于个人所得税成为各国的第二大税种。在德国、法国、瑞典等通过征收社会保障税来筹集社会保障基金的一些欧洲国家，社会保障税所占的比重甚至超过了个人所得税，成为第一大税种。国际货币基金组织统计数据显示，截至 2010 年全世界有超过 130 个国家开征了社会保障税。这些已经开征社会保障税的国家所积累的成功经验，能够帮助我国在社会保障费改税的改革道路上少走弯路。

四、我国开征社会保障税的税制设计及建议

（一）税制设计

首先是对于社会保障税纳税义务人的界定，应充分考虑到社会保障税的受益范围，即中华人民共和国境内的所有单位和个人。由于进一步考虑到我国城乡之间、区域之间发展水平差异较大，部分欠发达地区、农村地区的乡镇企业和居民的纳税能力较弱。因此，可以在经济发展水平较高的地区先行开展试点工作，等日后各方面条件逐渐完备之时，再逐渐将欠发达地区、农村地区居民纳入征收范围之内。

其次是对课税对象的界定。通过借鉴西方国家社会保险税的征收模式，我国的社会保险税可采取与个人所得税相同的课税方式，即从源头进行课税。因此，我国社会保险税的课税对象主要为纳税人通过合法途径所取得的工资、薪酬等部分。例如企事业单位的工作人员以其所获得的工资总额为课税对象，农民以其通过务农、务工等途径所获得的年收入为课税对象。

再次是对税目的设计。基本养老保险、基本医疗保险、失业保险为我国目前覆盖范围最大、受益人数最多、资金需求量最大的三类社会保险。因此，我国若开始征收社会保障税，在初期可以根据这三个税种分别设置税目，在日后根据实际情况以及人们的反馈，再逐步地、合理地将其他的社会保险纳入社会保险税的征税范围，逐步地、合理地增加社会保险税的税目。同时，为了既追求效率最大化又最大限度地谋求社会公平，可以采用累进税率，一方面对于不同的税目所设置的税率应当不同，另一方面根据收入的多寡对于相同税目划分不同级次。这样既可以保证财政部门拥有稳定的税收收入，又能够不违背社会保障促进社会公平的初衷。

最后在税率设置方面，我国应该根据自身实际情况，避免像西方发达国家一样设置较高的税率。从个人的角度来看，我国与发达国家在经济水平、居民收入水平等方面存在较大差距，发达国家的福利水平高，所以社会保障税的税率通常设置的较高。而我国目前还没有能够达到那样高的保障水平，过高的税率会加重居民的税收负担，影响社会保障水平，从而打击人们参与社会保险的积极性。从企业的角度来看，设置较高的税率不仅会加重个人的负担，同时也会加重企业的负担。若设置较高的税率，必然会有企业想方设法去逃税，或者企业为了增加收益进行税负转嫁，抬高其商品或者服务的价格，打击消费者的消费积极性，导致企业的竞争力下降，长此以往导致社会经济的衰退。从历史的角度来看，改革开放以来我国经济发展迅速，但是由于积弊已久，城乡之间、地区之间经济水平的差距较大，尤其是农村与城市之间经济发展严重失衡。大部分农民收入较低，参保能力较差，若设置较高的税率，不仅起不到保障其生活水平的初衷，反而可能导致其重返贫困。因此，条件允许的情况下，可以根据城市居民和农村居民的收入水平，设置不同的税目及税率。

（二）对策建议

首先，需要进一步健全社会保障制度，完善社会保障法律法规。在现代法治社会的背景之下，任何的制度的实施都需要法律法规予以支撑。目前我国社会保障领域仅有一部《中华人民共和国社会保障法》作为法律支撑，且此法只是基本法，内容较为笼统，在实际应用过程之中指导性不强。因此，当务之急需要根据我国经济发展实际情况以及社会保障事业发展现状，一方面对原有的法律规范进行完善修订，另一方面适时建立新的社会保障领域法律法规。

其次，针对税务部门和社保经办机构在征缴流程中的分工合作问题，可以考虑出台社会保障法实施细则，以实施细则的形式对各部门的分工权限、工作程序等做出详细规定，使各部门的征管工作有法可依、有章可循。此外，可充分利用地方立法权，各地方可以出台地方性法规或政府规章，结合各地实际情况制定程序性的社保征管法律规范，以更好地协调税务部门与社保经办机构之间的分工合作。

再次，需要加大税务部门的监管力度。在开征社会保险税之后，税务部门将会接替社会保障部门对社会保险基金进行征收与管理。因此，作为社会保障基金的征管单位，税务部门首先应当加强本部门职工对于社会保险税相关法律法规的学习与认识，其次应当将纳税人的信息及时有效地登记进入系统，严格执法并依法对于少缴、欠缴等纳税人落实相应的惩罚措施，做到执法必严、违法必究。因为我国社会保险基金涉及面广、数据量庞大且地区差异大，当前社保制度的信息化建设水平还比较低，不同地区的社保信息平台不兼容，社保大数据运用尚未成熟。因此可以与时俱进，充分利用现有的信息技术，保证社会保障基金能够按时、按质、按量进行征收。

最后，需要加强对社保基金预算的管理。为了提高社会保障基金的利用效率，促进社会保障基金健康持续运转，一方面财政部门应该加快建立社会保障基金的独立预算体系，合理规范并持续优化社会保障基金的支出与收入结构，进一步加强对于社会保障基金的监督与管理。另一方面，既可以拓宽社会保障基金筹措渠道，搭建起稳定可靠的资金筹措平台，又可以开发新的运行投资方式，合理利用市场机制实现社会保障基金的保值增值。需要持续扩大社会保障的覆盖人口，由实现制度全覆盖转向实现人口全覆盖，扩大社会保障基金的征收规模，使社会成员按规定参加相关的社会保险并保质保量地缴纳相关费用。要设立社会保障基金专项账户，加强监督管理，严禁违法挪用、占用社会保障基金的违法现象，推动社会保障基金系统的健康运行。可以适度提高社会保障相关支出在国家财政预算中所占的比重，加大国家财政对于社会保障事业的支持力度。

五、结论

工业革命推动了世界现代保险制度的建立，国有企业的改革推动了我国社会保险制度的建立。伴随着社会经济的高速发展，我国社会保障的重要性也日益凸显，社会保障制度也由国有企业改革的配套措施发展成为社会发展的稳定器和经济发展的调节器。随着我国财税体制改革不断深化，社会保障制度改革也进入关键时期。我国曾经推行过资源费改税、环境费改税，二者与社会保险费改税虽然仅有几字之差，涉及的内容却千差万别。其一，社会保险事关每一个公民的切身利益，涉及面甚广；其二，社会保险所筹集的基金数额巨大；其三，牵涉面广、所涉金额巨大，注定了社会保险税的改革难度大。因此，需要我们把眼光放长远，认真总结并吸取国内外社会保险费改税的成功经验，以强烈的使命感与担当精神完善我国社会保障制度，推动我国社会保险税的改革，不断提高税收征收管理水平，提高税制设计的合理性，从而建立完善的中国特色社会保障制度。

参考文献

[1]郑功成．社会保障中的费改税及养老保险问题[J]．经济研究参考，2001(31)：38.

[2]郑秉文．费改税不符合中国社会保障制度发展战略取向[J]．中国人民大学学报，2010，(5).

[3]冯俏彬．我国社保费改税理论与实践新探[J]．地方财政研究，2018，(1).

[4]卢艺．宏观历史视角下我国社会保险税费争论的评析及启示[J]．税收经济研究，2020，25(05)：73-81.

[5]董伟康．开征社会保障税必要性和可行性研究[J]．南京医科大学学报(社会科学版)，2017，17(06)：453-456.

[6]王诗棋．我国社会保障"费改税"问题探析[J]．中国产经，2020(04)：137-138.

[7]姜阳．关于开征社会保障税的思考[J]．财政监督，2018(18)：76-81.

[8]杨芳楠．关于我国开征社会保障税问题的思考[J]．商业经济，2019(04)：129-130.

[9]邓子基，杨志宏．中国社会保障费改税的几个基本问题[J]．江西财经大学学报，2011，(3).

[10]蒲晓红，徐梓川．我国实施社会保险费改税的障碍化解[J]．经济理论与经济管理，2013，(6).

[11]刘义圣，陈昌健．社会保障费改税："范式"选择与阙疑[J]．社会科学研究，2016，(4).

[12]吴笑晗，周媛．社会保险"费改税"的思考：基于疫情影响下就业形势[J]．税务研究，2020，(6).

[13]李璐．我国社会保障税制设计研究[D]．兰州财经大学，2017.

[14]段晓红，罗婧．社保费征收主体改革中的问题及其应对[J]．广西政法管理干部学院学报，2020，35(04)：43-47+70.

[15]梁发芾．社保有必要实行费改税吗？[N]．中国经营报，2019-08-12(E03).

[16]姜鑫．完善社保费征收体制及社保"费改税"国际比较研究[A]．吉林省财政科学研究所．财金观察(2018 年第 1 辑).

[17]马硕．我国社会保险"费改税"的研究[D]．天津财经大学，2019.

[18]史正保，李智明．论费改税视角下我国社会保障税的开征[J]．西北人口，2014，(3).

国家治理现代化背景下河北省政府采购数字化问题研究
——以河北省政府采购网上商城为例

范翠荣

摘　要：本文以河北省政府采购网上商城的建设运营为例，对河北省政府采购的数字化转型过程进行分析，从法律建设、数据产权归属及平台系统建设三个角度分析总结数字化政府采购的困境，最终提出加快数字化政府采购制度设计，奠定政府采购数字化转型的治理基础；明确数据所有权，推进数据整合及深度挖掘利用；加强数字化政府采购平台建设，完善平台系统功能等建议，助力河北省政府采购数字化转型，推动河北省数字政府建设，繁荣数字经济。

关键词：数字经济；政府采购数字化；现代财政制度；政府采购网上商城

文章结合课程知识点：财政支出——数字政府采购

文章所体现的思政元素：党的十九届五中全会提出了建设数字中国、数字经济、数字社会和数字政府的发展目标和任务。互联网、人工智能、云计算、区块链等新一代数字技术的应用推动了数字经济和数字政府的形成，同时也促进了数字化的政府采购和数字化企业采购的发展。过去几年的政府采购改革中，“互联网＋”和政府采购的深度融合为数字化政府采购的发展奠定了坚实基础。党的十九届四中全会正式提出了数据的生产要素属性，2020 年 3 月 30 日发布的《中共中央、国务院关于构建更加完善的要素市场化配置体制机制的意见》中明确提出了加快培育数据要素市场和推进政府数据开放共享的要求。2021 年《政府工作报告》指出，加强数字政府建设，建立健全政务数据共享协调机制，协同推进数字产业化和产业数字化转型，营造良好数字生态，建设数字中国。《中华人民共和国国民经济和社会发展第十四个五年规划和 2035 年远景目标纲要》强调，加快建立数据资源产权制度，提高数字化政务服务效能，将数字技术广泛应用于政府管理服务，推动政府治理流程再造和模式优化，不断提高决策科学性和服务效率。

一、研究背景及意义

（一）研究背景

1. 国家治理现代化政策目标背景下要求不断完善现代财政制度

国家治理关乎国家发展和社会进步，是发挥中国特色社会主义优势，实现中华民族伟大复兴中国梦必须考虑的重大问题。在2013年党的十八届三中全会上，我党首次明确要推进国家治理体系和治理能力现代化。2019年十九届四中全会审议通过了《中共中央关于坚持和完善中国特色社会主义制度、推进国家治理体系和治理能力现代化若干重大问题的决定》，再一次把国家治理现代化摆在更高的地位。财政作为国家治理的重要基础和支柱，建立现代财政制度是推进国家治理现代化的必由之路。目前我国正处于全面深化改革的关键时期，要更加充分、更有效率地发挥财政的作用，推动中国经济的高质量发展，这也是全面深化改革的重要环节之一。

2. 数字化时代推动数字政府转型，催化数字财政及政府采购数字化的产生

大数据时代的到来与数字经济的蓬勃发展对国家治理现代化提出了更深层次的要求，也带来了新的发展机遇。十九届五中全会提出了建设数字中国、数字经济、数字社会和数字政府的发展目标和任务。数字政府的建设催化数字财政的产生，是促进数字经济发展的重要机制，在现代国家治理中可以发挥重要作用，是财政领域新历史阶段的重要任务。而政府采购是现代财政制度的重要组成部分，连接着经济治理和社会治理，关乎政府运行成本、政府为社会服务效益等多个方面。在数字化政府建设与数字财政建设过程中，推进政府采购的数字化转型势在必行。在过去的政府采购改革发展过程中，“互联网＋”和政府采购的深度融合为当前政府采购的数字化转型也奠定了坚实基础。

3. 全国多个地区建立政府采购电子商城，创新政府采购模式

随着信息化水平的不断提高，近年来“互联网＋”和政府采购的融合不断深入。政府采购电子商城是两者融合的一个重大创新性实践，提高了我国政府采购的质量和效率，提高了采购过程的公平性及透明度。以中央政府采购商城（http：//www.zycg.gov.cn）为依托，全国多个地区财政部门陆续建立了政府采购电子商城。各地区建设政府采购电子商城的进度由于信息化程度、经济发展水平等因素也存在一定差异。发展水平较快的地区公共资源交易平台整合进度也更为迅速，其建设政府采购电子商城也更为成熟。河北省政府采购网上商城是最早投入实践运行的平台之一。根据《公共采购杂志》、公共资源网两个平台的数据统计及公布显示，截至2018年5月，全国已投入使用的各级政府采购电子商城85个，其中中央政府采购电子商城2

个，省级 16 个，地市级 58 个，区县级 9 个。政府采购电子商城的投入使用为数字化时代下政府采购数字化的转型奠定了坚实基础。

（二）研究意义

1. 理论意义

目前，学术界对政府采购的研究多停留在现有制度层面，近期讨论关注的焦点更是集中在《政府采购法》的修订和完善中，而对国家治理现代化背景下政府采购转型的理论研究较少，本文将为深化政府采购管理理论研究提供一定补充。同时，本文通过对如何在新的数字经济时代背景下实现河北省政府采购数字化转型问题进行深入研究，为丰富十九届五中全会时提出的数字政府理论实践提供有效补充和参考借鉴。

2. 现实意义

数字化是推进国家治理现代化的重要体现，国家财政作为政府治理的基础和国家发展的支柱，财政数字化发展将是国家治理体系和治理能力现代化的必要途径和主要内容之一。政府采购作为财政支出管理的一个重大方面，政府采购数字化转型又是数字中国的重要组成部分，是政府采购制度改革的重要内容。本文通过分析河北省政府采购的现状、目前存在的问题，并结合现有实例——河北省政府采购网上商城的分析论证，提出促进河北省政府采购数字化转型的可行性建议，为提升河北省政府采购整体效能提供帮助，也为其他省市地区推进政府采购数字化进程提供参考。

二、河北省政府采购数字化概述

（一）相关概念界定

1. 政府采购

对于政府采购，一般以法律规定形式对之进行界定与约束。我国的相关研究中也基本上采用《中华人民共和国政府采购法》第一章第二条规定，笔者在这篇论文中也采用此概念，即政府采购是指“各级国家机关、事业单位和团体组织，使用财政性资金采购依法制定的集中采购目录以内的或者采购限额标准以上的货物、工程和服务的行为”。

由上述规定可见，政府采购是一种代表着国家及公共利益的行为，其行为主体是特定的，主要有国家机关、事业单位和团体组织。货物、工程和服务是政府采购的行为对象，行为过程为通过合同方式有偿取得。政府采购资金来源于政府财政拨款，体现了其公共性，这也要求实现政府采购资金使用效益最大化，真正将采购资金用到实处。在整个政府采购实践过程中，采购行为要体现国家的政策导向，适应国家的宏观调控，要保证采购过程的公平性及透明度。

2. 政府采购数字化

政府采购数字化是数字经济背景下发展数字财政的重要组成部分，是政府采购制度改革的重要内容，它是以大数据为基础，以现代网络技术、信息数字通信技术、人工智能技术等为支撑，以提高政府采购效能、提升政府履职能力、推进国家治理现代化为目标，依靠算法对政府采购数据进行深度挖掘，将数字化理念嵌入到政府采购全生命周期的过程。

数字技术是手段，不是目标。数字化政府采购体现在包括方式、功能、目标、理念等各个层面上，是对政府采购理论和政策实践的更新或优化，甚至是重构或重塑。政府采购数字化转型能够有效避免传统政府采购模式的缺陷与不足，提高政府采购效率和采购资金的使用效益。

3. 河北省政府采购网上商城

政府采购网上商城是传统政府采购方式的有益补充，是我国倡导发展政府采购电子卖场建设的形式之一，可以被认为是政府采购与网络购物的一种结合体。在“互联网+”与政府采购不断融合的过程中，根据财政部的指示，全国陆续建立了多个政府采购网上商城。对河北省政府采购网上商城的概念界定，笔者采用《河北省省级政府采购网上商城管理暂行办法》第一章第三条中的规定：“网上商城，是指依托河北省财政政府采购系统的网上采购交易平台，利用电子商务手段，通过数据接口由网上商城供应商提供商品，实现采购人限额标准以下的项目网上采购。”

由此可见，河北省政府采购网上商城涉及参与主体是供应商与采购人，但不可忽略还应包括提供电子商务手段及数据接口等技术支持的一方以及网上商城平台的监督管理方。网上商城内的商品项目种类也要符合采购人限额标准，有一定的限制。

（二）河北省政府采购发展概况

1995 年，我国开始试行政府采购制度，河北省自 1997 年就开始了政府采购制度的试点，走在了政府采购制度发展的前列，是较早试点的省市之一。所以河北省政府采购的发展阶段与整个中国政府采购制度发展阶段大体一致，可以概括为制度摸索（1995—1997）、制度初创（1998—2002）、全面发展（2003—2014）、转型规范发展（2015—至今）等四个时期。

我国政府采购制度摸索阶段主要是充分借鉴西方国家经验，抓住其政府采购发展要义，结合我国实际，开展几个省市内的小范围试点，也为后期我国政府采购制度的正式确立提供实践依据和参考。1995 年上海市第一个规范的政府采购案例拉开了我国政府采购试点的帷幕，以此为参照，1997 年，河北省开始了政府采购的试点，取得了显著的经济效益。在此阶段开展政府采购试点的还有重庆、深圳等地。

随着我国政府采购制度的初步创立，政府采购也逐渐在全国范围内展开。为管理监督政府采购活动的具体开展实施，相关政府采购管理机构也在这个时期设立。1998年，国务院明确财政部是政府采购的主管部门。与此同时，一系列政府采购相关的法律法规也不断出台，为后期《政府采购法》的正式颁布提供了法律参考依据。《政府采购管理暂行办法》《政府采购招标投标管理暂行办法》《政府采购合同监督暂行办法》《政府采购公证处公告管理暂行办法》等一系列规章制度在1999年前后陆续颁布。河北省财政厅也根据国家相关文件指示，结合河北省实际，出台了一系列政府采购管理制度。包括《河北省政府采购管理暂行办法》《河北省2001年政府采购目录》《河北省政府采购招标投标管理暂行办法》等文件，为河北省政府采购管理工作实现规范化、制度化奠定了基础。与此同时，河北省在1998年成立了河北省政府采购服务中心，隶属省财政厅。在2000年，按照“管采分离、职能分设、政事分开、相互制衡”的原则分设了政府采购办公室与政府采购中心，明确了两个部门在政府采购问题上的职责。河北省还于2001年开通了政府采购网站，为采购信息的及时公布提供平台保障。

以2003年《政府采购法》的正式施行为标志，我国进入了政府采购的全面发展阶段。在这一阶段，政府采购在规模和范围上不断扩大，政府采购快速发展。河北省也在《政府采购法》的指导下，在政府采购管理体制改革上取得了一些突破性的进展。在这一时期，河北省采购中心多项举措并行，以推动“扩大政府采购范围，确保采购规模持续增长”工作目标的实现。

2015年至今是我国政府采购转型规范发展阶段，以《政府采购法实施条例》正式施行为标志，这一时期我国政府采购由“过程导向”向“结果导向”转型，同时，服务项目在政府采购总规模中占比越来越高。河北省也在采取有效措施，不断提高采购效率和质量，积极推进政府集中采购的信息化建设，大力推进网上采购，响应国家发展政府采购电子卖场建设的要求，充分利用现代信息管理手段提高政府采购效益。

（三）河北省政府采购数字化转型必要性分析

笔者认为分析河北省政府采购数字化转型必要性，可以从宏观环境角度切入，为此，笔者从政治、经济、社会、技术等四个层次进行了PEST分析，如图1。

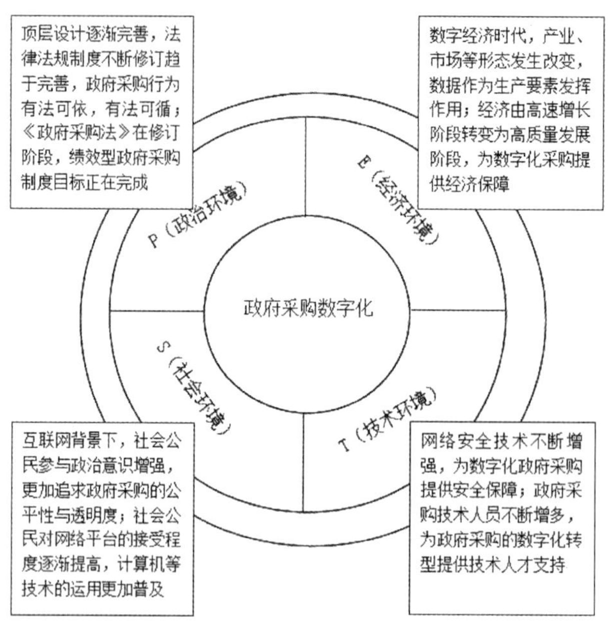

图 1　河北省政府采购数字化转型的 PEST 分析

根据以上四个角度的分析，笔者从以下三点进一步明确河北省政府采购数字化转型的必要性。

1. 数字经济时代经济领域和市场领域的新变化凸显了传统政府采购的缺陷

在数字经济时代，数字技术的迅速推进使得传统工业时期的土地、劳动、资本和技术，都在一定程度上被数字技术所嵌入或者融合，数据可以作为重要生产要素发挥作用，生产、流通、消费和分配等各方面都将受到数字化的重大影响而发生新的变化。数字技术的应用导致市场形态、经济形态、产业形态等都在发生变化，企业的采购形态也在发生变化。越来越重要的数据资产更加凸显了传统政府采购方式中的缺陷：传统政府采购流程较为烦琐，审批时间较长；政府采购的透明度不高；传统政府采购中的信息不对称容易引发道德风险与逆向选择的问题，政府采购职能的发挥受到多重因素阻碍。所以在数字经济时代，为适应经济领域和市场领域的新变化，促进政府采购职能的有效发挥，河北省必须推进政府采购的数字化转型。

2. 数字政府与现代财政制度的建设需要政府采购的数字化转型

建设数字政府的其中一项重要内容就是完善和发展现代财政制度，推动财政数字化。财政职能发挥作用必然要依靠政府采购职能的有效发挥，所以，政府采购数字化转型是建设数字政府和现代财政制度的必然要求。政府采购过程涉及多个行为主体，产生大量的数据，这些数据与政府、企业、市场息息相关，政府采购数字化将这些信息资源进行计算、整理、共享，使得政府决策更科学，是推进数字政府建设的重要体现。另外，政府采购数字化让政府采购更加阳光透明、更加规范，有利于廉洁政府的建设。为落实政府采购的“放管服”改革，完善现代财政制度，构建数字政府，河北省必须进行政府采购的数字化转型。

3. 数字化转型是《政府采购法》修订背景下建立绩效型政府采购制度的必然选择

2020 年 12 月，财政部公布了《中华人民共和国政府采购法（修订草案征求意见稿）》，该法围绕建立绩效型政府采购新制度的总方向进行修订，着力于实现政府采购从程序导向到结果导向和用户导向的转变。实现绩效型采购制度关键在于建立以采购人为核心的采购机制体制，而数字技术的应用有助于提高采购人的能力，还有助于政府和社会对采购人进行更加有效的监督。所以推动河北省政府采购数字化转型是建立绩效型政府采购制度的必然选择。

三、河北省政府采购网上商城具体实践

（一）河北省政府采购网上商城简介

河北省政府采购网上商城是依托河北省财政政府采购系统网上采购交易平台，利用电子商务手段，通过数据接口由网上商城供应商提供商品，实现采购人限额标准以下的项目网上采购平台。其官网网址为 http://www.hebzfcgwssc.com/。河北省政府采购网上商城平台构建及推广，是河北省响应国家战略要求推进政府采购电子卖场建设的一项重要改革举措，为河北省进一步拓展政府采购渠道、节约采购成本、提升政府采购质量开辟了新的路径。

1. 网上商城建设

在河北省政府采购网上商城正式上线运行以前，2017 年 6 月，河北省制定下发了《河北省省级政府采购网上商城管理暂行办法》，为商城的后期运营提供法律依据。该办法共计 6 章 28 条规定，明确了网上商城商品和价格管理、电商供应商入围管理、监督管理等内容。2017 年 7 月 15 日—8 月 15 日，河北省征集了第一批政府采购网上商城入驻电商。2017 年 11 月 15 日，河北省政府采购网上商城在省本级正式上线运行，由国泰新点软件股份有限公司提供技术支持。2018 年 6 月 1 日—6 月 15 日，河北省征集了第二批 71 家入驻电商，进一步扩大了入驻电商的参与度，提高网上商城采购竞争性。供应商的入围条件不仅包括提供的商品品目范围、配送时间要求等基本的 13 条内容，还包括供应商的信用条件，要求供应商不得有任何违法失信行为。2019 年起，河北省每年面向全国公开征集两批次供应商，并且定期对其进行考核，考核不合格者会在河北省政府采购网这一平台进行公布淘汰。

2. 网上商城构成与功能

网上商城平台主要由两大模块构成。一是采购人管理模块。采购人在登陆平台完

善个人信息后通过网上商城直接采购或网上商城竞价采购两种交易形式完成采购计划。其交易规则是：网上商城目录内商品，单项或批量政府采购预算 20 万元以下的，实行网上商城直接采购；政府采购预算 20 万元（含）至 50 万元以下的，实行竞价采购。二是供应商管理模块。电商登陆平台完善个人信息后可在订单管理界面实现商品上传及后期销售等活动，同时网上商城平台主页提供竞价公告通知，可通过随时关注竞价公告页面了解采购单位等信息，参与商品竞价。同时为保证采购活动的公平性及透明度，提高采购效益，网上商城主页设置投诉处理平台，杜绝违法违纪采购行为。

网上商城实行品目目录制，品目目录由河北省财政厅根据采购人采购需求，本着“标准通用、市场可买、货源充足”的原则确定并公布。当前河北省政府采购网上商城平台商品主要有 13 类：强制节能产品；办公设备；广播、电视、电影设备；通信设备；输入输出设备；信息安全设备；家具用具；计算机网络设备；计算机设备；办公消耗用品及类似物品；生活用电器；基础软件；电源设备。网上商城支持商品进行价格等信息对比，并且同步更新销量、报价等详细信息，公开透明、方便快捷。除此之外，网上商城平台主页还设有残疾人福利性单位产品专栏，关注到残疾人这一特殊群体，凸显政府采购的政策性功能。

3. 网上商城管理运营模式

为贯彻落实《河北省人民政府办公厅关于转发省财政厅〈河北省深化政府采购制度改革实施方案〉的通知》（冀政办字〔2020〕82 号）要求，河北省政府采购处 2020 年 12 月 31 日发布《河北省财政厅政府采购处关于将河北省政府采购网上商城移交给省公共资源交易中心管理的通知》，从 2021 年 1 月 1 日起，河北省政府采购网上商城移交省公共资源交易中心管理。网上商城平台采用双网站运行模式，如下图。

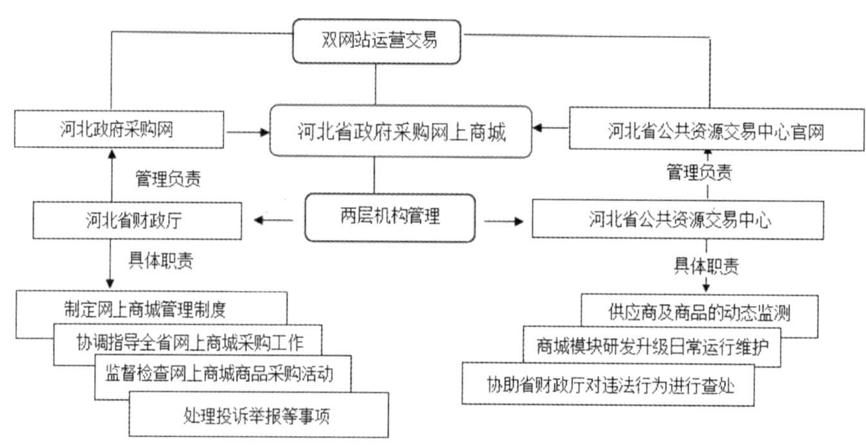

图 2 河北省政府采购网上商城管理运营模式

（二）河北省政府采购网上商城促进政府采购转型的路径

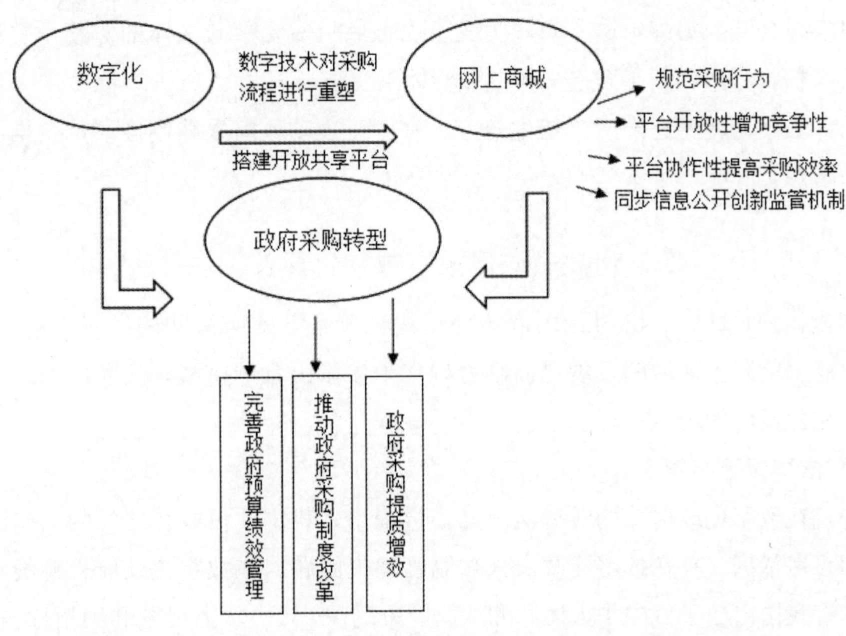

图 3　河北省政府采购转型路径

河北省政府采购网上商城是河北省在政府采购领域适应数字经济运用数字技术推进政府采购改革发展的创新实践，代表了国家治理现代化背景下政府采购发展的最新方向。网上商城上线运行，对进一步提高采购效率、降低采购成本、破解限额以下零星货物采购瓶颈、实现政府采购“物有所值”的价值目标具有重要意义和积极作用。笔者根据河北省政府采购网上商城平台的建设历程与发展成效，总结了其促进政府采购数字化转型的路径，见上图 3。

首先，笔者认为数字化促进政府采购转型实践。政府采购网上商城的过程主要包括两个环节：第一是利用数字技术对政府采购的流程进行业务重塑。第二是基于数字化的信息标准化、信息可追溯及信息实时化的特点搭建了政府采购信息的开放共享平台。

其次，网上商城从以下四个层面推动政府采购提质增效，促进政府采购转型：第一，网上商城使得采购行为更加规范化。网上商城对采购人的采购交易流程进行详细规定，对供应商资质进行考核管理，对采购合同的电子订单信息进行实时更新可查询。第二，网上商城平台的开放性增加了竞争性，提高了采购质量。网上商城是一个开放的公共服务平台，符合资质的供应商均可入驻，而平台的规模越大越会产生大的竞争效应，有助于提高采购商品的质量，降低采购成本。第三，平台的协作性提高采购效率。网上商城为买卖双方提供了公开便捷的交易场所，极大降低了信息不对称，缩短了交易时间，提高了采购效率。第四，所有采购在线上进行，过程留痕、结果可溯，采购信息实时公开，另外，网上商城实现了政府采购多元参与主体的监管，并且对供应商进行考核打分，创新了政府采购的监管体系。

最后，数字化转型还产生了衍生效应，有利于推动政府采购制度改革及推进政府预算绩效管理。

四、河北省政府采购数字化建设困境

数字化转型是数字经济时代国家治理现代化背景下政府采购的发展方向。但是，河北省政府采购网上商城的发展也面临着现实中多重因素的挑战，反映出河北省政府采购数字化建设的困境。

（一）法律保障不健全

首先，在数字化政府采购转型实际操作过程中，我国并没有相匹配的法律法规作为相应的参考依据，存在数字化政府采购制度缺失问题。在数字化政府采购的发展进程中，尽管我国出台了《中华人民共和国政府采购法》《中华人民共和国招标投标法》等政府采购法，但这些法律中几乎没有提及政府采购数字化方面的建设和应用，河北省当前的政府采购制度保障只有《河北省政府采购管理办法》以及针对网上商城颁布的《河北省省级政府采购网上商城暂行管理办法》。这些指导性文件只对数字化政府采购过程中部分事项进行了规定，应用范围较窄，难以满足实际工作的需求。例如网上商城或电子平台的合法性界定、电子合同的效力等均未提及。采购信息记录和公布机制、商城供采监三方的失信或失职行为、对入围电商的数据接口标准及结构标准等内容也没有做出明确详细的规定。政府采购数字化方面的法律缺失导致河北省政府采购数字化转型存在制度性障碍。

另外，2020 年 12 月以来，我国《政府采购法》开始在全社会范围内征求修订意见，《政府采购法》的修订对于河北省政府采购数字化的发展至关重要，《河北省政府采购管理办法》也需要及时完善。同时网上商城采购方式最终能否在此次修订中纳入法定采购方式也是一个问题。最后，在《政府采购法》中，政府采购当事人没有涉及政府采购平台运营商，没有明确规定这类第三方市场主体的法律地位，不利于其创新业务开展方式和优化网上商城平台设置。

（二）数据产权归属不明晰

以网上商城为例，政府采购过程中将产生采购公告、合同、订单记录等各类采购数据，集中存储于政府采购平台。而要推动政府采购数字化转型的深度发展，必然对采购数据进行开发利用，从而必须考虑到这些数据的使用权与管理权问题。当前政府采购平台所集成的采购数据并不存在明确的产权主体。政府采购数据源自于各个分散的采购人，平台运营者虽然承担着数据的存储与管理职责，但没有法律明确赋予其对数据的管理权和使用权，这将导致其在对数据进行商业性开发利用方面受到一定的阻力，从而制约其基于采购数据更好地服务于各采购监管部门和市场主体，为社会创造更多的价值。如果长期不明确数据产权归属问题，那么随着数字化的深入推进，越来越繁多的数据将会成为冗余资产，难以发挥自身价值，同时还会增加政府采购平台运营商的储存与管理成本，这将阻碍河北省政府采购数字化转型的进一步发展。

（三）平台和系统建设不够完备

首先，网上商城平台功能还缺乏一定的完备性。比如大额政府采购的招投标还无法在线上完全实现，当前河北省政府采购仍然是线上线下两种模式并存，网上商城所提供的商品品目以货物类目中的办公设备为主，而政府采购中的工程、服务这两类行为对象难以通过网上商城平台进行交易。这虽然对比原来完全线下的政府采购模式在一定程度上提高了效率，但是也增加了一定的时间金钱成本，线上线下采购流程有待进一步整合。

其次，当前河北省政府采购网上商城缺乏与其他平台的衔接。比如政府采购项目投标人参与投标可自行在网上商城注册登记，然而平台建设属于一个政府采购专用系统，没有和纪检监察、司法及各行业主管部门的平台对接，导致不能及时查询到投标人是否有违反国家法律、行业法规及受到行政处罚等违法行为记录。这会给后期中标后的工作带来一定程度上不可测的困难。

最后，河北省网上商城模块设置未充分发挥政府采购的政策性功能。比如，与浙江省的“政采云”平台相比：为了积极发挥政府采购国产优先、绿色优先、创新优先的政策功能，浙江的政府采购电子平台开设了（地方）制造精品馆，对符合政策条件的产品进行打标和优先展示，引导采购人优先采购节能环保商品，通过减少采购环节、创新采购方式等促进政府采购对中小企业和残疾人企业的扶持，实现支持企业自主创新、调整产业结构等政策目标的贯彻落实。而河北省政府采购网上商城当前打造的模块只有残疾人福利特色产品区，对于节能以及扶贫等国家政策的响应还不够，不能充分实现政府采购的政策性效益。

五、推进河北省政府采购数字化进程的对策建议

本文在我国推进国家治理现代化、数字经济蓬勃发展的背景下，探讨河北省政府采购数字化转型的必要性和可行性，以河北省政府采购网上商城平台的建设运营为例，深入分析当前河北省政府采购数字化转型所面临的困难和挑战，在此基础上，提出推进河北省政府采购数字化进程的对策建议。

（一）加快数字化政府采购制度设计，奠定政府采购数字化转型的治理基础

要改进政府采购的法律体系，完善与数字化政府采购相匹配的法律保障。结合政府采购数字化平台的发展趋势，补充完善《政府采购法》及《政府采购实施条例》等法律法规。比如在近期开展的《政府采购法》修订过程中，要充分考虑将网上商城采购纳入法定采购方式。同时，出台的政府采购管理办法等文件中要明确界定政府采购数字化平台的权利、责任与义务，规范网上商城运营商的定位等问题，进一步规范数字化采购政府。

在推进河北省政府采购数字化转型过程中还要加强标准化建设，比如代理机构、评审专家、供应商、商品库、争议纠纷处理等的标准，采购目录、统计口径、采购合同的标准化。

（二）明确数据所有权，推进数据整合及深度挖掘利用

在数字经济时代，数据可以说是资源、要素，甚至是生产力。明确数据的所有权归属是促进政府采购过程中集成数据充分高效使用的重要推动力，是形成数字资产的前提，也是推动河北省政府采购数字化转型的关键。要建立起完善的数据产权制度，形成规范、有序、高效、公平的数据市场，明确数据市场主体对数据生成、挖掘、加工、交易、应用以及监督问责等权利义务。数据产权制度的建立，使得产权主体的各项权利受到法律的保护，从而推进政府采购平台集成数据的挖掘、整合及充分利用。

在充分整合数据的基础上，要善于利用政府采购大数据。比如政府采购网上商城产生的相关数据都属于动态数据，可以对其进行实时监控，利用其建立征信体系。货物商品的质量和供货商的服务水平，都可以作为主要征信指标，商品的好评率、退换率以及服务评价、售后反馈以及物流配送等都是反映商家诚信的重要因素。软件公司则可以利用大数据算法对其进行模拟计算，从而分析出顾客的满意度，总结商家的征信报告。对数据的深度利用将推动河北省政府采购数字化的转型，并且有助于数字政府、廉洁政府的建设。

（三）加强数字化政府采购平台建设，完善平台系统功能

首先，要努力实现政府采购的全流程电子化操作，进一步整合线上线下采购流程。在商品选择、采购，订单生成电子化的基础之上，进一步推进交货验收、财政支付以及报销环节电子化，由原来的人工干预转变为系统的自动生成与采集，从而提升网上采购行为的规范程度与客观程度。同时笔者认为，在国家简化供应商入围管理的政策指导下，可以考虑对供应商的申请入围准入也推进电子化进程，比如当前河北省政府采购网上商城供应商申请入围时还有邮寄或到现场提交一系列信用等证明材料，这也在一定程度上增加了很多的人力时间等成本，所以笔者认为可以允许供应商通过网络上传相关证明材料，减少一定成本的同时，提高效率。

其次，要推进河北省政府采购网上商城与其他平台的高效衔接。以数字化政府采购为媒介，把河北省预决算公开平台、河北省财政厅监督平台、河北省政府采购网上商城、河北省公共资源交易平台等几大核心平台联合成一条线、编织成一张网，从而实现信息资源的共享、互联互通。另外还要注意，当前河北省内除省级网上商城外，部分县市区也设立了本地的网上商城，也要加强与这些地方平台的资源互通，完善网上交易平台建设。

最后，要优化网上商城功能模块设置，进一步发挥政府采购的政策性功能。要增强政府采购对数字经济社会的宏观调控作用，拓展完善其政策功能的实施领域，进一步加强知识产权保护，鼓励自主创新，优先采购绿色、环保、节能产品，充分发挥政府采购政策功能引导作用。当前河北省政府采购网上商城的模块设置及品目分类中只体现了政府采购政策功能中的节能产品优先采购、支持残疾人福利性单位发展这两个方面的内容，而对于偏远地区、少数民族地区中小企业发展的支持力度还不够，应该进一步优化商城功能，积极发挥政府采购的政策性功能。

参考文献

[1]付芳，刘明勋．建立现代财税体制推进国家治理现代化[N]．四川经济日报，2020-12-28(004).

[2]于安．数字化采购是政府采购现代化的重要途径[N]．中国政府采购报，2020-12-22(003).

[3]孙硕，邓淑莲．国家治理现代化背景下的政府预算收支分类体系研究[J]．财政研究，2020(12)：22-34.

[4]杨同飞，杨芳．试论新时代国家治理现代化的内涵、结构、目标及要求[J]．山东农业工程学院学报，2020，37(11)：127-134.

[5]王志刚．财政数字化转型与政府公共服务能力建设[J]．财政研究，2020(10)：19-30.

[6]国家税务总局厦门市税务局课题组，张曙东，洪连埔，罗绪富．关于税收治理体系和治理能力现代化演进、逻辑关系及实现路径的认识[J]．税务研究，2020(09)：132-136.

[7]王海红．山东省加快政府采购网上商城建设[J]．中国政府采购，2020(08)：34-35.

[8]刘涛．当前政府采购网上商城问题与思考[N]．中国政府采购报，2020-08-18(005).

[9]闫坤，张鹏．财税体制改革进展评价及其“十四五”取向：基于国家治理现代化的视角[J]．改革，2020(07)：39-54.

[10]贾荣鄂．推进财政“放管服”改革助力国家治理体系和治理能力现代化[J]．中国财政，2020(13)：36-39.

[11]王波．T市电子化政府采购研究[D]．云南师范大学，2020.

[12]梁丽俊．政府采购数字化转型：浙江“政采云”实践研究[D]．河南大学，2020.

[13]王志刚，赵斌．数字财政助推国家治理现代化[J]．北京大学学报(哲学社会科学版)，2020，57(03)：150-158.

[14]马海涛，秦韶聪，任强．财政与国家治理现代化：路径与展望[J]．经济研究参考，2020(03)：5-16.

[15]王志刚，周孝，陈旭，王胜华．政府采购数字化转型的成效与挑战——以“政采云”为例[J]．中国政府采购，2019(12)：59-67.

[16]王志刚，昝研．政府采购数字化转型的成效及挑战[N]．中国政府采购报，2019-07-26(003).

[17]钱国兴．关于新时代电子化采购的思考[J]．中国政府采购，2019(07)：25-26.

[18]刘海奎．山东省政府采购制度存在问题与对策研究[D]．陕西师范大学，2019.

[19]刘颖．浅析我国政府采购的优化策略[J]．现代商业，2015(02)：59-60.

[20]裴晨霞．构建阳光下的数字化采购[J]．中国政府采购，2013(11)：70-71.

消费税改革进程及当前改革重点

李朝萌

摘　要：消费税改革适应我国当前经济发展阶段的要求，符合我国当前稳增长、调结构、促改革、防风险等多重宏观经济目标的共同需要，是加快推进完善税制改革的前沿任务。本文首先对消费税进行了概述，对消费税的改革进程进行了梳理，然后结合目前消费税存在的问题，提出消费税改革的重点及完善我国消费税的建议。

关键词：消费税；税制改革；改革重点

文章结合课程知识点：税制改革——消费税改革

文章所体现的思政元素：作为“十四五”时期税制改革的一场“重头戏”，消费税改革正释放出加快脚步的明确信号。“十四五”规划和2035年远景目标纲要提出“调整优化消费税征收范围和税率，推进征收环节后移并稳步下划地方”。财政部相关负责人在国新办发布会上表示，下一步，将完善地方税税制，合理配置地方税权，理顺税费关系。按照中央与地方收入划分改革方案，后移消费税征收环节并稳步下划地方，结合消费税立法统筹研究推进改革。从而更好地实现对消费行为的引导，优化消费结构。

一、我国消费税及其改革进程概述

（一）消费税概念界定

消费税是一种古老的税种，它作为流转税的一种，是以消费品和特定消费行为的流转额为征税对象所征收的一种税，其最早产生于古罗马帝国时期。当时，由于农业、手工业的发展，城市的兴起与商业的繁荣，帝国相继开征了诸如盐税、酒税等产品税，这就是消费税的雏形。

消费税作为流转税的主体税种，不仅可以保证国家财政收入的稳定增长，还可以调节产业结构和消费结构，限制某些奢侈品、高能耗品的生产，正确引导消费。同时，它也体现了一个国家的产业政策和消费政策。消费税发展至今，已成为世界各国普遍征收的税种，目前已被120多个国家或地区所征收，而且还有上升的趋势。特别是近年来在为了可持续发展进行的税收法律制度改革的浪潮中，各国纷纷开征或调整消费税，以便建立一个既有利于环境和生态保护又有利于经济发展的绿色税收法律制度。

从消费税的征收群体而言，征收的主体便是产生消费行为的消费者。从消费税的征收范围来看，我国的消费税属于特别消费税，体现了国家宏观调控的要求，引导着相关的产业政策的调整，进一步明确未来消费的方向。我国的消费税是中央税，它是中央财政收入中仅次于增值税的第二大税源。

经过多次改革后，现行消费税有15个税目，主要为：烟、酒、鞭炮焰火、高档化妆品、贵重首饰及珠宝玉石、高尔夫球及球具、高档手表、游艇、成品油、摩托车、小汽车、木制一次性筷子、实木地板、电池、涂料。其中，烟、成品油、小汽车和酒类消费四个税目贡献较大，合计占比约99%，其他税目贡献的消费税微乎其微，因此调节收入分配的功能发挥有限。

消费税长期是我国第四大税种，2019年个人所得税大幅减税后，消费税已成为我国第三大税种。2015年国内消费税首次突破1万亿元后持续保持在这个数字以上，2018年为10 632亿元，占税收收入和财政收入比重为6.8%和5.8%，占GDP比重为1.2%，仅次于增值税（61 531亿元）、企业所得税（35 324亿元）和个人所得税（13 872亿元）。（见图1）

消费税全部为中央收入，为降低征收成本，在生产和进口环节征收，因此税源相对集中在烟、酒、油、汽车的生产地。其中，上海、广东、江苏、湖南、云南、湖北、山东、天津、陕西9省市消费税占比合计超过50%，分别为8.2%、8.2%、6.5%、6.0%、5.7%、5.6%、4.2%、3.8%和3.2%。（见图2）

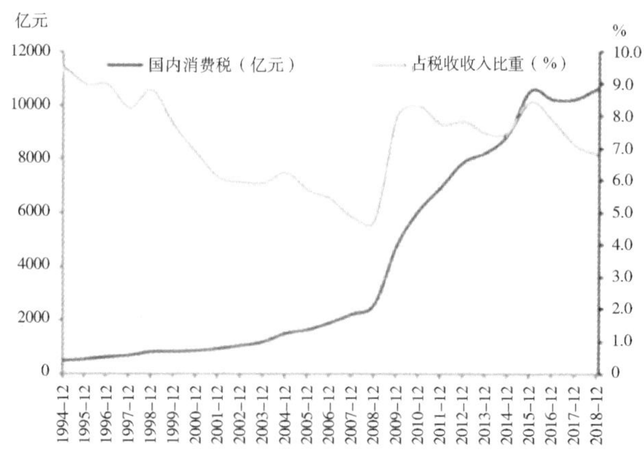

图1　消费税占税收比重在7%左右

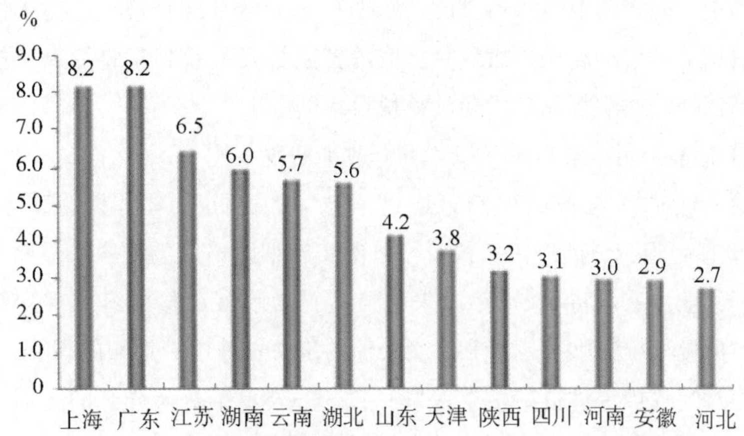

图 2 消费税税源地集中在烟、酒、油和汽车生产地

（二）我国消费税税制改革进程概述

我国 1994 年正式建立消费税制度。2006 年调整消费税征税范围。2008 年调整乘用车消费税政策，并修改消费税条例。2009 年实施成品油税费改革，调整烟产品消费税政策。除上述重大改革外，1994 年至今，根据经济社会发展的需要以及国家产业政策的要求，对消费税的征税范围、税率结构和征收环节不断地进行完善和调整。

1. 1994 年正式建立消费税制度

早在 1951 年，政务院就根据国家公布和实行的《全国税政实施要则》的规定，颁布了《特种消费行为税暂行条例》，开始征收特种消费行为税，后来由于种种原因，消费税取消。现行课征的消费税则是 1994 年税制改革中新设立的一种税，其法律依据是 1994 年开始实施的《中华人民共和国消费税暂行条例》《中华人民共和国消费税暂行条例实施细则》以及国家税务总局发布的《消费税征收范围注释》《消费税若干具体问题的规定》等。这些规范性文件都是为适应当时深化经济体制改革，对税收法律制度进行大规模改革的需要而制定的，标志着我国的消费税法律制度基本建立起来。

2. 2006 年调整消费税征税范围

2006 年国家对消费税政策进行了调整，为了增强消费税的调节功能，将消费税的征税品目定为 14 个。这 14 个税目大致可以分为三类，一是奢侈品类消费品，如高尔夫球及球具、游艇、高档手表、化妆品、高档首饰等；二是影响生态环境和消耗资源的消费品，如汽车、摩托车、成品油、木制一次性筷子、实木地板等；三是危害人们身体健康的消费品，如烟、酒等。这次政策调整扩大了石油制品的消费税征收范围，新设成品油税目；为了增强人们的环保意识、引导消费和节约木材资源，增加木制一次性筷子税目；为了鼓励节约使用木材资源，保护生态环境，增加实木地板税目；为了合理引导消费，间接调节收入再分配，增加高尔夫球及球具税目；为了体现对高档消费品的税收调节，增加高档手表税目。取消护肤护发品税目，将原属于护肤护发品征税范围的高档护肤类化妆品列入化妆品税目。

3.2008 年调整乘用车消费税政策，并修改消费税条例

国务院第三十四次常务会议修订通过《中华人民共和国消费税暂行条例》，自2009 年 1 月 1 日起施行。此次消费税暂行条例实施细则修订的内容，主要包括两个方面：一是根据其上位法，将 1994 年以来已经实施的政策调整内容体现到修订后的细则；二是与增值税实施细则在销售和有偿转让的定义、外币销售额的折算、价外费用、纳税义务发生时间等规定进行衔接，保持一致，并公示了具体详细的《消费税税目税率表》。

4.2009 年实施成品油税费改革，调整烟产品消费税政策

提高现行成品油消费税单位税额，不再新设立燃油税，利用现有税制、征收方式和征管手段，实现成品油税费改革相关工作的有效衔接。卷烟分类标准调高；卷烟从价税率调高；卷烟纳税范围扩大。

5.2016 年的调整

一是化妆品税目被高档化妆品税目替代。二是化妆品的税率由 30%改为高档化妆品的税率 15%。三是发布了用于生产高档化妆品的外购材料消费税抵扣的规定。四是发布了对超豪华小汽车加征消费税规定。

6.2019 年 9 月的改革

《关于印发实施更大规模减税降费后调整中央与地方收入划分改革推进方案的通知》明确调整中央和地方财政分配关系的方案，消费税方面则提出后移征收环节和收入下划地方的重大改革措施。

消费税改革主要有以下内容：一、将生产或者进口环节征收的现行消费税品目逐步后移至批发或零售环节征收，目前先对高档手表、贵重首饰和珠宝玉石等条件成熟的品目实施改革；二、结合消费税立法，再对其他具备条件的品目实施改革试点；三、将消费税收入逐步下划地方，拓展地方收入来源，改革调整的存量部分核定基数，由地方上解中央，增量部分原则上将归属地方，确保中央与地方既有财力格局稳定。

二、我国消费税发展中存在的问题

（一）消费税立法制度不完善

我国现行的消费税制度主要是由行政法规与部门规章规定的。无论是行政法规或是部门规章，都缺乏税收应具备的法律的规范性、稳定性以及权威性。且消费税的修正与调整由税务机关主导虽然有利于专业性的发挥，但实际上却有违法定程序，难以

体现法律的权威与稳定。另外，我国征收的某些消费税，其税率变动较为频繁。就成品油而言，在2014年年底到2015年年初，国家财政部和税务总局先后进行了三次消费税税率的变动调整。由于当时特殊的国际形势的影响，油价大幅下跌，随后国家调增消费税，虽然对于普通百姓的生活影响不大，并有其现实合理性，但是成品油税率的短期内频繁上调也造成了不良社会影响，不符合税收法定原则。

（二）征税环节有待调整

我国现行的消费税征税大多集中在生产环节，虽然部分消费品在生产环节征收消费税仍具有优点，但弊端也越来越明显。以我国的高档奢侈品（比如高档化妆品、高档手表等）为例，其零售多集中在发达地区的商业密集区，且利润巨大，若在零售环节征收同样易于管理，且相比在生产环节征收能够多出更多的税收收入。从防范偷税漏税的角度来说，因为我国的消费税多采用从价计征的比例税率，税负与消费品的价格息息相关，若选择在生产环节征收消费税就会使得生产经营者想方设法压低价格，比如建立空壳经销商，将自己生产的产品以极低的价格出售给自己的经销商，自己的下游经销商再以正常的价格继续出售，这样就使得消费税的税基相当低，造成税收流失。再从资金占用、生产升级的角度来说，若消费税在生产环节征税，那么将会使生产者的资金被大量占用，从而导致其没有更多的资金去进行改革或创新来提高生产力，进而将阻碍社会的快速发展。同时对于消费税节约资源、保护环境功能的实现更加关键，对于涉及资源环保类的生产经营者，因为在生产环节从价计征消费税，一方面占用生产经营者的资金，使其无法投入更多的成本研发更节约更环保的产品，另一方面生产经营者为了降低商品价格不得不去压低生产成本，从而使得更多高污染高耗能的产品流入社会，如此恶性循环，不仅无法实现消费税节约资源、保护环境的生态功能，反而起到反作用，使得环境生态问题继续恶化。

（三）中央与地方的利益分配不合理

消费税属于中央税，长期以来，我国的消费税都是由国家按照一定的标准分配给地方政府，用于其提供公共产品和服务，发展地方事业，其优点是可以保证税收的统一和公平，便于全国范围内统一调配资金。然而，这样的税收分配模式极大地削弱了地方的发展权限，降低了地方生产的积极性。消费税由中央税向中央和地方共享税的转变一直是社会的呼声。2019年10月9日发布的《实施更大规模减税降费后调整中央与地方收入划分改革推进方案》中提出要将我国的消费税收入部分归属地方，实行中央与地方共享的新模式，但其采用的共享模式为将存量的部分核定基数，基数部分归属于中央，而在之后的增量部分则归属于地方。这种消费税共享模式虽然减缓了地方税收的压力，但消费税的收入归属并不能仅仅为了弥补地方收入，而应该结合消费税自身的特点及其功能定位，将应税消费品的征税功能最大化。我国目前采用的共享税模式不区分消费税的税目种类，虽然便于征收与管理，却不能很好利用各个消费税税目的特性，不能充分地发挥地方的积极性使得地方根据其地域特性来发展和调整产业结构。

（四）税率设计不尽科学

我国消费税的税率设置分为比例税率、定额税率以及比例税率加定额税率的复合计税方式。定额税率的税率计征已经不符合当代消费税组织财政收入功能的需求，虽然定额税率有其特有的优点，比如计量便利、无须考虑价格变化，但其无法体现消费品和价格之间的关系，无法随市场价格的变动而改变，很大程度上缺乏弹性，也造成了一定的财政收入流失。我国目前实行的消费税政策，税率设计有的过高，有的过低。其中过高的税目有化妆品和小汽车等。随着我国经济社会的进步，过去的一些消费品已经慢慢变成了生活必需品或者是一般商品。当今社会中，拥有化妆品已经是绝大部分女性甚至是部分男性的正常需求。然而，我国对化妆品的征税政策一直没有发生变化，实行 30％的税率征收政策。同样，过去被认为是奢侈品的小汽车也慢慢普及化，进入大众生活，渐渐成为普通百姓生活的一部分。但是，我国现在仍实行小汽车销售加征消费税政策，导致小汽车税率偏高。税率过低的消费品也较多。比如，木制一次性筷子以及实木地板等高资源消耗性物品。

三、我国消费税税制改革重点

（一）加快消费税立法

我国消费税的立法工作正在加速进行，即将要上升到法律位阶，其立法应与授权国务院制定消费税行政法规有着明确的区别，应有明确的立法原则贯穿其中，成为消费税法律立法过程中的一般性原则，引导我国消费税立法正确进行，并在以后的消费税调整中起到指导作用。另外，我国消费税的立法授权有其独特的优点，由于税收制定与实施的专业性与技术性，必须专门从事税收工作的人才可以了解其中的关键与难点所在，将税收的专业性问题授权给专业的税收部门，其实是将效率最大化，亦提高了消费税的立法质量。

我国消费税要加强立法，建立完善的定期评估制度，不仅在税收法定原则、公平原则的要求下创设程序正义、实质正义的消费税法律，更应使其顺应时代的发展，及时地修改调整法律文件，对消费税制度中的税目、税率、征税环节等课税要素及时地进行评估与调整。建立定期评估制度能够使我国消费税在税收法定原则的要求下，维持法律的稳定性与权威性的同时，更好地发挥消费税的功能作用。

（二）消费税税目征收环节后移

2020 年 9 月 28 日，财政部正式回复了有关全国政协十三届三次会议中的一项提案（以下简称“财政部回复”），其中透露了下一步地方税体系改革的相关信息。财政部正在研究将部分在生产（进口）环节征收的现行消费税品目逐步后移至批发或零售环节征收，并逐个品目论证可行性和方案。相应地，财政部将根据相关品目消费税后移征收环节工作推进情况，研究做好将相关收入稳步下划地方工作。

2014 年以来的消费税改革主要聚焦于征收范围及税率调整。比如消费税征税范围有增有减，酒精、小排量摩托车、普通化妆品等不再征收消费税；电池、涂料等高污染产品纳入消费税征收范围。消费税税率调整也有大动作，2014 年以来成品油消费税税率三次上调，2015 年烟草消费税税率大幅提高，2016 年对超豪华小汽车加征 10% 消费税等。但随着这些改革到位，消费税税目短期不会再有变动。

消费税的改革方向，主要是在征管可控的前提下，将部分在生产（进口）环节征收的现行消费税品目逐步后移至批发或零售环节征收。“目前，我们正在按照国务院部署，逐个品目论证可行性和方案，统筹推进后移消费税征收环节改革。”此前国务院文件明确，在征收环节后移中，将先对高档手表、贵重首饰和珠宝玉石等条件成熟的品目实施改革，再结合消费税立法对其他具备条件的品目实施改革试点。目前消费税税制下一些税目征收环节已经后移。比如卷烟已在生产环节之外的批发环节加征一道消费税；金银首饰在零售环节征消费税；超豪华小汽车在生产（进口）环节征税之外，零售环节加征一道消费税。

（三）后移消费税征收环节并稳步下划地方，充实地方财力

在财税改革和中央地方关系改革中，消费税改革尤为突出。由于全国推行“营改增”，改革后的地方税种缺失。消费税属于中央税，但是在性质和功能上也符合共享税的规定，并且消费税税基极为繁杂，需要地方政府的配合才能保证消费税税收的准确度。由于消费税的收入和地方政府没有利益挂钩，地方政府对消费税的征收和开源热情不够。所以将消费税改为共享税，一方面可以解决地方财政资金不足的问题，一定程度上为构建地方税制体系以及其他地方税的改革争取了时间；另一方面，由于消费税与地方政府的财政收入直接相关，地方政府也会加大对消费税征收等一系列问题的监督监管。

从国家税制整体改革的方向来看，消费税正好引导着消费的环节，对以后各税种的改革有着引导领导的作用，也有利于地方政府的重心向改善本地的消费环境转移。与增值税不同的是，消费税是对一部分特定的应税消费品征收。所以将消费税划为中央地方共享税，应当在考虑地方消费水平的同时兼顾地方消费偏好，尽量不要采取统一的分享比例。这样既可以避免加重地方财政收入的差异，又可以坚持将消费税划为共享税的初衷。所以在当下选择税基分享和附加税分享两方面交叉分享不失为一个好对策。从长远看，将消费税划为中央地方共享税既符合消费税设立初衷，又具有合理性和可行性。

（四）优化税率设置

我国现行的消费税制度除了比例税率与复合计征以外，仍存在部分的定额税率。定额税率只取决于消费品的量化，不考虑其价格因素，严重制约了消费税财政功能的发挥。虽然适用定额税率有其独特的优点，使得税收计算便利，鼓励经营者提高产品质量，但是却无法随市场的运行而灵活变动，具有一定的累退性。而比例税率可以更好地将税负与产品的价格联系在一起，更能体现税收的效率原则，我国的消费税应将部分采用定额税率计征的消费品改用比例税率，比如酒类以及成品油。对于那些需求量小、价格高的高档消费品，比如高档手表、游艇、高尔夫球及球具，应采用超额累进税率计征，以更好地发挥消费税的财政功能，也能更好地引导合理消费、调节收入分配。

世界多数国家对消费税税率的改革趋势是逐步提高高污染消费品以及烟草制品的税率，因为其既可以增加消费税的财政收入功能，又可以引导消费者健康环保消费，体现消费税的生态功能，我国亦应适度提高烟类、木制一次性筷子以及实木地板的消费税税率。除了调高部分消费税税率，对于我国高档化妆品的税率适当降低。我国现行消费税对高档化妆品的征税税率为15%，在如今看来确实过高。在经济高质量发展的今天，随着居民对生活品质追求的越来越高，高档化妆品几乎已成为生活必需品。尤其随着网购与代购行业的兴起，国内居民有更多的机会接触国外的高档化妆品，在价格相差不大的情况下，消费者更愿意购买国外的产品，这使得国内化妆品生产商的处境更加艰难。相比较韩国7%的化妆品税率，我国15%的税率确实过高，若适当降低高档化妆品税率，可以增强我国化妆品行业的竞争力。

四、结论

在我国当前的税收体系改革中，完善消费税制度已经成为新时代亟须解决的重大课题。合理的消费税体系不仅有利于我国税收制度的发展与完善，对于我国经济的发展及居民的日常生产生活也产生着重大的影响。政府和市场应互相配合，加快消费税立法、消费税税目征收环节后移、后移消费税征收环节并稳步下划地方，充实地方财力、优化税率设置，市场部门积极配合，共同为打造良好的税收体系而努力，使我国的消费税水平可以达到一个崭新的台阶，真正提升群众的幸福感和安全感，谱写新时代税收制度发展的新篇章。

参考文献

[1]孟祥峰．消费税改革的思索与探讨[J]. 纳税，2020，14(32)：43-44.

[2]田婷．消费税改革影响分析及制度建议[J]．环渤海经济瞭望，2020(10)：30-31.

[3]韩亚文．税收法定视角下我国消费税制度的理论探讨及对策展望[J]．法制经济，2020(09)：49-50.

[4]贾丽飞，王伊晴，朱慧敏．我国消费税改革的重大意义及发展趋势浅析[J]．现代商业，2020(23)：26-28.

[5]刘佳楠．我国消费税存在的问题及对策研究[D]．河南财经政法大学，2020.

[6]罗娜．我国消费税制度改革研究[D]．河北经贸大学，2020.

[7]杨喜丹．我国现行消费税制度改革研究[D]．天津财经大学，2016.

[8]杨晓姝，唐金萍，王有兴．消费税改革与地方财力均衡——基于后移征收环节与调整收入划分的双重视角分析[J]．财政研究，2020(10)：89-101.

[9]郭敏．分析成品油消费税改革对行业的影响[J]．纳税，2020，14(25)：32-33.

[10]曾珂．我国烟草消费税制优化研究[D]．浙江财经大学，2019.

[11]刘怡．我国成品油消费税节能效应研究[D]．暨南大学，2019.

[12]金秋明月．我国奢侈品消费税问题研究[D]．首都经济贸易大学，2019.

数字经济背景下税收发展的现实困境、国际比较及其纾解路径

刘　琳

摘　要：数字经济形态下，数据成为最关键的生产要素，是重要的价值创造来源。基于此，本文深入研究了数字经济发展的现状，概括数字经济税收征管的研究背景，分析数字经济的特征，参考借鉴并吸取国内国外优秀的理论研究成果，准确指出数字经济背景下税收征管面临的各种挑战，包括税基估值难以确定、纳税主体边界模糊、传统的税收管辖权不再适用、国家之间税收分配不公平的加剧。数字经济的飞速发展与税收征管模式的更新不及时存在着巨大的矛盾，必须引起我们的高度重视。

关键词：数字经济；税收管辖权；税收治理

文章结合课程知识点：税制改革——数字税收

文章所体现的思政元素：当前，数字经济成为大国应对新冠疫情和经济下行压力的共同选择，全球加速进入数字技术跃迁、经济范式转换、生产要素重置、治理模式变革的重要窗口期。习近平总书记在中共中央政治局第三十四次集体学习中强调，要"把握数字经济发展趋势和规律，推动我国数字经济健康发展"，"不断做强做优做大我国数字经济"。2021 年中央经济工作会议指出，要加快数字化改造，促进传统产业升级。根据中国信通院的测算，2019 年我国数字经济增加值规模达到 35.8 万亿元，占 GDP 比重达到 36.2%。目前，数据已成为新的生产要素，数字经济正在向纵深扩展，这将对经济社会发展、政府监管与全球治理产生广泛而深远的影响。从"生产力决定生产关系，生产关系反作用于生产力"这一原理出发，努力打通生产要素（生产力层面）与税收制度（生产关系层面）之间的联系，进而通过认识和把握数据要素的本质及其所驱动的新经济形态的基本特征，来勾勒和描画数字经济时代税收制度的大致形态。

一、研究背景

数字经济是当前全球热点经济模式，其以互联网为载体，融合了现代信息技术与大数据，成为推动全球经济发展的重要力量之一。不同于传统行业，数字经济不再依靠土地、劳动力等传统生产要素，而是以信息技术为载体，充分依靠大数据这个生产要素。通过近些年的飞速发展，全球数字经济已经达到了史无前例的规模。十九大报告指出，数字经济等新兴产业蓬勃发展对优化经济结构具有深远影响。十九届五中全会提出，加快发展现代产业体系，推动经济体系优化升级，坚定不移建设数字中国，提高经济质量效益和核心竞争力。由此可见，加快数字经济发展已经成为我国新时代发展的战略目标之一，推动数字经济与其他经济形式广泛融合也是当前的主流趋势。

当前，数字经济的快速发展得到了社会各界的广泛关注，成为社会发展的聚焦点所在，而其给税收增长带来了多大的贡献也逐渐引起人们的重视。由于数字经济的特点，现行税收体系已经不再适用。长期以来，我国税收征管对象以实体经济为主，实体经济税源分布固定，税基稳定，易于监管，但是对于税收管理水平具有一定的要求，仍然具有进步的空间。随着数字经济的不断发展，对传统税收征管模式的挑战也越来越严峻，如税源分布较为分散且不固定，税源结构复杂且多变，税收征管信息化水平、数据信息掌握不全，等等。

二、文献综述

（一）关于数字经济的研究

国外对于数字经济的研究起始于 20 世纪 90 年代的美国“新经济”时期。泰普斯科特（Tapscott）第一次提出了“数字经济”的全新概念，指出数字经济其实是以信息、知识数字化为主要特征的。莱恩（Lane）进一步充实数字经济的发展路径，认为数字经济以信息技术为根基，二者的发展水乳交融、相互促进。基姆（Kim）从市场经济形态的角度分析，认为数字经济是新型经济形态，这种经济形态将商品和服务进一步数字化，然后进行市场交易。美国政府报告《数字经济 2000》论述“数字鸿沟”的问题是数字经济财富创造与分配效应研究的开始。我国数字经济的快速发展对经济发展产生了深远的影响。刘军、杨渊鋆等从测算分析我国各地区数字经济的发展水平出发，将对数字经济的评价分解为信息化发展、互联网发展以及数字交易发展三个指标，在论述中构建了分省份的数字经济评价指标体系。从经济总量角度看，张景利认为，在数字技术与数字基础设施的全面渗透和加速建设的趋势下，数字经济将会成为“十四五”期间引领宏观经济增长的新引擎。

（二）关于数字经济给税收征管带来的挑战

数字经济作为新兴的经济形式，经济主体的范围更广，形式更为多样，“去实体化”的趋势越来越明显，也带来了不少挑战。例如涉税信息的获取难度大大增加，传统的征管手段无法适应数字经济的发展，税务部门税收监管难度加大，等等。学术界认为，涉及税务相关信息在及时准确掌握上存在延迟和落差，是导致税收征管产生漏洞的主要原因所在。王敏、彭敏娇认为，数字经济的技术水平越来越先进，涉税信息数据具有高度的隐蔽性，大大增加了税务部门的掌握难度。杨庆认为，数字经济高度依赖数据信息技术，与传统经济形式截然不同，数字经济的快速发展，对传统税收征管方式的要求也越来越高。

传统的税务征收管理手段，已无法满足数字经济蓬勃发展的新趋势。因此搭建大数据平台，实行“信息管税”势在必行。胡连强、杨霆钧、张恒、李海燕认为，当前的数字经济发展领域越来越广泛，但交易形态却随着新技术的发展而在不断改变，传统税收征管中的纳税人与扣缴义务人已经无法在纳税申请过程和征收流程中发挥有效作用，更说不上对数字经济的有力监督和管理。新经营模式是对数字经济的全新定义，也是目前国内外学界所关注的研究重点，新商业模式下税收征管存在的问题也逐渐引起大家的重视。李平针对数字经济的新商业模式进行了研究，指出了其给税收征管带来的冲击，并提出要借鉴先进国家的经验，认真分析数字经济的特征，从思维、制度、手段等多角度进行完善。

三、数字经济的主要特征

（一）生产要素转变，数据成为关键

转变经济发展方式，不仅是升级传统生产要素，还包括创新生产技术。数字经济作为新的经济形态和经济发展方式，不仅丰富了“数据”这一生产要素，也使得传统生产方式得以创新。将数字生产要素与传统生产要素进行深度融合，使先进的数字技术投入到生产环节，不断优化生产要素，提高了生产质量。数字经济是高于工业和农业经济时代的高级别的经济形式，数字经济时代以大数据为支撑，以数据资料为依靠，是数字价值创造过程中的最为重要的产出要素。农业经济时代，国家经济发展主要依靠农业生产；工业经济时代，经济发展则依靠技术规模产业生产以及资本的再创造；在数字化时期，最重要的要素是数据信息，经济主体依靠信息技术，将数据信息转变为知识和信息。但数字经济社会进行价值创造的不仅仅是数据信息，更是大数据分析。由于信息的特征，数字经济社会体现出数据信息基本要素与其他生产要素的无法割裂和无可替代、数据信息经济价值运用的多样性、数据资源定价的垄断性等特征，进而体现为数字经济社会对数据分析和数据信息效率的依赖性及数据信息经济价值的不确

定性。除此之外，数据在渗透到各个生产、创造的过程中具有很大的不确定性，那么数据价值创造也存在模糊性。

（二）依托数字载体，价值归属模糊

数字经济时代背景下的经济活动往往借助于互联网数据实现，数字载体的广泛性内在地决定了其强大的渗透性，遍及经济社会的每一个领域及其运行的每一个环节，进而衍生出涉及众多领域的融合性产业。借助数据完成的经济活动，其实际发生的地点和机构所在地一般是在不同的地区进行的，并且活动主体的位置并不会单一固定，这导致经济活动过程相对复杂。

（三）边际成本为零，规模报酬递增

传统的经济增长规律通常表现为，持续投入一般传统生产要素，规模报酬呈现先递增后递减的情况，主要是因为在持续不断地投入生产要素到达某一程度时，折旧和成本不断地增加，但是此时的企业生产规模还是原来的样子，不具有无限扩张的能力，所以产生边际收益递减状况。数字经济的优势从本质上而言，在于数字经济中以数据为支撑，数据要素不存在折旧，无论什么情况下，在边际效用中，新增一个用户而成本几乎没有增加，此时边际成本为零。并且数据要素的使用者是无限庞大的，纯数字企业的生产规模较实体企业而言有相当大的扩张空间。数字经济到达规模化状态时，边际收益与传统的边际收益不同，此时呈现爆发式的递增。

四、数字经济背景下我国税收面临的挑战

（一）税基规模难以确定

在进行数字经济规模的核算过程中，首先要对税基进行估值。然而税基规模如何确定成为新的阻碍。具有数据特征的数据经济活动往往没有直观的价格来判断其价值，这样一来，数字经济活动直接缩小了税基的规模。再加上数据的全方位渗透特质，导致数字经济创造出来的产品和服务存在不同程度上的免费消费，使得税基被忽略、被低估。除此之外，数字经济下消费者和生产者的概念不同，从税收视角看，提升了原有产品价值，是一种增值，但难以对实际产生的收益进行评估和计量。数字经济规模核算是税基估值的基础。由于数字经济的价值创造具有不确定性且传统核算体系无法对其进行准确度量，导致税基规模无法准确确定。一方面，由于数据价值、数字资产以及数字化治理部分往往没有明显的价格来衡量价值，导致数字经济活动的数据不可得，直接缩小了税基规模；另一方面，由于数据的全方位渗透性，使得数字产业化和产业数字化缺乏科学的核算方法，而现有统计数据的缺乏以及核算时采取的假设与实际情况并不完全一致，将降低核算结果的准确性与可靠性。不仅如此，数字经济的其他特征也对税基估值造成不同程度的影响。

（二）纳税主体难以界定

随着数字经济的不断发展，纳税主体也呈现逐渐分散的趋势，税务部门相较于以前，更加难以准确锁定纳税义务人，进行有针对性的监管。互联网经济是当前热门的经济形式，大量个体经营者参与到互联网经济中，在短期内大量兴起，从业者分布急剧增长，且多为线上进行，这与传统经济模式下的隐蔽性、分散性具有明显区别。与以往相比，数字经济的税收征管面临的困难更大。以当前热门的电子商务为例，纳税主体的边界逐渐模糊，辨别难度持续提升。当前，线上消费逐渐成为主流消费方式。但线上消费难以精准定位提供消费的企业或个人，这就大大提升了税务部门通过域名确定法人经营地的难度。目前，从全国来看，我国大数据领域的企业有3000余家，其中超过70%的大数据企业从业人数为10人至100人，这类小规模企业的财务管理并不规范，财务制度也不完善，给税务部门征收管理带来了困难。

（三）传统的税收管辖权原则难以适用

数字经济的虚拟时空带来了税收管辖权问题，尤其对税收属地原则难以适用。税收属地原则是以纳税人的地域不同为标准判定税收的管辖权，它代表着某一国家或地区在获取税源的划分方式不同。数字经济的迅速发展打破了税收属地原则的有效实施。一方面，数字经济依托数字载体的过程中，呈现出网络化、虚拟化和远程交易等特点，使得交易主体与交易场所充满隐匿性和流动性，即数字经济价值在地域归属上存在较强的模糊性，这一模糊性在某种程度上加剧了地区税基核算的不确定性。另一方面，在数字经济背景下完成的交易，税收征收地往往不是数字经济活动的实际交易地。若按照属地这一原则，数字经济背景下的产业集群发展和交易跨区域完成将更不利于各个不同地区间税源的均衡分布。

五、国际社会的应对方案

（一）修改税收管辖权及征税规则

欧盟采用分级策略来进行征税的规则限定，根据自身的立场和利益所求，寻求不同的贸易规则，将数字化产品纳入规则规范之下，同时要求缔约国达成数字贸易永久的免关税的协定，防止其他国家数字化产品引起的文化侵蚀和产业冲击。构建国际征税规则之前，要先完善国内税收的相关法律法规，对现存的税收管辖权的概念进行扩充和界定，把不同的数字化产品纳入商品归类中，为数字化产品的线上交易实行分级管理提供依据；修改地域内常设机构的范围以及认定标准，将虚拟常设机构按照实体管辖权与执行管辖权进行种类的划分并在此基础上进行有机结合。

（二）部分国家以税收政策推动数字经济发展的做法

除了开征新的税种、健全完善现行税制的做法外，一些国家完善数字经济税收征管的做法同样值得借鉴。一是发挥制度优势支持数字经济起步阶段的发展。在数字经济发展的起步阶段，美国颁布了相关政策文件，明确不会针对互联网新增税种，这一做法有效促进了数字经济的发展壮大。乌兹别克斯坦在塔什干建立信息和通信技术创新中心，免征该中心内的公司所得税和强制性国家预算收费。二是支持数字技术发展。俄罗斯采取的措施是降低数字经济企业的费率，征收标准远远低于其他行业的征收标准。韩国则是免除十多类关于数字技术领域企业的相关税收。亚美尼亚则是在人数上进行明确，对新注册的人数达不到相关标准的数字企业进行免税。巴基斯坦的做法则是将数字经济领域的免税期限大大延长。三是鼓励数字经济企业大胆创新。罗马尼亚在企业创办年限上给予政策扶持，对研发投入较大的数字企业，企业经营前10年免征相关税收。俄罗斯对数字经济企业中的研发人员所获得的奖励、社保费以及相关成本费用进行扣除，以减少企业负担。

六、强化数字经济税收征管的对策建议

（一）构建新时代数字经济背景下的税基规模体系

现存税基规模和以数据为支撑的数字经济发展产生新的现实矛盾：在数字经济估算体系的初步探索和尝试中，估算结果因不同的核算尺度和衡量标准存在不同程度的差异；标准统一规范的核算体系对我国新时代经济活动的衡量带来阻力，信息技术的留痕特征也因为缺乏统一标准而不可避免地产生税源的流失和税负的错配状况。因此，必须对特定的数字经济活动以及由此衍生出来的数字价值进行科学合理的定价，并不断健全数字经济活动的核算规模体系。

（二）规范数字经济活动的纳税主体

要从数据这一生产要素视角出发确定纳税主体认定标准和规范。除此之外，更为重要的是以资金流向趋势以及受益群体的类别为原则来确认纳税主体。在平台企业迅速发展之时，将其和传统经济下的常规纳税主体对比，以此来甄别出特定的经济活动相关主体，对应于纳税的税种的特征，赋予不同主体不同的纳税义务。

（三）完善税收管辖权的规则，将数字经济活动纳入征税范围

明确界定数字经济时代税收的收、支和消费概念含义。数字经济的虚拟时空特性要求我们平衡真实存在的管辖权和负责执行意义的管辖权这两者之间的权利。依靠数字类型的经济收入进行性质判定和类别归属需要税收法律体系中法定条款内涵的确定和扩充，在新概念含义上补充新的经济达成条款，从而切实具体地细化并完善各种管辖权利的归属规则和标准。

参考文献

[1]经济合作与发展组织．税基侵蚀与利润转移：解析与应对[M]．廖体忠，李俊生，译．北京：中国税

务出版社，2015.

[2]徐晓华．G20/OECD税基侵蚀和利润转移行动计划基础与实务[M]. 北京：中国市场出版社，2019.

[3]朱炎生．国际税收协定中常设机构原则研究[M]. 北京：法律出版社，2006.

[4]张志勇．近期国际税收规则的演化：回顾、分析与展望[J]. 国际税收，2020(1)：3-9.

[5]廖益新，宫廷．英国数字服务税：规则分析与制度反思[J]. 税务研究，2019(5)：74-80.

[6]刘奇超．论经济数字化国际税收改革中统一方法的规则设计：一个观点综述[J]. 国际税收，2020(2)：24-32.

[7]李蕊，李水军．数字经济：中国税收制度何以回应[J]. 税务研究，2020(3)：91-98.

[8]李杰．工业大数据：工业4.0时代的工业转型与价值创造[M]. 北京：机械工业出版社，2015.

[9]蔡跃洲．数字经济的增加值及贡献度测算：历史沿革、理论基础与方法框架[J]. 求是学刊，2018，45(5)：65-71.

[10]许宪春．新经济的作用及其给政府统计工作带来的挑战[J]. 经济纵横，2016(9)：1-5.

[11]金星晔，伏霖，李涛．数字经济规模核算的框架、方法与特点[J]. 经济社会体制比较，2020(4)：69-78.

[12]许宪春，张钟文，关会娟．中国新经济：作用、特征与挑战[J]. 财贸经济，2020(1)：5-20.

[13]王雍君．数字经济对税制与税收划分的影响：一个分析框架——兼论税收改革的核心命题[J]. 税务研究，2020(11)：67-75.

[14]邵凌云，张紫璇．数字经济对税收治理的挑战与应对[J]. 税务研究，2020(9)：63-67.

[15]任超，闫晨．数字化产品的税收挑战与应对[J/OL]. 财会月刊：1-6.

[16]冯秀娟，魏中龙，周璇．数字经济发展对我国税收贡献度的实证研究——基于数字产业化和产业数字化视角[J]. 税务与经济，2021(06)：47-53.

[17]岳树梅，许俊．OECD下数字税收法律治理的框架与路径：美国范式及中国借鉴[J]. 法学评论，2021，39(06)：159-172.

[18]王齐齐，许诗源，田宇．中国数字经济研究二十年：研究评述与展望[J/OL]. 管理现代化，2021(06)：118-121.

“十四五”时期如何防范化解地方债务风险

吕少明

摘　要：我国自改革开放以来，地方政府债务透明度较低，多数财政报表未公开，违规举债现象较为普遍，以致地方隐性债务激增且难以衡量计算和防范。受新冠疫情等因素影响，经济呈现下行趋势，地方债务风险也有所增加。如何在发挥政府债券促投资助推经济发展作用的同时，有效防控系统性风险是当前亟须关注的问题。本文通过对地方债务现状进行描述及对其成因、地方债务存在的问题、防范化解地方债务风险三部分进行梳理分析，并结合十九届五中全会及十九届六中全会提出的相关政策支持，研究如何防范化解我国地方债务风险。

关键词：债务规模；违规举债；地方隐性债务；高质量发展

文章结合课程知识点：债务管理——地方债务风险管理

文章所体现的思政元素：自十九大将防范化解重大风险作为三大攻坚战之一开始，党的多次重大会议提及地方债务相关内容。党的十九届五中全会指出，要建立现代财税金融体制，完善现代税收制度，健全政府债务管理制度。十九届六中全会更是提出：要抓好财政保障这个根本，助推经济高质量发展；要抓好财政改革这个关键，不断提高财政治理效能；要抓好风险防控这个前提，全力营造稳定发展环境。据审计署网站，中央审计委员会办公室、审计署 6 月 28 日联合印发《“十四五”国家审计工作发展规划》（下称《规划》）。《规划》提出，我国已转向高质量发展阶段，同时发展不平衡不充分问题仍然突出，重点领域关键环节改革任务仍然艰巨。审计机关要深刻认识我国社会主要矛盾变化带来的新特征新要求，深刻认识错综复杂的国际环境带来的新矛盾新挑战，增强机遇意识和风险意识。关于风险，《规划》提出要进行政府债务审计：围绕党中央、国务院关于防范化解地方政府债务风险的部署，重点关注地方政府债务风险防控、隐性债务化解和地方政府债券资金使用绩效等情况，推动健全政府债务管理制度，遏制地方政府隐性债务增量，稳妥化解存量，提高政府债券资金使用绩效。

一、引言

（一）政策支持背景下防范化解地方债务风险的必要性

近年来，中央政府陆续出台多项有关规范融资的政策法规，以此来规范融资手段，规避地方债务风险，但这些政策法规并未充分消除债务风险。自十九大将防范化解重大风险作为三大攻坚战之一开始，党的会议多次提及地方债务相关内容。党的十九届五中全会指出，要建立现代财税金融体制，完善现代税收制度，健全政府债务管理制度。近期召开的十九届六中全会更是提出：要抓好财政保障这个根本，助推经济高质量发展；要抓好财政改革这个关键，不断提高财政治理效能；要抓好风险防控这个前提，全力营造稳定发展环境。通过平衡好促发展和防风险的关系，坚决兜牢“三保”底线，持续抓好政府债务存量风险化解和增量风险防范，确保不发生区域性系统性风险。地方政府债务在一定时期内可以通过发行债券等方式吸纳资金，为当地政府提供财力支持进而促进经济的发展，但随着近年来我国地方政府债务积累规模越来越大，随之产生了相应的问题，其背后所蕴含的风险也在逐步增加，当地方政府因种种原因无法按时偿还应付债务时，就会将现阶段应付债务转嫁给上级政府，通过上级政府的或是经济补助或是政策扶持来渡过难关。该做法破坏了我国的财政体制、行政体制，扰乱了当前我国市场经济的正常运行，成为我国经济高质量发展目标达成过程中的阻碍。

（二）相关概念界定

1. 国外对政府隐性债务概念的界定及演变

“政府隐性债务”这一概念最早是由哈维・罗森于 1992 年提出，罗森认为政府隐性债务是由于政府承诺未来支付一定数额款项而产生的，同时，他列举了政府的隐性债务，认为政府债务不单单是政府现阶段发行的各种类型的债券，还包括了政府所承诺的未来所要偿还的相关款项以及多重社会保障金缺口。莱因哈尔等将隐性债务分为明确担保、隐性担保、中央银行的债务以及在衍生市场交易中产生的表外债务等。

2. 我国政府及学者对政府隐性债务的相关探讨

在 2017 年官方报告定义发布之前，我国学者就对地方政府债务有所探讨。刘尚希认为相比较地方政府显性债务，隐性债务的不确定性和危险性更高。贾康认为地方政府在举债时承诺补贴或付费，其形成的隐性债务并未体现在财政报表中，部分地区的隐性债务规模庞大，甚至已经超过“明债”。2017 年 12 月政府出台了相关规定，对政府债务有了明确的解释及界定。按照财政部于 2017 年 12 月在《关于坚决制止地方政府违法违规举债　遏制隐性债务增量情况的报告》中的定义，政府隐性债务指地方政府、经费补助事业、公用事业单位、融资平台公司等为公益性（基础性）项目建设直接借入、拖欠或因提供担保、回购等信用支持形成的债务，以及地方政府为竞争性项目建设直接借入、拖欠或因提供担保、回购等信用支持形成的债务。

二、我国地方政府债务风险的现状及形成原因

目前我国政府债务面临着举债规模较大且不规范、负债结构日益失衡、债务规模不透明、在运用债务时缺乏合理性等问题，因此如何在发展过程中识别地方政府现行债务所存在的风险，并基于这些风险提出切实可行的、有操作性的财政政策，是高质量打好三大攻坚战的关键所在。

（一）我国地方政府债务风险现状

现阶段我国地方政府债务可分为以下几种情况：

1. 地方政府显性债务风险总体可控，债务率在合理范围内且低于其他国家

2008 年，美国住房信贷风暴引发了全球经济危机，我国政府为了应对危机，实施了四万亿的经济刺激计划，这项计划虽然拉动我国经济快速复苏，但也导致我国地方债务迅速膨胀。据财政部地方债务管理统计数据显示，截至 2020 年 12 月末，全国地方政府债务余额 256 615 亿元，控制在全国人大批准的限额之内。其中，政府债券 254 864 亿元，非政府债券形式存量政府债务 1751 亿元。（见图 1）

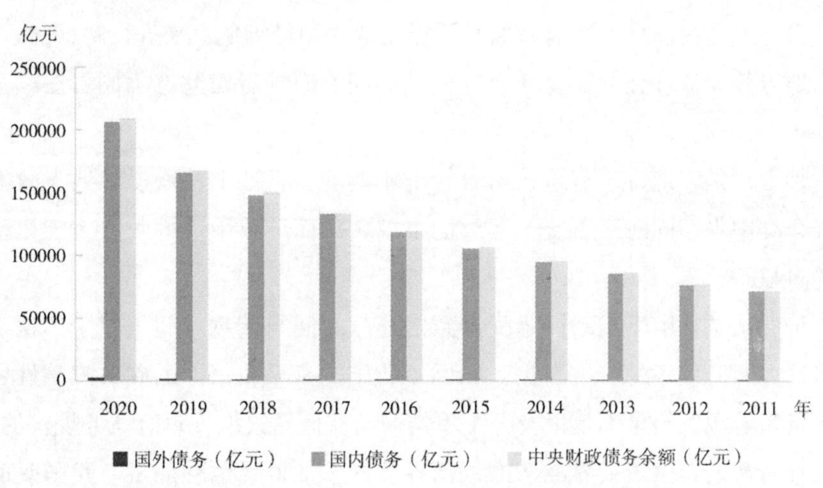

图 1　2011—2020 年中央财政债务余额

数据来源：国家统计局。

2. 地方政府隐性债务规模庞大

我国自 1994 年来实施分税制改革，要求按税种实行"三分"，即分权、分税、分管。实行分税制实质上就是为了解决中央政府和地方政府之间财权与事权之间的财政

关系，但是对于二者之间各自应该承担的比例并未进行明确的划分。其主要内容是：我国中央政府财政部门按规定获得当年所收增值税的75%，地方政府财政部门获得剩下的25%；同时，中央政府负责宏观的支出部分，如公共卫生教育、科研经费投入、国防军备支出、财政转移性支付等，地方政府负责当地基础设施建设、教育支出以及各类公共服务等，这就是所谓的“财权上收，事权下移”。“财权上收”带来的问题是地方政府收入严重下滑，“事权下移”带来的问题是地方政府必须为提供公共服务承担巨额开支。“财权上收，事权下移”是当时我国财政体制改革、税制改革的重要举措。通过这一财政体制改革，我国中央财政部门有效缓解了财政资金不足的问题，财政收入得到了有效保障，而地方部门因此产生了较大的财政资金缺口，留下了发生隐性债务的隐患。债务规模上，地方政府债务风险依然处于可控范畴，结合区域需求依然存在举债空间。但是在结构层面上，债务增速较快，隐性债务问题尚不明晰；局部地区债务风险突出，特别是经济欠发达的中西部地区偿债压力普遍较大，当地方财政难以承受积累起来的债务风险时，就有可能引发地区性债务风险和债务偿付危机。

（二）我国地方政府债务究竟是如何产生的

西方国家政府债务产生原因主要有两点：经济危机和战争。然而，以上两个原因并不能很好解释我国地方政府债务的产生，最近几十年来，我国并未发生大规模战争，也并没有爆发经济危机。相反，GDP均保持了较高的增速，虽然受疫情等因素影响经济有所下滑，但是我国地方政府债务是不能用战争和经济危机来进行解释的。

我国地方政府债务究竟是怎样产生的？不同专家学者对此持不同看法，主要有以下几种：

第一种看法是，地方政府财权与事权的不匹配。正如上文所说，地方政府将大部分财政资金交中央，同时又承接了下放的事权，从而导致了地方政府大规模举债来完成相应的事权。

第二种看法是，由于流动性错配导致的还款时间与借款时间不匹配。这一看法实际上是将地方政府债务的产生与扩张归因于我国的货币政策。的确，流动性错配确实可能引起货币资源供给量不足以及分配不均衡，从而导致地方政府债务规模的产生。

第三种看法是，由于世界经济的外部性。如发生世界金融危机，我国政府为了应对金融危机不得不扩大内需，加大投资，提升就业率，来缓解由于世界经济外部性对我国经济产生的冲击，并因此导致中央政府债务和地方政府债务的产生。

新中国成立后到社会主义市场经济建设前期，地方政府债务经历了一个从无到有、被禁止又放开的往复曲折的过程。地方债务膨胀，大多数学者把它归因于分税制改革，但是我们更应该把债务膨胀放到我国的经济发展阶段来考虑，比如说工业化和城镇化。在城市化和工业化快速推进的背景下，基建投资需求迅猛增长，而政府财力有限，这是催生债务规模急剧增长的重要原因。

三、现阶段地方政府债务存在的问题

地方政府债务在促进公共投资、带动就业，改善民生、提高人民群众幸福指数以及增加资源合理利用的效率、促进资源合理分配等方面，能够发挥一定的积极作用，在一定程度上可以有效带动区域经济发展，促进当地财政收入增加。但是随着我国进入经济发展新常态，地方政府面临的经济压力也在逐渐增加，财政不足以支撑当地经济进一步发展，地方政府因此不得不大规模举借地方债务。

（一）财权与事权的不匹配导致债务规模庞大

从总量上看，2014 年至 2019 年，我国地方政府债务余额由 15.41 万亿元增长为 21.31 万亿，增速上看，2015 年的增速为－4.22％，2019 年的增速为 15.89％，近年来增速不断加快，地方政府债务存在进一步膨胀的风险。自 1994 年实行分税制改革以来，地方政府由于上交大部分地方财政收入，增加了地方政府的债务压力；地方政府为满足经济建设和基础设施投入不得不发行地方债券，用以增加投资规模。同时财政分权导致地方政府财政收入不断减少，地方政府为了追求经济效益，往往在财力不足的情况下选择主动负债。地方政府之所以无法有效地控制债务规模，很重要的原因就是与中央在事权与财权方面存在失衡，且自身的预算管理及筹资管理制度都不够完善。改革开放以来，以“经济建设为中心”的发展目标刺激了地方间的竞争，而债务的期限与官员任期的不相匹配，使得地方政府在举债时更为便利、债务属性也更为隐性化。因此，综合来看，财政分权及晋升压力迫使地方政府不断举债的症结难以解决是地方债务风险不断累积的根本原因所在。

（二）中央政府对于地方政府的预算软约束刺激了地方债务规模

地方政府债务规模庞大且逐年增加的原因，一方面是地方政府官员为增加自身在地方任职的政绩而举借大量地方债务用以刺激当地经济发展，另一方面是中央政府对于地方政府在举借债务方面监管力度不够，中央政府对于地方政府的约束为软约束；在地方经济不景气、财政收支不平衡时，中央政府往往会对地方政府给予财政补贴。同时地方政府不能将与第三方金融系统交易通过“以新补旧”这一事后行为来转嫁债务风险，地方政府必须承担信用责任，做到按期偿还债务。改变预算软约束这一现状，可让地方政府在制定财政政策时结合现有财政状况来制定下一步的发展规划，量入为出，抑制盲目扩大公共投资的冲动，从而大幅度减少地方债务的规模。

（三）中央监管部门难以精确把握地方融资行为

国家相关管理部门为防止地方政府债务过大从而引发系统性金融风险，从 2014 年开始出台了一系列的债务风险管理政策措施，主要包括：剥离平台公司政策性融资职能、实行限额管理、设置风险预警机制、以债务置换缓释偿债压力、践行政府间不救助承诺等。从该系列措施的实施效果来看，风险调控管理措施仍有待完善，现阶段应加强中央监管部门的监管效率。当前中央政府监管部门对于地方政府的融资借贷行为的规模难以精准把握，这在一定程度上使得地方政府通过寻找新的资金来源途径来满足当前财政资金短缺的问题。但是，这些新的资金来源途径可能蕴含着新的投资风险，并且因此而产生的债务更加隐蔽，增加了中央监管部门管理的难度。因此，为防范化解地方隐性债务，可以将现行的监管体系加以完善，精准把握地方政府的债务规模及其融资渠道，对债务总量进行宏观调控，促进当地经济平稳发展。

（四）地方透明度较低导致地方债务隐蔽性强

地方政府债务管理机制仍然不够完善，存在用债效率不高、管理机构缺失、偿债机制不完善等问题，最终导致透明度较低、债务隐蔽性较强的情况出现。首先，缺乏相关的举债责任机制，分散了资金管理责任，降低了使用效益，而在资金使用层面出现了盲目扩张和投资的情况，更进一步加剧了债务风险。其次，一直以来，地方债务管理缺乏专门性的管理部门，2008 年虽然设置了债务管理处，但是由于其职权级别比较低，缺乏实质性的职能和实施机制，很难完成对地方债务风险的统一监督和管控。最后，在分税制背景下，地方政府普遍存在财政缺口，偿债资金十分有限。而债务资金大都投向效益普遍不高、不易依靠其自身回报还本付息的地方基建项目，这使得地方债务风险问题越发严重。

四、地方政府债务风险处理的国际经验与启示

地方政府债务是世界各国普遍存在的。部分国家在地方债务风险防范、化解和治理上有着比较成熟丰富的经验，研究他们的债务风险管理措施，对我国债务风险治理有着十分重要的参考意义。在此主要借鉴参考与我国较为相似的日本以及已经建立较为完善的风险监管系统的美国这两个国家的地方政府债务风险处理经验。

（一）日本政府债务风险治理

作为单一制国家的日本与我国有很多相似的地方，其在预防、应对债务风险方面丰富的实践经验对我国地方债务风险治理借鉴意义较大。制度约束是日本管理地方政府债务的主要方式，其中主要包括债务预警与财政重建制度、用以控制举债规模的管理协商制度等，并且值得一提的是，在日本的《地方财政法》中，日本政府以法律形式对日本地方政府债务的资金来源、资金使用、资金管理、债务偿还等做了明文规定。有效地保障了偿债资金。

（二）美国政府债务风险治理

美国为了行之有效地把控市政债券违约风险，逐步建立起了较为完善的一套地方

债务风险监管系统。内容主要涉及债务风险预警、市场化约束机制、举债规模控制、债务危机应对等。完善的地方债务风险监管系统对改善地方政府的财政管理也起到了极大的促进作用。

世界各国普遍需要面对地方政府债务风险治理这一难题，也都在经济发展过程中采取了各种各样的举措，主要经验包括：第一，事后处置和事前预警相结合。应建立符合国情的债务风险预警机制，设立相应评价指标，及时监测风险，防范债务危机爆发。第二，市场监督和制度约束相结合。要在建立地方政府债务的制度规范、保障债务融资的健康可持续的同时，发挥市场监管作用，建立信用评级制度。

五、地方政府债务风险防范与化解的对策

基于前述研究和分析，本文认为，针对当前我国地方政府债务风险，应着力从以下几个方面进行防范和治理。

（一）深化改革财权事权制度，强化地方财政责任

合理匹配中央和地方的财权和事权就是要将政府间的职能和支出责任进行更加科学合理的划分。如上文所讲，地方政府债务规模庞大的原因在于财权与事权的不匹配；财政体制改革事关国家发展动力及治理成效。如何理顺中央政府和地方政府之间的财权和事权划分，推动建设一个财力和支出责任相匹配的财政制度成为新时代财政建设的中心环节。按照受益范围和效率的划分原则对政府之间事权进行划分后，由中央政府根据资金的需要为地方政府配套合理的税收权，并且以法律法规形式确定下来，使得地方政府事权匹配对应的财权，以此来杜绝上级政府随意变更下级政府财权事权的做法，解决地方政府债务风险的财税体制因素。在建立现代财政制度过程中，不仅要充分吸收和借鉴西方国家的科学财税理论和先进科学的经验，更要保持头脑清醒，不失去科学判断力，做到立足于本国实践。财政分权增加了地方政府的举债压力，因此应提高政府间财政关系的约束力，建立并完善地方税种，并通过市场约束地方政府行为，以防范地方政府债务风险。

（二）规范地方政府债务融资渠道与融资方式，增强行政管控力与市场约束力

由于中央政府对于地方政府的预算软约束，地方政府受到上级行政压力较小，无论在当地投资状况如何都有中央财政兜底，因此在一定程度上刺激了地方政府债务规模的增加。中央政府需要对地方政府的债务融资渠道和采用的融资方式同时进行约束，规范债务的需求端和资金供给端。同时，可以采取债券市场化的措施，推动市场信息透明度，使市场信息能够充分反映政府债券的交易过程，不仅可以通过发挥政府的公信力来吸引更多资金，还可以去除现阶段市场信息不充分的弊端，规范融资渠道和融资方式。主要可以通过发展地方债券市场，充分调动民间资本积极性，吸纳民间资金，

提高资金的广泛性和安全性；促进 PPP 模式发展，改变政府在基础设施建设中的主导身份，充分发挥市场在资源配置中的决定性作用。

（三）加强中央监管部门的监督效率，充分发挥监督职能

由于中央政府无法准确掌握地方政府债务规模、地方债务投资方向以及地方资金来源渠道，无法就地方政府的财政情况进行有效监督，从而刺激地方债务规模增加。中央政府应建立完善的债务风险预警机制，有助于从事前角度预防债务风险的发生，进而更好地实施监管职能。债务风险监测预警机制的合理性和科学性关系到债务风险的及时发现和处置，对于打好防范和化解系统性风险攻坚战具有重要作用。其建立需要中央部门系统掌握地方政府债务风险水平与结构分布，并且对地方政府债务的风险程度进行划分，根据风险的大小把其划分为几个级别，并且要充分利用信息技术发展的成果，科学利用大数据平台，这将有助于政府对于地方政府债务进行更好的监管。最后，中央政府应加强中央监督部门的建设，充分发挥监督职能，进而改善现阶段地方债务庞大的问题。

（四）将地方政府债务管理纳入财政预决算报告，推进政府财政透明度建设

现阶段地方政府债务信息不透明，导致中央政府无法清晰掌握地方债务的具体规模，地方政府显性债务尚可通过中央监管部门管理，其隐性债务情况不公开、不透明，使得现有债务变得难以估量，降低了对现有债务测算的精确度，加大了上级部门的管理难度。因此有必要建立合理有效的信息披露机制，促进地方债务信息公开，推进地方政府财政透明度建设。具体措施包括：运用先进的信息技术，建立联网动态监测系统，便于上级政府和地方同级监督部门对政府债务状况进行实时监督；制定明确的信息公开时间表，细化信息公开内容，对于地方政府债券的发行全流程，即发行规模、信用评级、使用范围、偿还保障等全部进行公开，对于债务信息公开要求落实不到位的地方政府实施问责，将信息公开制度严格落实到位。

六、结论与展望

地方政府债务在一定时期内可以通过弥补当地财政力量不足进而促进当地经济发展，但是受到财权与事权的不匹配、预算软约束、监管力度不到位、地方债务信息不透明等因素的影响，规模不断膨胀，结构越发不合理，其风险也在增加。因此有必要从根本上防范化解地方债务风险，同时通过系统性的机理路径分析以及实证检验，提出更为细化及可操作性更强的具体方针，从而为防范和化解地方政府债务风险提供更切实可行的路径。

参考文献

[1]夏诗园．地方政府债务风险内涵、形成机理及风险预警[J]．西南金融．2018(06).

[2]https://wenku.baidu.com/view/01fd30750342a8956bec0975f46527d3250ca60c.html.《关于坚决制止地方政府违法违规举债遏制隐性债务增量情况的报告》.[EB/OL].2019-8-27/2021-12-4.

[3]地方债 2020 年财政资金还本率仅 12.76%.https://www.sohu.com/a/447958002_482521.[EB/OL].2021-02-01/2021-12-04.

[4]刘穷志,王君珩.地方政府债务风险:特征、成因与化解[J].财政监督.2020(16).

[5]张皓翔,卢福永.新时代地方政府债务风险管理探讨[J].宏观经济管理,2019(05).

[6]张晖,金利娟.财政分权是影响地方政府债务风险的主要致因吗?——基于 KMV 和空间面板杜宾模型的实证研究[J].会计与经济研究,2019(01).

[7]王周伟,刘少伟,魏伟,姚亚伟.中国地方政府债务风险关联网络的空间特征与影响因素[J].统计与信息论坛,2019(12).

[8]郭玉清,何杨,李龙.救助预期、公共池激励与地方政府举债融资的大国治理[J].经济研究,2016(03).

中国的社会保险基金预算管理制度研究

牛田茹

摘　要：本文在我国现行的预算管理制度框架下，对社会保险基金预算的概念和特点做出详细的厘定；对社会保险基金预算管理的三种模式进行梳理，并着重分析了最有代表性的美国和日本的情况，归纳出其可供借鉴的三个方面；最后在我国现行的社会保险基金预算管理制度发展问题的基础上，提出了完善社会保险基金预算的法制建设、提高社会保险基金的统筹层次、深化社会保险基金预算公开制度等对策。

关键词：社会保险基金；预算管理；预算公开；绩效管理

文章结合课程知识点：预算管理——社会保险基金预算管理

文章所体现的思政元素：习近平同志在党的十九大报告中明确提出，按照兜底线、织密网、建机制的要求，全面建成覆盖全民、城乡统筹、权责清晰、保障适度、可持续的多层次社会保障体系。社会保险基金是保证社会保障体系可持续性的重要基础，为加强社会保险基金管理，规范社会保险基金收支行为，明确政府责任，促进经济社会协调发展，实行社会保险基金预算制度是关键措施。2021 年财政部发文指出，随着经济下行和财政收支平衡压力的加大，社会保险基金收支矛盾进一步凸显，社会保险基金管理工作面临新的任务和挑战。为此应进一步强化社会保险基金管理工作，提升社会保险基金预算编制和管理水平，确保社会保障体系可持续发展。

随着国家不断加大对社会保险事业的重视程度，我国社会保险制度建设发展迅速，社会保险项目体系愈加完备，保险基金规模也随之不断扩大。一方面，社会保险制度的覆盖率逐步提升和待遇给付的刚性增长使社会保险基金面临着巨大的压力；另一方面，在人口老龄化、社会风险复杂化、资本市场不成熟的背景下，需要进一步完善我国社会保险基金预算制度。我国的社会保险基金预算管理制度建立较晚，基金的收支以及投资管理长期以来由相关部门自行管理，又因社会保险统筹层次较低造成基金管理分散化，且缺乏法律和制度监督，挪用甚至盗用社会保险基金现象时有发生，导致基金严重浪费。建立合理的社会保险基金预算管理制度不仅可以预测社会保险基金的需求，及时提供财政支持保证基金的可持续运行，维护好民众切身利益，还能监督社保基金的收支情况，保障基金安全。社会保险基金预算属于全口径预算体系的重要组成部分，“十四五”期间政府加强财政监督、强化宏观调控的内在要求也对其提出了更高的要求。

一、社会保险基金预算管理的相关概念及特点

（一）社会保险基金预算管理的相关概念

社会保险基金预算是社会保险管理机构根据法律法规和项目安排做出的收支计划报表，有短期、中期、长期之分。编制社会保险基金预算目的是根据现行经济的发展、未来人口发展趋势、国民的预期寿命等因素对社会保险基金的支出做出合理预测，通过保险精算等技术计算出收入对支出需求的满足程度并及时做出政策调整，防止出现资金缺口和负债的情况。

社会保险基金预算管理需要多部门协作，包括立法机关对社会保险基金预算编制的审议、社会保险经办机构预算编制、政府部门的审核和报送以及预算报告的评价与公示，需要有管理部门在各个环节进行协作的工作机制。在进行预算编制之前，需要考虑多个要素，并提前通过发布政策法规确定下来。根据预算编制的流程，首先需要确定的是立法机关审议的合理性；精算部门通过建立模型对搜集到的数据进行计算，并对基金短期、中期、长期的收支情况进行预测；根据预算处的收支情况确定国家储备金的规模和保值增值的投资模式；根据社会保险项目的收支进行分类；设立社会保险基金预警系统，对使用情况进行实时监测；明确立法部门、编制部门、审核部门、评价机构的责任。

（二）社会保险基金预算财务的独立性

社会保险基金是基于财务独立的一种特殊政府预算，由制度覆盖的社会成员来筹集社会保险基金，基金由特定机构进行管理与运营，在发生风险的特定情况下，管理机构通过保险基金对被保险者进行费用补偿，因此政府机构只是社会保险基金的管理者，所属权为社会成员。根据社会保险的独特性，社会保险基金财务独立于一般政府预算，需要自给自足、自负盈亏，因此社会保险基金在整体上脱离财政资金，只承担属于社会保险的给付，同时各个保险项目也应该独立运行，实现基金内部的收支平衡，不能各自补充。因此社会保险基金由政府部门编制，但在财务上保持着独立性，政府预算不能确定各个保险项目的收支范围和给付标准，而应当依照相关法律规定做出安排。

社会保险基金财务的独立性对预算编制提出了不同的要求。按照一般规定，公共

预算编制的原则是“量入为出、收支平衡”，而社会保险在预算编制上则遵循保险原则“以支定收，收支平衡”，例如在我国，政府没有收支预算的权利，社会保险的收支只能按照《社会保险法》的相关规定进行编制，政府只有在出现基金缺口的时候，通过财政补贴等方式进行补充。另一方面，财务的独立性也体现在社会保险基金收入和待遇给付之间的平衡。保险基金是出于社会成员风险共担、团结互济的目的，因此社会保险的待遇给付支出应该和缴费筹集到的收入相对应，政府的财政补贴应该在法律规定的范围内实现非保险类的目标，比如在养老金缺口出现时及时弥补，保障民众的权益，因此在编制预算时，应该明确政府财政的责任，避免增加国家财政负担。最后社会保险财务的独立性，不仅体现在基金整体的独立性，在各个基金中也要求收支平衡。例如我国的城镇居民养老保险和城镇职工养老保险就是两个独立存在的项目，相互不能共济。基于以上原因，社会保险基金编制要分类核算并实现各个项目基金的收支平衡。

（三）社会保险基金预算以法律作为收支依据

设立政府预算的目的，主要是为了通过预算编制、审批、公开的过程，控制政府开支，预算外的项目不得开支。社会保险基金预算以法律作为收支依据的主要原因是社会保险待遇具有唯一性，比如我国《宪法》就明确规定了公民有获得社会保险待遇的权利。社会保险是一个长期计划，对于参保的个体来说，保险缴费标准以及待遇领取的跨度可能长达五六十年，只有通过法律加以确定，才能给参保人稳定的预期和信心，因此，社会保险涵盖哪些特定风险，保险基金如何进行筹资，在什么条件下支出，支出标准如何，均应该通过立法事先确定，而不应以预算为依据。

二、社会保险基金预算管理的国际经验

根据政府对社会保险筹资责任的大小，国际现行的社会保险制度模式大体上分为三类：传统保险型社会保险模式、福利国家型社会保险模式以及强制储蓄型。根据以上三种社会保险模式，社会保险预算管理的模式也大致有三类：一是基于保险型社会保险模式，以美国、日本和德国等为代表的专项基金预算模式；二是基于福利型社会保险模式，以英国、瑞典等福利国家为代表由政府主导的政府公共预算模式；三是基于强制储蓄型保险，以新加坡为代表的完全脱离政府财政的市场自治模式。以英国为代表的政府公共预算模式过于依赖政府财政，需要强大的财政支持，会造成沉重的政府负担，以新加坡为代表的市场自治预算模式完全脱离财政，这两种模式对发展我国社会保险基金预算管理借鉴意义不大，因此下文只选取专项基金模式下最具有代表性且管理技术较为成熟的美国、日本进行详细论述。

（一）美国社会保险预算管理模式

1939 年，美国修订了《社会保障法》，同年依据该法案建立了社会保障信托基金，又名老年、遗属及残疾保险信托基金，和我国的社会养老保险基金类似。1969 年，美国将社会保障信托基金纳入政府预算。1983 年，美国社会保障信托基金逐步与政府经常性预算分开，采用相对独立的预算外方式管理。除养老保险基金外，其他社会保险项目均列入联邦财政预算内，例如失业保险和医疗保险。在管理部门方面，由总统预算与管理办公室负责财政预算内的编制工作，预算外的养老基金预算由财政部专门设立基金管理委员会负责编制。除了编制预算之外，基金管理委员会需要将社会保障信托基金每年的收支状况和长期基金预测情况向国会报告，并根据预测情况提出相应的投资方案。

社会保障信托基金放在联邦财政预算之外的优点有两个：一是避免掩盖政府公共支出的赤字，将社会保障信托基金收支单列，与经常性预算分开，可以增强国会对经常性预算的控制力度，避免出现挪用掩盖公共支出赤字的现象。二是社会保障信托基金的收支具有长期性，需要保障其安全性，增强管理透明度，需要管理部门对基金进行长期预测并向公众公布，应该设立专门的委员会单独管理。

（二）日本社会保险预算管理模式

日本的政府预算按照类别分为一般会计预算、特别会计预算和政府关联机构预算。日本社会保险预算属于独立于财政一般预算之外的专项预算，其内容主要包括在特别会计预算之中，可以清楚地反映社会保险基金的收支情况，体现了收支平衡的原则。一般会计预算只涉及一般会计预算支出的部分，包括由政府承担社会保险费的部分和对社会保险基金补助支出；特别会计预算下的项目全部是社会保险基金，涉及的项目包括厚生年金、船员保险、国民年金、公立医院（医疗保险）、劳动保险（失业和工伤保险）。

（三）美国和日本社会保险预算的特点

一是注重社会保险预算管理的法制化。由于社会保险的项目众多、政策变动涉及范围广以及民众的关注度大等多种原因，社会保险预算的管理应该注重法制化。美国政府颁布了多部法律和修正案来约束社会保障预算编制，日本的社会保险基金预算法按照基金项目出台了《健康保险法》《厚生年金法》《社会保险审议官和社会保险审查会法》。

二是体现社会保险财务的独立性。美国和日本在预算管理上都注重社会保险财务的独立性。社会保险建立的目的和资金来源的特殊性，要求在管理时与一般预算项目独立，建立专项预算反映收支情况，以便于做出中长期预测。一般预算中只包括社会保险基金由政府负责的部分以及财政补贴。

三是保证社会保险预算编制的精确性管理。社会保险制度涉及全体国民的福利，政策的涉及面广，特别是养老保险基金收支的长期性，要求社会保险基金预算编制的精确性管理。美国社会保障信托基金管理委员会需要做出长期（一般75年）预测，每年都需向国会报告并向国民公布，公布的内容包括未来基金的赤字年份、应该采取哪些措施等。日本规定厚生年金至少每5年进行一次精算评估，在厚生省的养老金局下设有精算事务处负责编制精算报告，并定期向公众公布。

三、我国社会保险基金预算管理的发展状况及问题

（一）社会保险基金预算管理的发展历程

我国社会保险基金预算管理是全口径财政预算制度的一部分，随着我国现代财政制度的建立而发展起来，从提出到建立大致经历了三个阶段。

第一阶段，初步提出（1993—2009）：1994年《中华人民共和国预算法》及其《实施条例》中首次提出了包括养老、医疗等社会保险基金在内的“社会保障预算”这一概念，在这个阶段虽然政府和学者对社会保险基金在政府收支体系中的定位进行反复调整和不断尝试，但对基金预算仍停留在以收支计划为形式的资金管理层面。2003年通过的《中共中央关于完善社会主义市场经济体制若干问题的决定》要求我国要建立全口径的预算体系，作为财政预算外资金的社会保险基金成为改革的重点。

第二阶段，正式建立（2010—2013）：2010年国家连续出台了《社会保险法》和《关于试行社会保险基金预算的意见》，是我国正式建立起社会保险基金预算的开端。2012年党的十八大报告再次明确将社保基金正式纳入政府预算体系。据统计，2012年我国社会保险基金预算编制范围已由试编初期的5项扩大至9项。2013年十二届全国人大会议上，财政部首次报送社会保险基金预算，公共财政预算、政府性基金预算、国有资本经营预算和社保基金预算开始接受人大监督，从而真正实现全口径预算。

第三阶段，不断完善（2013年至今）：党的十八大以来，我国社会保险基金预算内涵不断丰富，覆盖面持续拓展。目前，我国已经建立起覆盖城乡居民的社会保险体系，社会保险基金覆盖的人群，已经从城镇拓展到农村、从企业职工拓展到机关事业单位人员乃至城乡居民，全民覆盖基本实现，社会保险基金也随之增加。如图1所示，2019年全国社会保险基金总收入83 550.4亿元，总支出75 346.6亿元，累计结余96 977.8亿元，比2013年分别增长237%、269%和211.4%。在我国社会保险基金不断扩大以及未来人口老龄化的压力的形式下，我国社会保险基金预算编制也更加科学规范。自2020年10月1日起施行的《中华人民共和国预算法实施条例》（以下简称《条例》）进一步改革和完善我国预算管理体制，进一步明确并细化了社会保险基金预算的收支范围和编制内容；确定了一般公共预算和社会保险基金预算的衔接机制，根

据社会保险基金发展需要，一般公共预算可根据财力状况对其进行补充；提出了完善社会保险基金预算的绩效管理和预算公开制度，提高基金的使用效率。《条例》还对四项预算的编制内容和编制时间做出了明确规定。《条例》的出台明确了社会保险基金预算和一般公共预算的有效衔接，提高了编制的严肃性和科学性，同时也提高了社会保险基金预算的执行力，明确财政部门、税务部门、社会保险管理部门的关系，厘清了各个部门的职责。

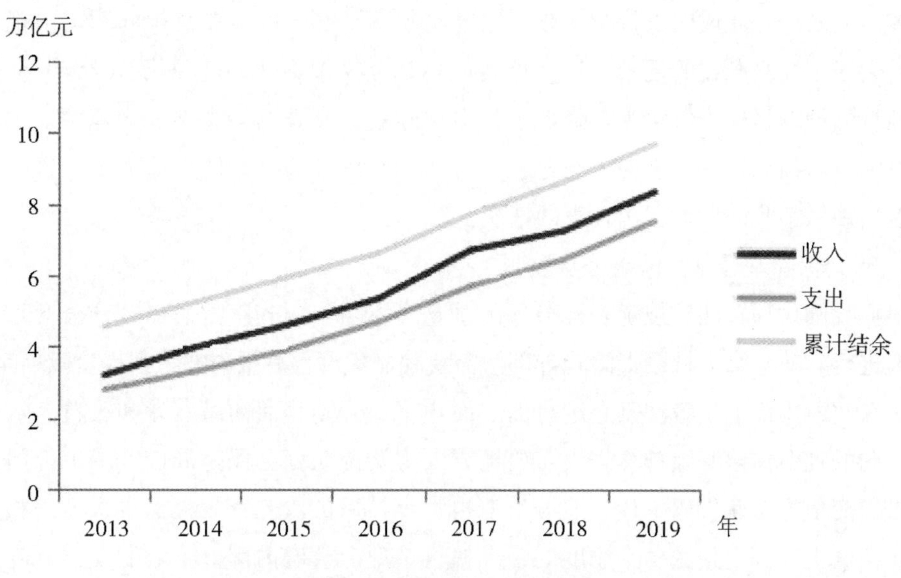

图 1　2010—2019 年全国社会保险基金收支水平

资料来源：2010—2019 年人力资源和社会保障部《人力资源和社会保障事业发展统计公报》。

（二）社会保险基金预算管理存在的问题

经过二十多年的发展与完善，依据国家社会保险和预算管理法律法规建立的社会保险基金预算编制质量显著提高，但由于建立时间较短、对预算编制的技术要求高、社会保险统筹层次低等原因，当前社保基金的管理水平远远不能适应社会保险事业的发展，在预算管理实施的过程中仍存在诸多问题。

1. 预算编制的效率较低，预算结果不精确

社会保险基金预算编制已经成为需要社保经办机构各部门相互协作、共同完成的综合性分析管理工作，需要相关部门基础数据的有力支持。在实际的基金预算编制管理过程中，仍然存在部门权限不明确的问题。实际操作中，部分地区的经办机构对预算编制工作不重视，对编制工作的了解仅参考上级文件，编制人员的专业素养较低。预算编制是由基层管理机构编制层级递交给上级部门，机构较多且差异性较大，上级

部门进行整合和汇总的工作量大，其准确性存疑。由于我国社会保险基金预算建立时间较晚，编制人员缺乏经验，在基金预算编制方法上过于单一，影响了预算编制的效率，基础数据的真实性不足造成编制结果的不精确。

2. 社会保险基金统筹层次低影响预算效率

我国的社会保险制度自建立伊始就存在双轨制的问题，且缺少顶层设计以及先试点后推广的模式，因此，现行的社会保险基金存在统筹层次较低和碎片化现象，使得基金监管较为困难，曾多次出现非法挪用、挤占保险基金的违法犯罪行为；社会保险基金统筹层次低也造成转移接续困难、地区收支不平衡、基金滞留等问题，出现了地方利益大于全社会利益的现象，加大社会保险基金管理难度。这种状况导致社会保险基金预算的预期目标难以实现，降低了社会保险基金预算的科学性和规范性，预算编制的决定权和控制权下移至地方和基层，一方面缺乏经验丰富的专业人员，另一方面也可能出现做小收入做大支出预算的情况。

3. 社会保险基金预算缺乏公众监督

根据我国《预算法》规定，社会保险基金预算需要正式审批后对公众公开，从而对基金进行有效监督。社会保险管理部门需要编制年度预算报表并将其提交政府审议，审议是在政府内部上下级间垂直进行的，而预算公开则是面向缴费者和收益人水平进行。我国的社会保险基金预算报表需要地方人力资源与社会保障局以及卫生部门进行编制后提交地方财政部门审核，地方政府再将审核后的收支计划提交给人大。相关部门需定期向上级部门报送每个季度的预算执行情况。政府内部上下级的审议制度相对完善，但是在公众监督方面，地方政府公布的预算表和审计报告则较为粗放简单。例如部分省市公布的审计报告仅涵盖了总体收支数据和单个险种的总体收支数据，而未具体到部门和缴费单位，公众无法对具体的预算执行情况进行监督。

四、社会保险基金预算管理的对策建议

（一）完善社会保险基金预算的法制建设

社会保险基金预算法制化可以使编制、审议、公开等工作有章可循，未来应该依照《预算法》《预算法实施条例》和《社会保险基金财务制度》法律法规，制定相应的社会保障预算制度规范，统一并细化各项社会保险基金预算编制、执行和审批的内容，也要明确规定编制部门的权利和责任，提高编制人员的专业素养。

（二）提高社会保险基金的统筹层次

由于经济发展不平衡和人口老龄化以及发展政策等原因，社会保险地区间的差异性越来越大，经济不发达的地区基金缺口呈扩大趋势，如表1所示，东北三省城镇职工养老保险出现收不抵支的现象，黑龙江省甚至出现了累计结余为负的情况，因此提

高社会保险基金的统筹层次是未来我国社会保险的发展方向。一方面可以充分调动全国社会保险基金，发挥保险的互济性功能；另一方面在预算管理中避免出现层级过多、管理成本过高、控制权下行时对政策执行走样等现象，预算编制的决定权上移可弱化地方利益，提升基础数据的质量，全面提高社会保险基金管理的科学性和执行效率。

表 1　2019 年北上广与东北三省城镇职工养老保险收支情况

省份	城镇职工参加养老保险人数（万人）	在职职工参加养老保险人数（人）	离退人员参加养老保险人数（万人）	基本养老保险基金收入（万元）	基本养老保险基金支出（万元）	基本养老保险累计结余（万元）
北京	1748.24	1445.63	302.61	27606308	16982890	60185263
上海	1589.57	1077.64	511.93	29336744	27796783	22903106
广东	4633.44	3962.24	671.30	55932194	37614546	12345701
黑龙江	1364.92	765.10	599.83	17854306	20947803	−4336545
辽宁	2026.22	1210.25	815.97	24864367	29499588	3036523
吉林	882.12	506.20	375.91	11428080	12636426	5018532

数据来源：2019 年国家统计局分省年度数据。

（三）深化社会保险基金预算公开制度

建立社会保险基金预算制度的目的之一，就是为了通过提高基金运行的透明化程度，使得基金的使用更加科学合理合法，促使社会保险基金运行的可持续。未来应该坚决推行《预算法》的要求，将预算公开纳入法制化轨道，继续扩大预算公开范围，公开预决算信息，细化社会保险收支部门和缴费单位的筹资情况，及时向社会公开年度社会保险基金的使用和结余情况。

（四）推进社会保险基金预算绩效管理的进程

推进社会保险基金预算绩效管理的进程，对保障社保基金安全和长期稳定可持续运行有重大意义。在坚持“预算编制有目标、预算执行有监控、预算完成有评价、评价结果有反馈、反馈结果有应用”的现代预算绩效管理体系的目标下，一方面提高绩效管理的技术水平，如提高预算信息获取及分析能力，提升预算透明度，建立科学合理的包含绩效目标、绩效指标、评价方式、奖惩机制等绩效评价体系；另一方面积极宣传绩效管理理念，并通过建立专业机构评价、专家评审、公众评议的机制，提高社会各界对绩效管理的重视。

（五）建立预算管理一体化制度

我国社会保险基金预算管理需要人力资源与社会保障局、卫生部门以及地方政府和人大协同配合，建立预算管理一体化制度以提高预算管理效率，增加预算编制的透明度，保证预算的严肃性和规范性。2020 年 2 月财政部印发了《预算管理一体化规范（试行）》，将预算的全流程作为一个整体进行综合与规范，要求全国政府部门管理、各部门管理一体化，预算全过程一体化，预算项目周期一体化以及全国预算数据一体化，为我国推行社会保险基金预算管理一体化提供了依据。

参考文献

[1]张岌．地方政府社会保险基金预算的模式与挑战[J]. 甘肃行政学院学报,2017(03).

[2]崔晓冬．美国和日本的社会保障预算及启示[J]. 中国财政,2010(11).

[3]崔晓冬．日本社会保障预算编制及其启示[J]. 日本研究,2010(01).

[4]张荣芳．基于财务独立的社会保险基金预算[J]. 武汉大学学报(哲学社会科版),2015(03):17-19.

[5]杨涛．山东省社会保险基金预算管理探析[J]. 东岳论丛,2014,35(03):161-165.

[6]刘健．新形势下全面提高社会保险基金预算管理水平的策略分析[J]. 人力资源管理,2018(04):80.

[7]邓力平,邓秋云．我国社会保险基金预算研究——以新时代中国特色社会主义财政为视角[J]. 厦门大学学报(哲学社会科学版),2018(04):126-134.

[8]刘玉萍,沈凯俊．全口径下社会保险基金预算管理分析[J]. 公共治理评论,2017(02):25-39.

全面实施预算绩效管理的现实困境与突破路径

潘　凯

摘　要：全面实施绩效管理，是新时代对财政预算工作提出的新要求、新使命，是优化财政资源配置的内在要求。全面实施预算绩效管理重点在于建立全方位、全过程、全覆盖的预算绩效管理体系。本文首先回顾了我国预算绩效管理改革的历程，其次对国内学者近五年来关于预算绩效管理方面的研究进行介绍，并对绩效管理的内涵和目标进行论述。在总结全面预算绩效管理的实施过程中出现的难题后，有针对性地提出了改善措施。

关键词：预算绩效管理；全覆盖；绩效评价

文章结合课程知识点：预算管理——预算绩效管理

文章所体现的思政元素：预算体现国家的战略和政策，反映政府的活动范围和方向，是推进国家治理体系和治理能力现代化的重要支撑，是宏观调控的重要手段。全面实施预算绩效管理是推进国家治理体系和治理能力现代化的内在要求，是深化财税体制改革、建立现代财政制度的重要内容，是优化财政资源配置、提升公共服务质量的关键举措，是推动党中央、国务院重大方针政策落地见效的重要保障。2018 年 9 月，《中共中央 国务院关于全面实施预算绩效管理的意见》提出“力争用 3—5 年时间基本建成全方位、全过程、全覆盖的预算绩效管理体系”。2021 年 4 月，《国务院关于进一步深化预算管理制度改革的意见》又进一步强调了预算绩效管理的重要地位，并力争实现预算绩效管理的提质增效。“十四五”时期更要进一步突出预算绩效管理在推进财税体制改革中的重要作用。

2018 年 9 月，《中共中央 国务院关于全面实施预算绩效管理的意见》提出“力争用 3—5 年时间基本建成全方位、全过程、全覆盖的预算绩效管理体系”。2021 年是“十四五”的开局之年，“十四五”时期如何全面实施预算绩效管理，如何实现预算绩效管理的全方位、全过程、全覆盖目标，需要我们不断地探索和研究。

一、预算绩效管理发展历程回顾

在公共财政理论的影响下，我国政府部门自 20 世纪 90 年代开始逐步探索实施预算绩效考核评价，期望以预算绩效评价体系为突破口开启我国预算绩效管理的改革道路。回顾我国的预算绩效管理改革的发展历程，大致可以分为初步试点、统一推进、常态化发展以及全面实施与推进四个阶段。下面分别就四个阶段取得的成果展开介绍。（见表 1）

（一）初步试点阶段

2001 年，湖北省恩施市作为我国首个绩效评价试点城市率先开展绩效评价试点工作。2003 年，党的十六届三中全会上首次提出了“建立预算绩效评价体系”，标志着预算绩效评价正式列入我国财政预算管理改革议程。

此后一系列中央一级部订的关于绩效评价的试行办法和指导意见陆续出台，为财政支出绩效评价工作开展指明了方向并确立了规范。但也可以看出，这些试行办法和指导意见主要是针对部分项目或部分领域的局部性的规范，并没有针对整个政府部门的统一绩效评价考核规范。同时期，部分地方政府部门也逐渐开始预算绩效评价工作，但并没有出台地方性的条例、办法和指导意见。

总体来看，这一时期还处于预算绩效管理的萌芽时期，预算绩效评价取得了一定的成果，但也存在缺乏统一的制度规范、评价指标体系不合理、评价标准不明确等问题。

（二）统一推进阶段

在绩效评价局部试点工作取得一定的成果之后，我国的预算绩效管理改革由初步试点阶段进入统一推进阶段。2005 年财政部发布《中央部门预算支出绩效考评管理办法（试行）》（财预〔2005〕86 号），该办法对中央一级部门的预算绩效考评做出了进一步规范，提出了定性和定量相结合的考评方式，也提出了新的绩效考评指标。在该办法的指导下，新闻出版总署、农业部和水利部作为中央一级的绩效考评试点部门于 2006 年陆续开展绩效考评试点工作。

在这一阶段，我国预算绩效评价有了统一的制度规范，绩效评价的组织管理体系、评价的机构主体、评价的对象以及评价的方法在这一时期得以确立，为之后的预算绩效评价的全面推进奠定了制度基础。

（三）常态化发展阶段

这一阶段，伴随着经济的高速增长，我国的财政收入于 2007 年突破 5 万亿元，2011 年突破 10 万亿元大关。随着财政收支规模的不断扩大，预算绩效管理改革也进入了新阶段，突出表现在财政支出绩效考评工作的常态化发展。

2011 年 4 月，财政部发布《财政支出绩效评价管理暂行办法》（财预〔2011〕285 号），该办法明确了绩效评价的对象包括政府预算管理的资金和部门预算管理的资金，明确了部门预算支出绩效评价范围。

2011 年 7 月，财政部出台《关于推进预算绩效管理的指导意见》（财预〔2011〕416 号），对预算编制、预算执行、预算监督三个部分进行了规划，提出要实现预算绩效管理与预算编制、执行、监督有机结合。

2012 年财政部印发《预算绩效管理工作规划（2012—2015 年）》（财预〔2012〕396 号）的通知，对推进预算绩效管理工作做了部署和安排，并确立了可建设目标和基本原则。

2015 年 6 月，财政部发布《关于加强和改进中央部门项目支出预算管理的通知》（财预〔2015〕82 号），对项目设置、项目管理方式、项目库建设和管理、项目执行管理、中期财政规划管理以及预算评审和绩效管理等方面做出了进一步的明确和规范，提升项目支出预算管理的科学性、有效性和规范性。

2016 年 11 月，财政部发布《财政管理绩效考核与激励暂行办法》（财预〔2016〕177 号），从七个方面对地方政府参与预算管理工作的积极性进行考察，鼓励各级地方政府和部门积极开展预算绩效管理工作。

通过观察这一时期财政部及相关部门发布的办法、规划、意见，可以看出预算绩效管理在这一时期进入了常态化发展阶段，绩效评价的考核内容、考核指标、体系建设等方面都得到了很大程度的完善，也在一定程度上为预算绩效管理的全面实施奠定了基础。

（四）全面实施与推进阶段

2017 年 10 月，党的十九大报告提出了新的要求，要“建立全面规范透明、标准科学、约束有力的预算制度，全面实施绩效管理”。

2018 年 9 月，中共中央、国务院正式发布《关于全面实施预算绩效管理的意见》，明确提出“以全面实施预算绩效管理为关键点和突破口，解决好绩效管理中存在的突出问题”的解决方案，并提出“力争用 3—5 年时间基本建成全方位、全过程、全覆盖的预算绩效管理体系，实现预算和绩效管理一体化”。该《意见》的发布标志着预算绩效管理在国家层面又上升到了新的高度，而且也明确做出了时间进度安排。

表 1　我国预算绩效管理政策演进表

发展阶段	时期	内容或文件
初步试点阶段	2003 年	《中共中央关于完善社会主义市场经济体制若干问题的决定》
	2003 年	《中央级行政经费项目支出绩效考评管理办法（试行）》
	2004 年	《关于开展中央政府投资项目预算绩效评价工作的指导意见》
	2005 年	《中央级教科文部门项目绩效考评管理办法（试行）》
统一推进阶段	2005 年	《中央部门预算支出绩效考评管理办法（试行）》
常态化发展阶段	2011 年	《财政支出绩效评价管理暂行办法》
	2011 年	《关于推进预算绩效管理的指导意见》
	2012 年	《预算绩效管理工作规划（2012—2015 年）》
	2015 年	《关于加强和改进中央部门项目支出预算管理的通知》
	2016 年	《财政管理绩效考核与激励暂行办法》
	2017 年	《财政专项扶贫资金绩效评价办法》
全面实施与推进阶段	2018 年	《中共中央 国务院关于全面实施预算绩效管理的意见》
	2020 年	《项目支出绩效评价管理办法》

资料来源：作者整理。

二、文献综述

关于预算绩效管理体系建设的研究方面，刘天琦指出，实现全过程预算绩效管理除了进行事中、事前、事后评价以外，还要实现“绩效目标明确、评价指标量化、激励与问责相结合”的应用机制。王银梅指出，健全预算信息公开制度，扩大预算公开的范围和过程，培养预算信息公开的意识，可以促进预算绩效管理体系的完善。孙玉栋指出，实现全面预算管理，促进预算绩效管理由“平面化”向“立体化”的转变。

关于预算绩效机制建设的研究，童伟指出，预算激励机制的建设需要从改善预算编制、再造管理流程、完善奖惩机制三个方面着手，既要注重激励机制建设，也要注重问责，完善权责发生制。吴俊培、程文辉通过构建不完全信息条件下的部门预算绩效管理模型，对由于绩效信息的不对称导致的预算管理难题，提出了优化绩效目标设置、整合项目预算、促进部门间竞争的解决方法。

关于预算绩效管理中指标构建的研究，胡志勇指出，预算绩效指标体系的构建要体现价值和工具双重标准，重视“投入、过程、产出”三大指标的建设，同时对不同指标体系构建进行差异化设计。马蔡琛在总结国际经验的基础上，结合中国的实际情况，提出采取定额标准、标杆管理的方法来确保绩效标准的可行性。

关于大数据技术与预算绩效管理关系的研究方面，马蔡琛指出，大数据时代，应当建立起以数据为基础的预算管理新模式，推动大数据技术在预算绩效管理的应用，实现包括“目标设置、指标设计、绩效评价、结果应用”的数据化，并提出利用大数据的优势整合信息资源，建立全国统一的预算绩效指标库。王敏指出，治理能力现代化的重要子课题就是数据治理的现代化，应当利用大数据的优势，并通过完善法律支撑、开放数据共享、复合人才培养推动“预算绩效管理＋大数据”的建设。

三、全面预算绩效管理的内涵及目标导向

（一）全面预算绩效管理的内涵

全面是指从全方位、全过程、全覆盖三个维度来推动预算绩效管理的全面实施。绩效管理是指在预算编制、执行、监督的全过程中都要体现绩效理念，并形成事前、事中、事后的全过程的绩效评价机制。

全方位针对管理层次和管理范围而言，涵盖各级政府、部门和单位的预算收支以及政策和项目体现全方位管理格局中不同层级、不同部门之间的统筹与协调。

全过程预算绩效管理是指在预算编制、预算执行、预算监督、决算等各个阶段都要体现以绩效为导向，改变传统的以过程为导向的预算管理，将预算的整个过程都置于绩效管理之下，并确保评价结果在之后的预算安排中得到应用与实现。

全覆盖预算管理要求将“四本预算”全部纳入到绩效管理之中，形成对“四本预算”绩效管理的全覆盖。全方位、全过程、全覆盖三者统一于预算绩效管理，其内在逻辑如图 1 所示。

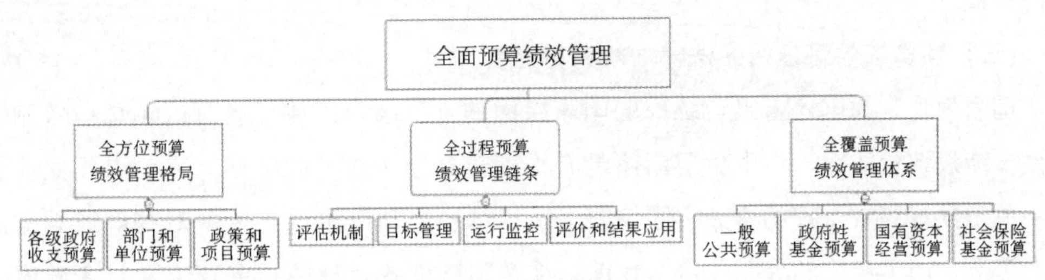

图 1　全面预算绩效管理内在逻辑

（二）全面预算绩效管理的目标

作为财税体制改革中的重要一环，全面预算绩效管理在推动财税体制改革深化，推进国家治理体系和治理能力现代化上发挥着不可或缺的作用。全面实施预算绩效管理，构建全面预算绩效管理体系，有利于提高预算资金的使用效率。全面预算绩效管

理体系的建设需要有与之相匹配的预算绩效管理能力，预算绩效管理能力通过预算管理责任主体在预算编制、预算执行、预算监控以及预算结果的应用等方面来体现。

四、我国预算绩效管理存在的问题

（一）绩效理念尚未牢固树立

尽管我国预算管理改革已经进入全面实施和推进阶段，但从2011年《财政支出绩效评价管理暂行办法》和《关于推进预算绩效管理的指导意见》的出台来看，我国预算绩效评价和预算绩效管理的发展只有不到十年的时间，无论是预算绩效管理的理念，还是预算绩效管理制度，都还处于初步的巩固和建设阶段，加之受以过程为导向的传统预算观念的影响，绩效理念在预算管理责任主体还没有得到牢固的树立，特别是对预算绩效管理的具体路径、方法还处于探索阶段，结果导致对绩效管理重视程度不够、“重分配、轻绩效”等情况，影响了全面预算绩效管理的推进工作。

（二）预算绩效评价主体权责范围模糊，缺位、越位、错位现象显现

预算绩效评价过程涉及预算编制、执行、监控及评价结果应用，评价过程相对比较复杂烦琐，需要极强的专业知识和较高的预算审查能力，单纯依靠财政预算机构自身难以完成，需要第三方评估公司、审计监察机构参与其中，检查预算编制基础的各个方面。但是，在实际的预算编制过程中，财务预算编制机构有权斟酌权衡第三方评估机构对预算资金的使用，以保护他们自己的利益，由此可能导致“一大一小”的局面。“一大”是指将政府预算部门刻意扩大自身的预算绩效评价权力，“一小”是指缩小绩效评价结果的预算部门责任范围，最终导致预算绩效评价的科学性、全面性、公正性受损。

（三）预算绩效管理相关法律法规有待完善

迄今为止，我国还未出台统一的国家层面的预算绩效法律，现有的预算绩效制度和预算绩效评价体系，在中央层面还没有得到最高立法机关即全国人大的专门立法支持，关于预算绩效管理的法律字眼仅限于《预算法》和《审计法》中对绩效或效益的多次提及，尚无相应的处罚条例。目前，涉及预算绩效管理的相关规定常见于政府一级的条例、办法和指导意见之中。严格意义上来说，这并没有做到“立法先行”，尽管这有助于预算绩效管理的初期探索，但长期来看会导致各级政府难以利用法律的权威去领导预算绩效管理的工作。从某种程度上来说，由于预算绩效管理相关法律的缺失，预算绩效管理会因为财政部门无执法权，地方政府没有强制性的执行要求，造成不同部门和单位对预算绩效管理重视程度不够，不利于全方位、全过程、全覆盖的预算绩效管理体系建设。

（四）预算绩效管理体系还不够完善

全面预算绩效管理的实施离不开完善的预算绩效管理体系和预算绩效评价体系。具体来看，主要表现在绩效目标管理体系不健全、绩效评价体系不够科学、绩效评价结果应用不彻底。就绩效目标管理体系不健全而言，现阶段我国绩效目标管理工作缺乏统一明确的目标体系，对绩效目标管理只是做了原则性、方向性的规定，这导致了各级政府各部门在进行绩效目标设定时缺乏统一规范，绩效目标设置不合理，影响整个预算绩效管理工作的开展。就绩效评价体系不科学而言，现阶段我国绩效评价缺乏理论和实践经验，主要表现在评价方式的多样性以及评价指标的不合理。在实际绩效考评中，多以定性考核为主，定量考核较少，缺少具体精确的数据分析和定量测评，导致绩效评价工作的随意性和片面性。绩效评价指标设定的不合理、“重分配、轻绩效”、过于集中投入产出指标、忽视项目质量及受众的满意度还时有发生。就绩效评价结果应用不彻底而言，政府部门在进行绩效评价时，只停留在汇报绩效评价结果这一层面，并没有将当期的预算绩效结果应用到之后的预算绩效管理工作中。

（五）预算绩效管理的信息化水平还有待提升

预算绩效管理发挥作用，需要绩效信息在预算管理流程得到及时、科学的应用。绩效信息不仅包括绩效评价信息，还包括绩效目标信息、绩效跟踪信息、政府会计信息和政府审计信息。在现有预算绩效管理体制下，各预算部门面对的数据量和信息庞大且复杂，人工处理的准确度不高、效率偏低，整体难度较大。面对实际预算管理工作中如何将财务和非财务信息数据与预算绩效相结合并应用于预算绩效管理，工作人员往往束手无策。除此之外，还存在对于信息化技术手段应用不足的问题。例如，部分预算单位内部信息化应用上较为落后，部分地区的预算单位部门还停留在较为原始的记账报表等方面，信息化系统在促进全面预算管理工作的作用没有得到极大的发挥，尚未实现预算管理工作落实全流程的监督管控。

五、实施全面预算绩效管理的路径

（一）加强宣传与培训的力度，提高预算单位的绩效观念

针对预算践行主体绩效意识缺乏，可以加大预算绩效管理政策的宣传与培训力度：通过电视、网络等媒介宣传预算绩效管理政策和理念，在预算部门内和预算部门外营造出良好的预算绩效管理的氛围和环境；通过宣传、教育和培训，提升预算单位对预算绩效管理制度重要性的认识，增强绩效观念和意识，培养从业人员的“重管理、重绩效”的职业习惯。

（二）明确各方权责，建立激励约束并重的责任机制

各部门要强化绩效责任意识，落实好权责发生制，做到“有权必有责”。与此同时，在确保绩效目标实现的前提下，也应当赋予预算单位更多的灵活性。通过将绩效评价的结果应用与单位和个人考核相对接，激发各预算部门在预算绩效管理工作的积极性。在激励预算单位积极参与预算绩效管理工作的同时，也应当加强对预算管理工作的监督，发挥多主体在预算监督的作用。例如，审计部门独立开展绩效审计工作，对政府和预算单位开展独立的绩效审计监督，实现所有审计项目绩效审计全覆盖；强化人大预算审查监督职能，重点审查和监督支出预算和政策的绩效目标和绩效实现情况；推进预算信息和绩效评价结果的公开，为社会公众对预算绩效结果的监督提供便利。

（三）完善相关法律条例，扎实推进预算绩效管理法治化进程

在以具有成本效益的方式实施预算管理的过程中，完善的法律政策和执行政策可以帮助减少实施预算管理的障碍，增强预算执行的权威性和法治性。除此之外，按照《预算法》中对绩效管理工作的要求，各级政府、预算单位和部门在预算编制、预算执行、预算结果考评的绩效管理工作过程中也要自觉接受内外部的监督，确保预算的透明度。为了促进绩效管理的法律运作，所有财务资金的审查、批准、监控和实施均应基于《预算法》的规定。

（四）突出绩效导向，建设完整的绩效管理体系

以绩效为导向，预算为基础，形成绩效计划、实施、控制和反馈的完整管理体系，实现事前评估、事中监控、事后评价的预算绩效评价体系（见表2）。具体措施包括建立绩效计划制度、形成战略导向的绩效目标管理体系，完善事前绩效评估制度，加强绩效监测与跟踪，完善绩效报告制度和信息公开制度等内容。为了保证绩效评价工作公开、透明、高效、科学的开展，应当逐步放开第三方评价机构的绩效评价限制，在对政府部门的预算绩效评价上，保证第三方评价机构在评价内容、评价体系、预算项目信息获取上的独立性，独立的第三方绩效评价可以有效满足公众对预算绩效管理的诉求，推进预算管理的公开、透明和规范。

表2 预算绩效评价运行体系

评价阶段	评价实质	评价目的	评价主要内容	评价结果用途
预算编制：决策评价事前评估	以绩效目标为导向，对预算分配决策进行的优化模拟	科学掌握各类计划的轻重缓急和优先次序	确定绩效目标，构建绩效逻辑分析模型，实施决策评价	策略分析及判断，预算确定的依据
预算执行：过程评价事中监控	通过绩效评价指标，获取实施中的基线数据来监控支出过程中的项目实施进程	帮助管理者对预算执行情况做出合理判断，保证预算严格按设定的绩效目标运行	建立过程流程图，建立绩效评价具体指标（共性和个性），实施过程评价，对过程评价进行报告	优化执行和预算调整的重要依据

续表

评价阶段	评价实质	评价目的	评价主要内容	评价结果用途
决算审查：结果评价事后评价	通过全方位、多维度的系统绩效监测指标，对预算执行质量和效率进行最终分析、评价和报告	判断实施是否达到设定的绩效目标，并分析影响财政支出管理的因素	实施结果评价，对评价的结果进行报告	决算和下年度预算安排的依据

资料来源：在《全面实施预算绩效管理的推进机制研究》一文的基础上整理所得。

（五）完善绩效信息系统建设，建立预算绩效管理信息数据交换平台

预算绩效管理工作的推进，需要充分发挥信息化时代的优势。通过完善绩效信息系统，建立预算绩效管理信息数据交换平台，可以促进绩效信息在不同预算主体、监督主体之间的共享。积极利用绩效信息开展工作，可以在一定程度上简化工作流程，降低预算绩效管理工作的复杂程度。利用大数据技术进行预算编制及预算绩效管理，可通过实时获取实际预算收支、项目执行情况等信息，对预算编制、预算执行、预算监控实现实时监管。

从"建立预算绩效评价体系"到"基本建成全方位、全过程、全覆盖的预算绩效管理体系"，我国预算绩效管理改革的进程不断加快，预算绩效管理越来越被各政府部门和单位所认同和接受，现代预算制度也在不断完善。随着国家治理体系和治理能力的现代化，建立完善的现代财政制度愈发重要，全面实施预算绩效管理仍然任重而道远。

参考文献

[1]马蔡琛，朱旭阳．从传统绩效预算走向新绩效预算的路径选择[J]．经济与管理研究，2019(01).

[2]于树一．经济新常态下发挥"四本预算"整体功能的探讨[J]．财贸经济，2016(10).

[3]岳红举，单飞跃．政府性基金预算与一般公共预算统筹衔接的法治化路径[J]．财政研究，2018(01).

[4]吕健．地方债务对经济增长的影响分析——基于流动性的视角[J]．中国工业经济，2015(11).

[5]钟玮．管理会计助推政府"放管服"改革[J]．新理财(政府理财)，2018(07).

[6]夏先德．全过程预算绩效管理机制研究[J]．财政研究，2013(04).

[7]李金珊，胡凤乔．国家治理体系下绩效预算改革的路径选择[J]．财政科学，2018(11)：23-31.

[8]齐守印，胡德仁．从实现国家治理现代化高度推进公共经济绩效管理[J]．当代经济管理，2018(09)：1-10.

[9]袁月，孙光国．基于国家治理视角的全面预算绩效管理研究[J]．财经问题研究，2018(04)：70-76.

[10]韩晓明．预算与绩效管理一体化：框架与策略[J]．财政监督，2018(19)：7-13.

[11]李淑芳，叶剑锋．基于大数据的公共预算绩效管理模式创新[J]．地方财政研究，2018(12)：4-11.

[12]任晓辉．全面实施预算绩效管理的推进机制研究[J]．财政监督，2018(19)：12-18.

[13]王雍君．全面绩效管理：框架拓展、技术集成与管理机制构造[J]．地方财政研究，2018(06)：6-11.

[14]孙玉栋，席毓．全覆盖预算绩效管理的内容建构和路径探讨[J]．中国行政管理，2020(02)：29-37.

[15]杨帅．内部控制视角下对行政事业单位预算绩效管理分析[J]．财会学习，2021(02)：63-64.

[16]袁月，孙光国．基于国家治理视角的全面预算绩效管理研究[J]．财经问题研究，2019(04)：70-76.

[17]马蔡琛，赵笛．大数据时代全过程预算绩效管理体系建设研究[J]．经济纵横，2020(07)：114-122.

[18]王敏，彭敏娇．大数据时代全面预算绩效管理面临的机遇和挑战分析[J]．经济纵横，2019(05)：58-66+4.

[19]刘天琦，李红霞．地方全过程预算绩效管理改革逻辑与现实——以粤京沪为例[J]．当代经济管理，2019,41(12)：76-82.

[20]童伟．基于编制本位和流程再造的预算绩效激励机制构建[J]．财政研究，2019(06)：46-56.

[21]胡志勇，王泽彩．预算绩效指标体系构建的标准及其应用[J]．经济纵横，2020(12)：92-99.

河北省地方税收征管风险研究

张珊珊

摘　要：我国近年来经济下行压力加大，新一轮减税降费政策出台，大数据背景下地方税收征管面临机遇与挑战。地方税务机关面临着政策变动频繁、新兴纳税人主体数量增加等问题，这些问题加大了地方税务机关防范征管风险的难度。本文将对河北省税收征管的现状进行分析，说明税务机关现有征管风险并分析成因，最后提出相应的解决措施。

关键词：地方税务机关；税法遵从度；税收风险管理；征管改革

文章结合课程知识点：税收管理——税收风险管理

文章所体现的思政元素：“十四五”规划提出要深化税收征管制度改革。自 2009 年国家税务总局试点以风险管理为导向的税源专业化管理到 2013 年在税收征管改革中正式确立以风险管理为导向，并在 2018 年国税地税征管体制改革中，统一设立税收大数据和风险管理局，体现了总局持续发力、不断深化以风险管理为导向做好税收工作的决心。2021 年 3 月 24 日，中共中央办公厅、国务院办公厅印发的《关于进一步深化税收征管改革的意见》（以下简称《意见》）提出，深化税收征管制度改革，着力建设以服务纳税人缴费人为中心、以发票电子化改革为突破口、以税收大数据为驱动力的具有高集成功能、高安全性能、高应用效能的智慧税务，深入推进精确执法、精细服务、精准监管、精诚共治，大幅提高税法遵从度和社会满意度，明显降低征纳成本，充分发挥税收在国家治理中的基础性、支柱性、保障性作用，为推动高质量发展提供有力支撑。根据《意见》，到 2023 年，要基本建成“无风险不打扰、有违法要追究、全过程强智控”的税务执法新体系，实现从经验式执法向科学精确执法转变。《国家税务总局关于深入学习贯彻落实〈关于进一步深化税收征管改革的意见〉的通知》（税总发〔2021〕21 号）进一步明确，实施科学精准的税务监管，维护经济税收秩序，是税务部门的重要职责，要深刻把握《意见》对管出公平、管出质量的部署要求，建立健全以“信用 + 风险”为基础的新型监管机制，推动从“以票管税”向“以数治税”分类精准监管转变，既以最严格的标准防范逃避税，又避免影响企业正常生产经营，实现对市场主体干扰最小化、监管效能最大化。

一、税收征管风险的概念界定

风险，指的是对事件未来可能结果和损失发生的不确定性，或人们所期望的目标与实际结果之间的差异程度大小、可能发生损失的损害程度的大小。风险具有客观性、偶然性、不确定性、普遍性、社会性等特征。风险的客观性是指它不以人的意志为转移，独立于人的意识之外的客观存在，人们无法凭自己的意识改变它。风险的偶然性是指风险事件的发生人们难以预测和把控。风险的不确定性是指发生时间的不确定性、是否产生损失以及损失程度大小的不确定性。风险的普遍性指的是风险发生在各个时段、各个方面。风险的社会性指的是风险伴随人类社会而存在，又对人类社会产生影响。

风险管理在 20 世纪 30 年代起源于美国，20 世纪 50 年代发展成为一门学科。近年来世界各国政府都致力于运用现代风险管理方法来管理公共部门，以提高资源的使用效率。对税务机关来说，征管的资源总是有限的，税收遵从风险容易发生且风险级别较高的领域需要优先配置资源。税收征收管理是指国家征税机关根据税法的规定，按照统一的标准，通过一定的程序，将税收政策贯彻实施到每个纳税人，有效地组织税收及时、足额入库的一系列活动。税收征管的主要目标就是依法执行税制，将税源转化为税收收入。经济基础决定税源多少，但税源不等于税收。在税源一定、税法不变的前提下，税源有多少转化为实际税收具有不确定性，我们把这种不确定性定义为税收征管风险。从广义上说，这种不确定性包括两个方面：对于税务机关来说包括税收收入的不确定性、征管执法行为结果的不确定性；对纳税人而言就是面临处罚、承担额外税收负担的不确定性。因此，广义的税收征管风险可以定义为：在征收管理时，由于管理模式不完善、政策不健全、人力资源不足以及不可控因素等造成的税收收入滞后、税收遵从度不高、征收成本居高不下等问题。

二、河北省税收征管现状

（一）背景：税收制度改革深入推进

在“十三五”期间，我国税收制度改革取得了重大突破。首先，我国直接税占税收总收入的比重有所提高，税收的收入调节功能有所增强。其次，我国实行大规模的减税降费政策，减轻企业的压力，进一步增强企业的竞争力，有利于更好发挥市场在资源配置中的决定性作用。最后，个人所得税、增值税、消费税的税制改革进一步推进，我国审议通过烟叶税、环境保护税、车辆购置税、契税等 8 个税种的全国人大立法，以及土地增值税法的征求意见稿，税收法治化程度大大增强。2020 年十九届五中全会审议通过的《中共中央关于制定国民经济和社会发展第十四个五年规划和二〇三五年远景目标的建议》（以下简称为《“十四五”规划建议》）明确提出“完善现代税收制度，健全地方税、直接税体系，优化税制结构，适当提高直接税比重，深化税收征管制度改革”，这为“十四五”期间我国税制改革和税收治理指明了方向。

面对数字化时代的机遇和挑战，我国在“十四五”时期，要继续推进税收制度改革，进一步优化税制改革，提高直接税的比重；实行绿色税制改革，优化环境；优化地方税收征管制度，设置专司征收服务、重点税源管理和专业化税收管理的分局，进一步提高税收管理的专业化、精细化程度。在各市设置跨区稽查局，提升稽查管理层级，更有利于打击涉税违法行为。在省、市局均设置税收经济分析部门，依托税收数据加强分析研究，更好地服务经济社会发展和税务管理工作。

（二）河北省税收收入逐年增加

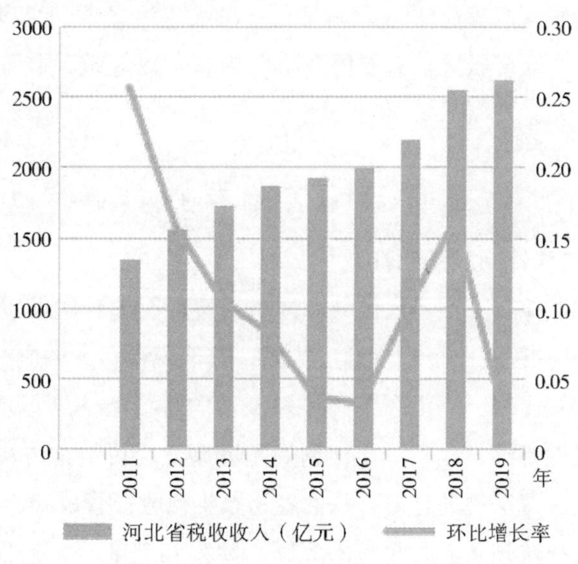

图 1　2011—2019 年河北省税收收入情况

数据来源：《中国税务年鉴》《河北省统计局》。

通过上图我们可以看到，河北省税收收入逐年增加，虽每年的增长率有所不同，但税收收入总体呈现上升趋势。这说明，河北省税收征管工作稳步前进，可以保证税收收入的增长。税收与经济相关，是建立在经济基础之上的。有了经济发展才能有税收增长，可以说税收收入与经济发展呈现正相关关系。但我们不能仅关注税收增长数量，税收质量也是需要我们关注的一个重要方面。在税收征管过程中出现的纳税人主体增多、信息不对称、大数据影响等问题都会影响税收收入质量。提高税收征管水平，防范税收征管风险，对提高税收收入质量具有重要的作用。

（三）税收违法情况时有发生

近年来，河北省各级地方税务机关大力加强税收法治建设，规范税收执法行为，取得了一定的成效。但是，河北省因政府信息公开而提出行政复议和诉讼的情况每年均有发生。近年来也发生了多起税务机关干部违法行为：2014 年 4 月 22 日，邯郸市丛台区地税局干部张某被丛台区人民法院以玩忽职守罪、受贿罪等判处有期徒刑五年三个月。2018 年 6 月，河北省保定市曲阳县国税局局长和办公室主任因忽视曲阳县嘉山悠乐谷私自印制发票等偷税漏税行为，并向媒体行贿被查处。税收违法如 2019 年唐山市丰南区彤程商贸有限公司法定代表人李某偷税、虚开增值税专用发票案。该公司偷税 509.24 万元；非法取得增值税进项发票 47 份，金额 2050.86 万元，税额 348.65 万元。税务机关依法对其处以追缴税款 857.89 万元、罚款 857.89 万元的处理、处罚。近年来，河北省组建了多个暗访小组对各地税务机关进行暗访，查出多起包括收受贿赂、违规征税、失职渎职等违法行为。河北省税收违法案件频繁发生，说明当前各地方税收征管工作存在众多风险，需要增强防范措施，以规范税收征管行为，保证税收收入安全。

三、税收征管工作存在的问题

（一）税收相关法律制度不完善

我国税收相关法律有《中华人民共和国个人所得税法》《中华人民共和国企业所得税法》《中华人民共和国税收征收管理法》等。其他税种，如增值税、消费税等主体税种还没有以法律形式出现，停留在由国务院制定的暂行条例进行规范的层面。这表明我国税收法律权威性不够、税收法律体制尚不完善，会影响地方税务机关执法人员和相关纳税人对税收法律法规的理解，从而容易产生税收征管风险。

从地方税收法律法规来看，规范不完整，缺少制裁部分，税收部门只有依法征税的执法权，而税收违章处理权相对薄弱。例如，新《税收征管法》第 63 条也做了有关偷税和行政处罚的规定，与刑法基本相同。然而，《国家税务总局关于不申报缴纳税款定性问题的批复》则规定，对采取不申报手段不缴纳税款的行为以偷税论处。基层税务机关根据上述执法解释进行行政执法，在很大程度上增加了税收行政执法风险。

税收作为国家进行宏观调控的重要杠杆，是调整经济结构、优化资源配置的重要手段。我国税收法律处于不断完善的过程中，与此同时，各种涉税政策随经济形势变化而纷繁复杂，且变化速度较快，部分地方税收执法人员如果未能及时研究透彻新法律条款和新政策，在执法过程中容易产生税收征管风险。

（二）大数据背景带来新的挑战

互联网技术的发展，为税收征管工作带来机遇与挑战。机遇方面，王爱清认为“互联网＋税务”改变了业务流程和管理方式，从“管人”到“管事”，可根据纳税人的办税需求和风险等级进行区别管理，同时积极吸纳社会力量协同管理。柳光强等认为互联网时代，全领域整体数据拓宽了税收治理的覆盖范围，全天候实时数据赋予了税收治理新的内涵，同时海量数据也对税收治理提出了更高的质量要求。挑战方面，焦瑞进认为“互联网＋”传统产业的融合突破了现有的税收征管格局，表现为复杂的商业模式使税源难以分割，无形的营业场所使税权难以界定，税源与价值创造地不一致使利润归属难以辨别，尤其是国际业务利润归属问题，发现和掌握实际税源成了信息管税的一大难题。陈兵等认为互联网带来的分享经济对既有的税收管理体系带来强烈冲击，对现行的税收征管工作提出了更高的要求。

“互联网＋”时代的到来有利于促进税收工作的管理理念，为地方税收执法风险管理工作提供了新的发展方向、新的工作平台和技术支持。“互联网＋税务”的快速发展有利于提高税收风险管理信息系统的有序性，促进管理工作的调用效率，增强税务数据管理平台的储蓄能力，为地方税收执法工作提供了新的发展机遇。在互联网技术的推动下，市场主体结构呈现出多样化的发展态势，使税收风险管理工作面临以下新的挑战：第一，技术进步使得各新兴产业发展迅速，纳税主体呈多样性发展趋势，同时呈现出网络交易增长迅速和涉税需求日益复杂的特点；第二，电子商务的发展使得账目、凭证和发票电子化，对各级税务机关现有的税收管理工作产生了一定的冲击；第三，互联网的迅速发展开拓了企业、个人的经营地域，从而加大了地方税务机关的属地管理难度等。综上所述，经济发展的新形势对地方税收执法工作提出了新的挑战，需要各地方税务机关树立新的管理理念，搭建新的管理结构，加强税收风险管理，保证我国税收安全。

（三）税收征管人员水平有限

税务人员是税收政策的直接实施者，在税收征管工作中与纳税人、税源直接接触，其工作是税收征管工作中最基础的一环。然而，在当前地方税务机关的税收执法工作中，税收征管人员存在着税收执法风险意识较低、对法律法规的掌握程度有限、对自由裁量权的使用不当、执法业务水平有限等问题。

税收征管风险意识较低指的是征管人员对税收征管风险的特征认识不全面。一是不能正视作为税收征管人员的职责，将税收征管风险与纳税风险混淆，将税收征管风险归咎于纳税人。二是对税收征管风险产生的后果认识不足，认为产生损失时，个人仅需要承担一定的经济责任和行政责任，不能正确认识到因执法失误导致的税款无法及时足额入库和损害税法权威性等后果。对自由裁量权使用不当是指现行税收征管法律法规赋予了税务机关及税收执法人员一定的自由裁量权，但是由于税收征管人员个人专业素养和价值取向不同，或因对法律法规理解不当，或因税务征管人员主观故意造成处罚不当、执法过失等后果。

执法水平有限指的是执法人员专业素养有限，执法力度不能体现税法刚性。对于地方税务机关而言，为完成税款征收任务，一般将主要精力集中在纳税大户身上，对其他较小的纳税单位形成了征管盲区，导致税收执法不公平、税收秩序混乱等问题。此外，执法人员在执法过程中往往存在重“实体”轻“程序”的问题，将注意力集中在是否足额征税上，而忽视执法程序，容易对纳税人产生不公正行为。

（四）税收征管配套设施不完善

我国地方税务机关在执法时，时常面临着地方政府干预税收征管、纳税人的税法遵从度不高、有关单位协作力度不足等问题。地方政府对税收工作的干预主要表现在有些地方政府为了增加地方财政收入或者追求政绩，将招商引资作为主要方法，为了增加 GDP，自行修改税收优惠政策，甚至避开基层国家机关的监察，使地方税务机关税款不能及时入库，加大了税收征管风险。

纳税人对税法的遵从度不高，表现在税收“取之于民”并且具有强制性、无偿性和固定性，缴纳税赋固然是每个企业、国民应尽的义务，但是征税毕竟是对企业、国民所获得的收入的一种扣除，从他们的角度讲，是他们利益的一种损失。在这个过程中，纳税人直观感受到的是收入的减少，而“取之于民”和“用之于民”在时空上并不是完全对等的，这增加了纳税人的心理负担。此外，由于税务机关和纳税人之间信息不对称，纳税人在获取税收知识和对税收法律法规变化方面的知识不够全面，容易产生理解偏差，进而产生税收不遵从的情况。

有关单位协作力度不足是由于各有关单位主要注意力集中在自己的本职工作上，并没有规定来约束其他有关部门必须协助地方税务机关进行执法，存在协助税收管理配合度较低的问题，从而影响税务机关对相关纳税人执法信息的获取，容易产生税收征管风险。

四、河北省税收征管工作完善措施

（一）完善税收法律体系

依法治国的根本是有法可依，治税的根本也在于健全的税法体系。为了有效防范税收征管风险，首要的任务就是要逐步构建形成完善的税收法律、征管、执法监督等各大体系，从多个角度综合加强地方税收部门防范征管风险的能力。

第一，需要加快税收基本法的制定，明确税收法律领域的基础性问题，填补宪法和单行税法之间的空白。具体可从基本税制、一般性原则、立法权限、主管机构权限及职能、纳税人权利义务等方面入手。例如，就地方各级税务主管部门必须履行的职责性条款和不得行为的禁止性条款做出明确规定，有效约束自由裁量权。

第二，要不断健全实体法和程序法，加快将各种税收暂行条例、规章制度上升到法律层面，增强税法的执行刚性，全面解决现有《税收征管法》范围宽、自由裁量权过大等问题。

第三，加强税法执行后续情况的评估，对不符合征管实际工作的内容要及时修改完善。

（二）推动大数据信息管税

实施税收风险管理，寻找风险点和风险源是首要环节，这就要求多渠道及时、完整、准确地采集、掌握、分析税源信息，并将信息进行分类，从纳税人所处行业、企业规模、经营状况、管理水平等方面进行识别，综合确定各风险行业、风险企业和风险等级。地方税务部门要积极运用互联网信息的优势，采用大数据整理分析的优势，推动税收征管水平的提高。

第一，地方税务部门可以利用大数据转变税务征管模式。首先，对纳税人实施全过程管理，记录纳税人从登记、申报到注销全过程的涉税信息，制定有针对性的管理策略。其次，对征税人进行在岗数据化管理，全过程记录税务人员的经办事项、操作流程和办事效率等，不断提高精细化管理水平。再次，对征管状况开展数据分析，分析税源变化、征管质量、税收集中度、税源区域性分布和户籍情况等，提高征管质量和效率。最后，依托大数据强化风险监控，推进税收风险管理由侧重“事后管控”向“事前防范”转化，提高风险防控能力。

第二，用大数据提高纳税服务水平。通过大数据探索适宜的方法，多维度分析纳税人的经营模式、投资偏好及纳税行为，透视数据间的关联性和规律特征，展示每一户纳税人的真实情况，从而提供更加个性、动态及专业的服务。纳税前，为纳税人提供税收宣传、政策辅导、涉税提醒、信息查询及优惠政策公告等服务。纳税中，打造全方位的电子税务平台，完善税务登记、网上报税、留抵退税等办理流程。纳税后，通过云平台，为纳税人提供核定税率、定额税款、基本税负等公开信息查询，提高税务执法的透明度。

第三，用大数据提升税务稽查成效。应用大数据将数据源、审理以及执行等环节紧密结合起来，改进稽查方法，提升税务稽查质量及效率。选案环节，可通过大数据提高税务稽查软件及会计信息系统之间数据信息的共享程度，将供应链上下游的数据与大数据平台进行对接，发现疑点后选定稽查对象。检查环节，利用大数据掌握案源的数据信息，更加高效地审查企业的交叉持股、关联交易及转让定价等复杂业务，甚至是国际活动的隐藏利润，并通过互联网平台交换信息，快速发现案件突破口，防止税源流失。审理环节，从大数据平台搜索以往类似案例，在参考旧案例的基础上不断更新案例库，为后续稽查提供决策参考。

（三）提高税收征管人员素质

税收征管人员是国家税收收入的“守门员”，执法人员素质的高低是防范征管风险最直接的因素，地方税务部门要不断增强干部教育培训的针对性和实效性，强化税收风险防范意识，加强对自由裁量权的监督，提高干部整体素质，

首先，要树立正确的执法理念。从源头上做好思想教育培训工作，加强税收征管风险防范意识的教育，增强税务干部廉洁自律的意识，坚持法律至上，克服侥幸和麻痹心理，树立正确的职业观，合理把控自由裁量权，自觉规范和约束自己的税务行为。其次，加强业务专业化培训。按照地方各级税务机关执法人员的不同层次或工作需要，有针对性安排专业培训或知识更新培训，使税务人员能够及时掌握税收法律和政策的变化，准备好迎接一系列减税降费政策和“互联网＋”快速发展带来的新挑战，能够在充满变化的工作环境中，展现最专业的执法工作。加快培养大数据环境下复合型多样化人才和高精尖人才，利用信息化技术有效防控征管风险，强化人员综合素质，切实提高税收征管水平。

（四）完善税收征管配套设施

要加强与地方政府的沟通。地方税收工作与地方经济发展息息相关，开展工作必然会有与地方政府产生重叠的部分，这就要求地方税务机关与地方政府建立良好的沟通关系，争取地方政府对税收执法工作的理解和支持，配合税收工作，减少对税收征管的不当干预。

提高纳税人对税法的遵从度。税收征管涉及国家和纳税人之间的经济利益，尤其是市场经济条件下，个别纳税人为追求个人利益最大化，会有不配合税收执法工作甚至是诱惑税务人员违法乱纪的行为，这不利于建立公平公正的税收执法秩序。应加大税收宣传教育力度，增强纳税人对税法的理解，让纳税人更好地了解税法规定的权利和义务，转变传统的刻板观念，提高对税法的遵从度，营造自觉纳税和对执法环境进行监督的良好氛围。加强与其他部门的信息交换。地方税务机关应该和地方政府、财政、公安、检察、银行、海关等部门加强联系和沟通，定期开展信息交换，互相配合对方工作，在做好本职工作的情况下尽量为对方提供帮助，以利于推动税收工作的开展，有效防范地方税收征管风险。

加大对税收违法行为的打击力度。对于税收征管人员，出现执法不当、违法乱纪的行为，应承担相应的经济责任、刑事责任。建议地方税务机关建立与绩效考核相挂钩的考核制度，进一步监督执法人员。对执法人员的执法信用进行统计监督。对于纳

税人而言，如果守法的纳税人看到违反税收法律的纳税人偷税漏税但付出代价过低，就会产生偷逃税款的想法，不利于营造公平的税收执法环境。应该加大对税收违法行为的打击力度，从而对有偷逃税款意识的人起到震慑作用，减少偷逃税款行为的发生。

参考文献

[1]沈永伟，夏梦．风险管理研究现状及其演变过程[J]．管理观察，2010(29).

[2]王爱清．升级“互联网＋税务”助推税收治理现代化探析[J]．税收经济研究，2018(06).

[3]柳光强，周易思弘．大数据驱动税收治理的内在机理和对策建议[J]．税务研究，2019(04).

[4]孙悦．基层国家税务机关税收执法风险管理研究[D]．黑龙江大学，2017.

[5]方瑞．基层税务部门税收执法风险管理研究[D]．山东财经大学，2016.

[6]贾旺旺．基层地税部门税收执法风险防范研究[D]．天津师范大学，2015.

[7]董晓岩．基于“信息管税”战略的税收管理创新[J]．石家庄经济学院学报，2010(01).

[8]周仕雅．“互联网＋”背景下的电子税务局应用探索：以浙江省电子税务局建设为例[J]．税收经济研究，2018(05).

[9]黄志文．协同治理视角的纳税信用社会化研究[D]．厦门大学，2017.

[10]冯守东．税收征管体制改革下的税收风险管理[J]．湖南税务高等专科学校学报，2020(30).

[11]陈治文，贾亚飞，郭之强．对塔城地税局税收风险分析工作中应用大数据的思考[J]．中国经贸，2016(07).

[12]王宝杰．关于优化税务执法方式的路径分析[J]．中国财政，2019(16).

河北省地方政府债务情况探析

赵　宇

摘　要： 地方政府债务关系着我国经济结构转型升级，对我国金融系统安全和稳定同样有着重要影响。本文总结了部分国内外学者在地方政府债务领域内的研究成果，并结合国家统计局、河北省财政厅和统计局以及其他部门公布的政策和数据，整理了河北省地方政府债务的相关数据，从中发现了部分问题，包括债务审计、投融资体制等，结合河北省的实际情况提出具有针对性的解决措施，助力河北省有效降低地方政府债务风险，保持经济社会稳定。

关键词： 河北省；地方债务；风险；对策

文章结合课程知识点： 政府债务——地方性政府债务

文章所体现的思政元素： 党的十九大将防范化解重大风险列为三大攻坚战之一。在新发展理念的指导下，我国政府高度关注包括地方政府债务风险在内的系统性金融风险。近年来，我国的地方政府债务持续扩张，形成了一定的潜在风险。2021 年 4 月，《国务院关于进一步深化预算管理制度改革的意见》指明目前地方政府防范债务风险的工作重心，对于专项债务，要“完善专项债券管理机制”“保障专项债券到期本息偿付”；对于隐性债务，要“把防范化解地方政府隐性债务风险作为重要的政治纪律和政治规矩，坚决遏制隐性债务增量，妥善处置和化解隐性债务存量”。直面和应对地方政府债务风险，是债务治理能力甚至国家治理能力不断提升的体现。如今，在推进国家治理体系和治理能力现代化的背景下，厘清地方性政府债务风险特征、防范化解地方债务风险既有利于贯彻“稳增长”与“防风险”的双底线思维，更是实现经济高质量发展的重要条件。

众多因素影响着一国经济社会的稳定乃至国家安全，政府债务便是极为重要的一项。正如约翰·亚当斯所说：“要击败和奴役一个国家有两种方式：剑和债。债务可能使一个国家失去约束而自我击败。”（李德水，2018）过去的欧债危机似乎为这一论断提供了有力支持，爱尔兰、葡萄牙政府先后因主权债务问题而被迫下台，希腊政府也因此严重问题而处在破产边缘。2008 年我国为应对自美国引爆全球的金融危机而颁布实施了"四万亿"财政政策，成功使我国率先走出泥潭。但随着我国经济增长速度下降为中高速以及优化深化经济结构、转变经济增长引擎的影响，这一政策带来的潜在问题也逐步显现出来。河北省财政厅相关数据显示，截至 2019 年末河北省政府债务限额高达 10 208.09 亿元。为妥善解决存量较大的债务问题，河北省政府及相关部门先后出台《关于进一步加强政府性债务管理的通知》（冀财预〔2012〕190 号）、《关于深化政府性债务管理改革的意见》（冀政〔2014〕115 号）等文件积极应对不断膨胀的债务规模，并取得了一定的成果，但不可否认的是依旧存在部分阻碍合理解决河北省地方政府债务事务的问题。本文致力于找出问题原因，并结合有关研究成果提出对应的改进建议，助力处理河北省债务事务，从而保障经济社会稳定和长远发展。

一、文献综述

（一）国外研究现状

国外学者在政府债务风险方面的研究起步较早，也取得了较多研究成果。在债务风险的产生及其影响因素方面，债务资金的使用效率与债务风险有很大关系（Kumar、Baldacci，2010）；实证研究 33 个新兴市场国家的实际案例后发现债务负担率和财政负担水平同样是债务风险的重要关联因素（Mehl、Reynaud，2012）。在希腊政府债务危机爆发这一现实案例上，一方面由于希腊政府长期实施与本国经济实力不相符的高福利政策以及忽视通货膨胀问题，最终致使债务危机产生；另一方面，因为没有给予隐性担保债务足够关注度，以至于隐性债务不断膨胀并最终导致政府债务结构严重失衡，引发债务危机（Greg C、Greg，2012）。随着社会情况的变化，持续增长的养老金支出可能成为债务风险爆发的导火索（Pana、Wang，2012）。

20 世纪末，有学者提出政府隐性债务这一概念，因为它是政府许诺在将来按合约支付一定资金，因此其属于政府债务，并且认为要依据经济目的划分隐性债务范围。有研究对相关国家包括发达的欧盟国家和相对落后的发展中国家进行预测分析，认为现政府的负债并不会通过隐性债务替代显性债务的方式真正得以降低，这种方式只是相关财政结构调整带来的幻觉（Easterly，1999）。经过运用实证分析方法来检验政府隐性负债和东南亚金融危机两者之间的关系，发现政府隐性债务会威胁国家经济社会的安全和稳定（Hana，1998）。

在债务风险预警方面，国外学者也取得了一定研究成果。Kaminsky、Reinhart 和 Lizondo 提出 KLR 信号法，确定相关指标并以过往数据作为基础来确定此方法的预警值，超越则触发报警机制，频繁出现则意味着该国未来一段时间内爆发债务危机的风险可能性较大。Pattillo 和 Berg 提出 BP 概率基础方法，在前人研究成果的基础上把预警信号方法引入到了多变量概率框架中。此外，有学者通过分析俄亥俄州债务风险情况，第一次提出了“财政监控计划”，然后运用到巴西及哥伦比亚，得出一套适合发展中国家地方政府的风险预警体系。在相关指标上，哥伦比亚的“红绿灯”预警系统将地方政府债务与偿债实力结合起来，绿灯区为债务率低于 80%和利息支出率低于 40%，否则为红灯区，根据不同风险区间分类管理债务风险（Webb 和 Dillinger，1999）。

（二）国内研究现状

国内学者关于政府债务相关研究虽然起步晚于国外学者，但也取得了可喜的成果。在我国地方政府债务产生原因上，地方政府债务的产生伴随着经济转轨，这一过程需要充足的资金支撑，其实质是过程中自身风险的不断聚集（郭琳，2001）。地方政府主动选择背负债务促使地方政府融资平台的快速扩张同样致使地方政府债务产生（龚强、王俊等，2011）。从竞争角度切入，政府官员为满足政治考核要求以及实现自身晋升而相互竞争，从而引发债务问题（杨大楷、汪若君等，2014）。由于分税制改革产生的财权上移与事权下放加剧了地方政府性债务风险（尹世芬、罗志恒，2013）。

对地方政府债务风险认知是一个由浅入深的过程。研究之初，学者们从债务规模入手，通过计算 2000 年公布的相关数据得出债务风险已达到了警戒值（刘尚希、赵全厚，2002），喻桂华和陈建青（2005）则认为显性债务更重要，计算出地方政府显性债务在 2001 年就已经超过 3 万亿元，GDP 占比已然超过 30%。而刘少波等人（2010）测算出 2005 年地方政府隐性债务总额已达 5.5 万亿元，GDP 占比已达 26.3%，这已然超过当时全国的财政收入。随着研究的不断深入，相关知识体系不断完善，得出一些不同的结论。通过编写新的资产负债表整理 2007 年至 2011 年的资产负债数据，再把债务细分为直接和或有、显性和隐形这四类，结果显示地方政府债务风险仍在可控制范围之内（李扬，2013）。

在化解地方政府债务风险方面，应及时处理已有的债务，明令禁止地方政府私下借债，调整中央政府与地方政府间的财权关系，最后建立一套债务管理系统，从而有效阻绝预防风险产生（贾康，2010）。从审计角度入手，通过推动绩效和主管官员经济责任审计相结合，努力提升融资平台的清偿实力；协调财政和金融审计、建立信息共享系统，能够防止政府融资平台的金融风险向财政风险转移（闫波，2011）。最后，从根本上解决问题需要对地方政府按用途严格区分债务类型，并确定具体的偿还工作责任人，同时还需要强化审计部门的功能，监察各个借债环节潜在风险（曾康霖、吕劲松，2014）。

国内外众多学者已在地方政府债务研究方向取得丰富的研究成果，使社会对相关问题的认识更加全面、客观，为政府有效解决问题提供了坚实的理论基础。然在整理过程中仍发现存在可以继续挖掘的地方，如立足我国国情，充分考虑我国的制度特色以及经济基础；针对不同省份的针对性研究也尚有不足。

二、妥善解决政府债务的必要性

地方政府债务是否处在安全区间、部分脆弱环节及风险平稳解决，关乎我国经济结构能否顺利转型升级、实现高质量发展。目前我国经济结构正在经历重大变革，但地方政府债务规模持续膨胀，房地产市场形势也发生重大变化，两者已然成为经济社会的突出风险，两种风险交织在一起极易引发系统性金融风险。清偿债务的支出挤占了用于投资企业的支出，企业无法扩大和维持生产用地水平，无力保持较高的雇佣水平，最后致使总产出减少。财政收入又以产出水平为基础，如此无法保证财政收入的有效增加，使地方政府的信贷约束收缩。债务支出通过土地财政进一步推高房地产价格，使部分社会成员的投资偏好发生改变——投资性房产需求增加，投资性房产占房地产比重提高，导致社会有限的资金更多地流入房地产行业，脱离实体产业，并形成恶性循环。因此，实现经济增速换挡、转换增长引擎以及维护金融系统稳定，地方政府债务事务至关重要。

地方政府债务的稳定关乎金融系统稳定，党的十九大报告已将防范化解系统性金融风险列为三大攻坚战之首。地方政府主要通过发行地方债、城投债筹集资金，发行空档期的出现意味着二者的违约风险上升，其又是金融机构的重要资产，这样将可能直接导致金融机构损失资产，降低自身资产质量水平。此外，投资方无法准确获取有关部门的资产负债信息，如果个别债务被曝出问题，由于信息不对称的存在很可能会引发市场恐慌，严重冲击市场信心，进而冲击整个金融市场。并且在新《预算法》颁布实施后，银行贷款成为地方政府债务主要资金来源，用银行资源支撑地方政府性债务增长势必加剧银行贷款信用风险及资金流动性风险，一是因为融资平台受较多外部因素干预影响且本身风险较高，二是因为众多的银行贷款投向资金需求量大、建设周期长、收益率低但社会效益高的社会基础设施领域，增加银行的货币流动性风险。

地方政府债务对创新事业同样有着重要影响，“五位一体”“四个全面”“中国智造”等宏伟蓝图无不要求提高我国创新实力。一方面，市场化的民营企业为创新主力，但相对于政府部门及相关机构、国有企业和事业单位，他们并不具备与之能力对应的贷款优势，多数情况下银行会优先选择向政府一方借贷资金。有限的信贷资金被逐渐膨胀的地方政府债务挤占，致使企业收到的资金约束更甚，进而降低研发资金投入。另一方面，地方政府把债务资金主要用于投资基础设施建设，从审计署公布的相应数据可查到，截至2013年，用于基础设施投资占已支出债务总额的67.96%，同期科教文卫支出仅占比 4.82%。

三、河北省地方政府债务现状

在财政部下达的债务限额上，2015 年限额为 5888 亿元，2016 年为 6426 亿元，2017 年为 7202 亿元，2018 年为 8521 亿元，2019 年为 10 208 亿元，五年间债务限额的年均增长率为 14.7%。其中一般债务限额 2016 年为 4729 亿元，2017 年为 4931 亿元，2018 年为 5455 亿元，2019 年为 5983 亿元；专项债务限额 2016 年为 1697 亿元，2017 年为 2270 亿元，2018 年为 3065 亿元，2019 年为 4224 亿元，年均增长率分别为 8%和 35.5%。全省债务余额上，2014 年为 5653 亿元，2017 年为 6151 亿元，2018 年为 7278 亿元，2019 年为 8753 亿元，2017 年至 2019 年间年均增长率为 19.2%。全省一般债务余额 2017 年为 6151 亿元，2018 年为 7278 亿元，2019 年为 8753 亿元，对应的专项债务余额为 1997 亿元、2714 亿元和 3747 亿元。

2020 年间共发行五批次、十期共 990.97 亿元一般债券，发行利率在 3.24%至 4.27%之间，期限在 3 年至 30 年间不等，主要用于教育、文化、住房保障等领域，涉及 3400 多个民生领域公益性项目建设。共发行五批次、二十三期共 1233.74 亿元专项债券，保障了冬奥会项目、雄安新区规划建设等 2800 余个国家和省重点项目建设。其中，将有 136.7 亿元债务于 2025 年到期偿还，677.55 亿元债务于 2030 年到期偿还，366.23 亿元债务于 2035 年到期偿还，114 亿元债务于 2040 年到期偿还，534 亿元债务于 2050 年到期偿还。

综合来看，河北省债务余额在省内各地级市间分布不均，有较大差距。根据 2019 年河北省财政厅公布的河北省及下辖各市政府债务数据可看出，唐山市债务限额、债务余额都很高，规模超过了省会石家庄市，分别为 1460 亿元和 1209 亿元，债务余额占全省比重为 13.8%，债务负担率为 17.5%；石家庄市债务限额、债务余额为 1233 亿元和 1100 亿元，债务余额占全省比重为 12.6%，债务负担率为 18.9%。债务规模上唐山市和石家庄市在河北省内处于第一梯队，远远高于其他地市。邯郸市债务限额、债务余额分别为 554 亿元和 436 亿元，债务余额占全省比重为 5%，债务负担率为 12.5%；秦皇岛市债务限额、债务余额为 506 亿元和 423 亿元，债务余额占全省比重为 4.8%，债务负担率为 34.7%。债务规模上邯郸和秦皇岛市处于第二梯队，远少于第一梯队的唐山，但也远超其他地级市。廊坊市债务限额、债务余额为 284 亿元、223 亿元，债务余额占比 2.5%，负担率为 7%；衡水市债务余额为 147 亿元，占全省比重为 1.7%，负担率为 9.5%。廊坊市和衡水市的债务规模则处于第三梯队，在河北省只占很小比重。

四、河北省地方债务事务存在的问题

（一）政府融资机制存在漏洞

地方政府产生隐性债务一个重要原因是其相关的投融资行为的不同环节包括组织形式、管理方法等方面依然存在着或多或少的不足。目前，中国特色社会主义法律体系已经建立，但各领域内法律仍不够充实和完善，因此会有部分个人、组织或是机构利用这些法律漏洞来实施某些法律意义的模糊行为以达到预期的目标。比如说，我国明令禁止地方政府通过直接融资途径筹措资金，但仍有少数地方政府采用此种方法获取债务资金来达到促进本地经济发展、积累政治业绩的目的。

（二）政府官员考核机制存在弊端

致使地方政府债务产生的另一个重要原因是上级政府对下级地方官员的考核机制依然存在着许多不足。政府间同样存在信息不对称，目前考核制度的相关指标设置并不合理和完善，有许多关乎社会和谐稳定发展和民众满意度的内容并没有被包括在内，在实际考核过程中可以直接量化为数字的经济指标如国内生产总值及增速、社会固定资产投资等仍然占据重要地位，对政府债务仍缺少足够的重视。近年来，全国各地的“面子工程”屡屡被媒体曝光，这其中原因往往是少数政府官员过于追求大工程、建设本地地标，积累晋升条件，而忽视那些切实关乎人民群众的民生问题。发行的债务到期之时，他们的任期通常早已结束，偿还债务的责任转入后届政府，并不会影响到它的负债发行人，考核机制缺乏对此足够关注，使政府债务规模缺少重要限制。

（三）政府债务监管机制不成系统

我国政治体系设置了不同的监管部门和机制，但就目前来看，部门之间仍缺少横向和纵向沟通，对于一件事务可能会有多个部门监管负责，把一个责任或是按事务进度或是不同结构的标准拆分开来，理论上发挥各部门长处实现专业化监管，实则为“九龙治水”，并不能有效解决问题。且由于地方债形式繁多，各部门统计口径不尽相同，严重阻碍了有效管理地方债务。

（四）在债务审计方面

第一，地方政府的债务审计次数过少，使这种重点检查对政府债务的监督明显不足，也不足以通过审计实践积累足够的债务审计经验，这也成为河北省地方债务管理的相关机制不完善的重要原因。第二，相关的审计方案不够完善。在具体的工作中，每出现一些问题，审计的质量就难以保障。如只是审计被审单位方提供的账表，就无法有效发现、查处违法占用资金和截留项目等腐败问题。第三，实施审计工作的主体工作人员也存在一定不足。审计人员数量不足，整体学识、能力水平有限以及缺乏必要的独立性，这都将直接影响审计的质量。第四，审计方法落后，跟不上现实变化需要。以事后审计为主，缺少借债之前的预防性审计和资金使用过程中的监督，致使债务审计系统的功能不能完全发挥。信息化程度低，各政府的债务数据零散分布，导致审计效率低下。此外，审计内容也不够全面，现行审计政策下忽视了债务资金的效益性和安全性。最后，对审计公告的重视程度不够，在河北省审计厅官方网站上只能查询到 2013 年的审计结果，其他几次审计公告并没有放到网上接受社会监督。

五、对策建议

（一）实施更加高效的财政政策，控制债务规模

地方政府债务产生于独特的社会经济环境，存在一定的地区差异性。地方政府要综合考虑财政实力和社会经济情况，制定具有地方特色的投融资政策。在经济欠发达的省市县，更易通过赤字—债务的正相关关系出现债务危机。对于经济发展程度较高的地区，政府要注意对财政资金投入的领域适时调整。因此，河北省政府应考虑实行具有长期规划的财政政策，防止债务规模持续不断膨胀，努力将负债风险控制在安全范围以内。

（二）完善地方政府债务相关法律法规

河北省已经陆续出台了管理办法和实施细则。但从法律层级上看，刚性约束还不够强，可以综合现有制度和管理办法的要求，合并整理提升为“条例”的层级。使各项规定更加细化，约束更加刚性。同时，还要严格法律制度的执行，特别是要加强对违反《预算法》行为的追责。《预算法》第九十四条规定，各级政府各部门、各单位违反本法规定举借债务或者为他人债务提供担保……责令改正，对负有直接责任的主管人员和其他责任人员给予撤职、开除的处分。严格执行《预算法》的规定，可以有效阻止不合规行为。

（三）完善政绩考核体系，建立和完善债务责任终身问责机制

河北省要继续打破“唯 GDP 论”，大力宣传稳增长与防风险并重的政治责任意识，设置任内政府债务风险指标并纳入考核范围，增加环境保护、负债情况等考核内容。同时，尽快建立地方政府债务终身问责机制，避免地方政府官员盲目追求短期效益而忽视长期隐患，使地方政府举债行为更加规范、科学和有效。

（四）优化市场投融资方式

债务置换虽不能根除地方政府债务问题，但能够达到缓解地方政府近期巨大偿还压力的目的，故要给予足够重视，做出适当调整，提高债务置换效率。尽快掌握未进行债务置换领域的借款企业及贷款项目，明确还款责任来源和抵质押条件。在严格控制地方政府性债务风险基础上，将相关公司进行市场化运作，对于有合理回报的城市建设项目发行建设债券；地市级层面成立 PPP 管理机构，抓好顶层设计，统筹推进；

对当前或未来有收益的收费公路、污水处理厂项目，依托资产发行支持债券，为其他政府项目筹集建设资金。

（五）应努力完善债务审计机制

第一，增强债务审计独立性。同级审计使审计部门容易受到同级政府直接或间接的影响甚至是干预，因此可以选择引进独立第三方审计机制，如加入注册会计师到审计工作中，降低外部因素对审计工作的影响，实现工作形式和实质上的独立。也可对审计部门实行垂直管理，改变审计机关“双重管理”的制度，实行审计机关“对上”负责。第二，建立河北省地方政府债务常态化审核机制，增加审计次数，强化监督检查力度，定期进行全省范围的审计检查，形成科学、系统、有效的债务管理机制。第三，强化债务预算监督，包括强化预算监督，强化省人大对债务审计监督，强化预算执行审计。

优化审计工作内容，提高监督债务问题能力。第一，审计主体要加强内部培训，培养高素质、复合型的审计人才，在债务审计特别是涉及地方政府融资平台公司债务审计时，能够发现资产结构等方面存在的问题并及时揭露。第二，科学选取审计指标，基于新《预算法》和政府会计体系变革，采用比率法，将债务规模风险、结构风险、偿债风险、效率风险以及领导干部经济责任指标加入到考核指标中。第三，建立以河北省政府为责任主体的债务风险预警体制。河北省审计厅应加强同银行之间的合作。在银行风险控制体系内部，专门增加地方政府债务风险控制部门，对地方政府发行债务方面的信息进行跟踪。

最后，完善审计程序，事前、事中、事后审计相结合，加大绩效审计力度，延伸债务资金审计，并且改进审计方法，建立政府间信息共享机制，改变审计模式，对不同的债务主体使用特性化的审计方法。

参考文献

[1]李德水．美国减税和美联储加息对中美经济影响的分析[J]. 国际贸易，2018(02)：8-9.

[2]Kurnar M，Baldacci E，Fiscal Deficits. Public Debt and Sovereign Bond Yields [J]. International Market Policy，2010(184).

[3]Amaud Mehl，Julien Reynaud. Domestic Debt Structures in Emerging Markets：New EmpiricalEvidence[J]. Maison des Sciences，2012(07).

[4]Greg C，Greg. Accuracy and Robustness of Debt Index Methods [J]. Housing Pricing，2012，27(05).

[5]Huiran Pana，Chun Wang. Government Debt in the Euro Area Evidence from Dynamic FactorAnalysis [J]. Economics Letters，2012(115).

[6]哈维·S. 罗森．财政学[M]. 北京：中国人民大学出版社，2003.

[7]William Easterly. When is fiscal adjustment an illusion? [J]. Economic Policy，1999(04).

[8]Hana Polackova Brixi. Contingent government liabilities：a hidden risk for fiscal stability[R]. The World Bank，1998.

[9]Graciela Kandinsky，Saul Lozano，Carmen M Reinhart. Leading Indicators of Currency Crises IMF [J]. 1997.

[10]Berg，Andrew，Catherine Pettily. What Caused the Asian Crises：An Early System Approach[J]. Economics Notes，1999，28(03).

[11]Webb S. B & Dillinger W. Decentralization and Fiscal Management in Colombia[M]. The World Bank，1999.

[12]郭琳．中国地方政府债务风险问题探索[D]. 厦门大学，2001.

[13]龚强，王俊，贾珅．财政分权视角下的地方政府债务研究：一个综述[J]. 经济研究，2011(07).

[14]杨大楷，汪若君，夏有为．基于竞争视角的地方政府债务研究述评[J]. 审计与经济研究，2014(01).

[15]尹世芬，罗志恒．中国地方政府性债务风险、成因与治理路径[J]. 经济与管理研究，2013(05).

[16]刘尚希，赵全厚．政府债务：风险状况的初步分析[J]. 管理世界，2002(05).

[17]喻桂华，陈建青．我国地方政府直接显性债务规模估算[J]. 河南金融管理干部学院学报，2005(02).

[18]刘少波，黄文青．我国地方政府隐性债务状况研究[J]. 财政研究，2010(09).

[19]李扬等．中国国家资产负债表2013——理论、方法与风险评估[M]. 北京：中国社会科学出版社，2013.

[20]贾康，刘微，张立承等．我国地方政府债务风险和对策[J]. 经济研究参考，2010(14).

[21]闫波．关于地方政府性债务审计的思考[J]. 现代审计与经济，2011(05).

[22]曾康霖，吕劲松．加强地方政府性债务管理的审计思考[J]. 审计研究，2014(01).

[23]侯伟凤，田新民．地方债务支出、投资性房产需求与宏观经济波动[J]. 统计与决策，2021，37(01).

[24]甘泉，向妍．新城镇化背景下地方政府债务风险预警研究[J]. 统计与决策，2020，36(03).

[25]刘梅．新《预算法》背景下地方政府债务治理思路和策略[J]. 西南民族大学学报(人文社科版)，2016，37(10).

[26]何德旭，王学凯．地方政府债务违约风险降低了吗？——基于31个省区市的研究[J]. 财政研究，2020(02).

[27]甄士龙．河北省地方政府债务情况调查[J]. 华北金融，2017(09).

[28]景玲．河北省地方政府性债务审计问题研究[D]. 燕山大学，2016.

[29]李娟．我国地方政府性债务风险评估[D]. 北京交通大学，2014.

应对突发公共安全事件的财政支出绩效评价指标体系研究

陈泓亚

摘　要：面对突如其来的新冠肺炎疫情，各级财政积极安排疫情防控资金支出。应对突发公共安全事件的财政支出绩效评价研究迫在眉睫。财政支出绩效评价指标体系的建立是财政支出绩效评价的核心。本文以财政部2020年2月25日印发的《项目支出绩效评价管理办法》为基础，充分考虑突发公共安全事件的特点后，设计应对突发公共安全事件的财政支出绩效评价指标体系。通过问卷调查广泛征求河北省财政厅、高等院校、资产评估中介机构等专家的意见和建议，并利用熵值法对优化后的指标体系进行赋权，为应对突发公共安全事件的财政支出绩效评价提供参考。

关键词：突发公共安全事件；财政支出绩效评价；熵值法

文章结合课程知识点：财政绩效评价——应对突发公共安全事件

文章所体现的思政元素：2003年，在党的十六届三中全会上首次提出了“建立健全各种预警和应急机制，提高政府应对突发事件和风险的能力”。2006年1月发布的《国家突发公共事件总体应急预案》第4条提出了“对突发公共事件财政应急保障资金的使用和效果进行监管和评估”的要求。2007年，我国《中华人民共和国突发事件应对法》开始颁布实施，使得我国财政应急管理工作有了基本的法律支撑。2013年，我国在十八届三中全会上首次提出“推进国家治理体系和治理能力现代化”“财政是国家治理的基础和重要支柱”，对财政的应急管理能力提出新的要求。2017年10月，党的十九大报告提出，树立安全发展理念，弘扬生命至上、安全第一的思想，健全公共安全体系，完善安全生产责任制，坚决遏制重特大安全事故，提升防灾减灾救灾能力。2018年12月29日第十三届全国人民代表大会常务委员会第七次会议二次修改的《中华人民共和国预算法》第40条规定：各级一般公共预算应当按照本级一般公共预算支出额的百分之一至百分之三设置预备费，用于当年预算执行中的自然灾害等突发事件处理增加的支出及其他难以预见的开支。2020年财政部发布的《项目支出绩效评价管理办法》提出了为全面实施预算绩效管理，建立科学、合理的项目支出绩效评价管理体系，为应对突发公共事件财政支出绩效评价提出了框架性参考。面对新冠肺炎疫情，各级部门投入了大量的财政资金用于疫情防控，疫情防控财政支出使用效益和绩效评价成为一个被关注的重要问题。

一、引言

突发公共安全事件是有可能造成重大人员伤亡、重大环境污染以及重大生态破坏等的一些事件。突发公共安全事件主要分为自然灾害、事故灾难、公共卫生事件和社会安全事件，具有突发性、复杂性、破坏性、持续性的特点。我国在应对突发公共安全事件领域的财政支出呈现持续稳定增长态势，但是在财政执行过程中仍然存在支出结构不合理、支出效益差、支出效率低等问题，这就对我国的财政体制和管理制度提出了新的要求。本文构建的应对突发公共安全事件的财政支出绩效评价指标体系，可通过客观评价财政支出的绩效以提高财政支出的经济性、效率性、效益性和公平性，有利于更好地应对突发公共安全事件。

二、文献综述

随着我国财政支出的日益增加，财政支出绩效评价成为研究重点。我国财政支出绩效评价起步较晚，绩效评价研究还不成熟，这尤其表现在突发公共安全事件的研究中。因此，有必要开展对突发公共安全事件应对能力评价研究（胡国清，2006）。绩效评价有利于找出危机处理决策中的不足，为科学合理的财政支出提供依据（刘佳，2008）。建立财政支出绩效评价指标体系，离不开财政支出绩效评价指标的选择，指标选择必须遵循一定的原则和方法（郑毅、陈茜，2008）。突发公共安全事件的财政支出绩效评价指标选取的原则以“投入—产出”为依据（王杰、饶海琴，2013），也可以根据绩效评价的理论的 3E 原则，即经济性、效率性与效益性为依据进行选择（崔军、杨琪，2013）。随着研究不断发展，将“公平性”引入，采用 4E 原则进行指标选取更为合理（李金珊、王倩倩，2018）。对于指标体系的权重测算可以采用主观赋权，也可采用客观赋权，如熵权法（姜军、王雨哲，2019）。财政支出绩效评价体系的构建在注重层级结构的同时也要注重层次结构，构建的指标体系应满足简洁、适用、有效的要求（郑方辉、刘国歌，2020）。

突发公共安全事件的财政支出评价离不开我国应急资金的管理途径的研究。我国应急财政保障机制主要包含以资金筹集为主的灾前预警机制，以资金审批、信息共享等为主的灾中响应机制，以补偿为主的灾后恢复机制以及对于资金的安全性、规范性和有效性进行监督的机制（李亘等，2014）。应急财政保障机制的核心在于应急财政资金，其来源包括以预备费为主的常规应急财政资金、非常规项的应急财政资金、民政部门接受的社会捐赠以及一些财政税收优惠政策（武玲玲等，2015）。所以，突发公共安全事件的财政支出绩效评价区别于其他的财政支出绩效评价，应充分考虑其特点，进行不同的指标体系构建（马蔡琛、赵笛，2020）。

三、应对突发公共安全事件的财政支出绩效评价指标体系构建的思路与原则

（一）构建的思路

财政支出绩效评价指标体系的构建思路影响着指标选取的科学性、有效性。通常，财政支出绩效评价指标体系的构建思路基于“投入—产出”、平衡计分卡以及4E原则理论。本文选取“投入—产出”以及4E原则作为应对突发公共安全事件的财政支出绩效评价指标体系构建的主要思路。

1.“投入—产出”思路

为了提高效率和评价的统一性和权威性，财政部在2020年发布的《项目支出绩效评价管理办法》确定了“投入—过程—产出—效果”四个方面作为项目支出绩效评价的主要框架。其中，投入包括项目立项过程中的规范性、合理性和明确性以及资金落实情况；过程关注业务管理和财务管理情况；产出关注项目完成及质量、成本的节约情况；效果关注项目在经济、社会、生态等方面的效益以及公众的满意程度。

2. 4E原则思路

20世纪90年代，福林（Flynn）在T. 芬维克（Terry Fenrick）提出3E原则的基础上，增加了“公平性”，形成了绩效评价指标体系建立的4E原则，即经济性（Economy）、有效性（Effectiveness）、效率性（Efficiency）和公平性（Equity）。

在突发公共安全事件中，经济性原则主要体现在产出水平一定的情况下，政府活动所耗费资源的获取或购买成本是否最低；有效性原则是指多大程度上达到政策目标、经营目标和其他预期结果；效率性原则考察的是政府活动的资源耗费数量与产出数量之间的比例关系，即在应对突发公共安全事件时，用最少的财政支出，通过财政支出的管理和运用达到既定的目标，获取最大的产出和效果；公平性原则是指公共项目所提供服务的数量或货币化的收益在社会群体中的不同分配。由于突发公共安全事件的发生具有引发突然性、行为破坏性等特点，在面对突发公共安全事件时，公平性原则更加侧重于救援过程中资源分配公平方面，体现在公众对于政府提供的应急公共产品和公共服务的满意程度。将群众满意度即公平性原则作为政府财政支出的评价准则，符合我国社会主义公共财政体系下全民参与公共决策的理念。

根据多种指标选取思路，可以更全面地以多个维度、多个角度对财政支出绩效进行评价，在“投入—过程—产出—效果”的框架下，充分考虑 4E 原则对结果的影响，保证评价结果的可靠与准确。

（二）构建的原则

1. 目标导向原则

目标导向原则要求根据公共突发安全事件的财政支出要达到的目标来选取评价指标，通过选择最能反映突发公共安全事件的财政支出绩效评价指标，设计合理的评价体系。指标体系设计过大或是过小都无法合理反映突发公共安全事件财政支出绩效，如果选择某个单一公共安全突发事件的指标来作为评价标准，就会由突发公共安全事件的成因复杂性而导致绩效评价结果过低或过高。所以要坚持目标导向，将该原则贯穿于整个评价工作的始终。

2. 重要性原则

重要性原则是指绩效评价指标体系设定应当根据绩效评价的对象和内容优先使用最具代表性、最能反映评价要求的核心指标。如果将所有指标都一一罗列，就会造成绩效评价工作繁杂，难以突出重点，并且有些指标之间存在关联性和重复性。在选取指标时应该在全面综合反映突发公共安全事件的财政支出绩效的基础上，尽量做到选择重要指标。但是若重要指标无法全面反映突发公共安全事件的财政支出绩效，则需要通过降低信息的选择要求，对重要信息和次重要信息交叉部分的指标选择适当的权重，从而解决无法全面反映该财政绩效的问题。

3. 可得性与可比性原则

可得性原则是指用于该评价指标的数据是可以得到的。要确保评价指标具有现实意义，首先要考虑使用该指标的数据是否可以得到，只有得到相应的数据，才能根据相应的指标体系模型进行量化，这样评价指标才具有可操作性和实用性。如果指标的数据无法获得，构建的指标体系也就没有了说服力，设立指标体系就失去了现实意义。

数据在可得的同时还要具有可比性。可比性原则是指对同类评价对象设定共性的绩效评价指标，以便于评价结果相互比较。突发公共安全事件包括多种情况，要充分考虑在不同情形应用下结果的可比性，使指标体系的建设具有现实意义。在确定可比性时，绩效评价指标之间的相互独立是比较的前提和基础，即评价体系的级别；不同类型的指标要相互独立，不能交叉重叠；要确保绩效评价指标本质一致，只有在本质一致的条件下，才能够进行评价对象差异性的对比。绩效评价指标要在不同类型同一级别突发公共安全事件之间进行比较，才能对未来工作具有指导意义。

4. 科学性与经济性原则

绩效评价指标的选取需要以科学性原则为基础，以科学的理论作为参考依据，同时在最终的评价表述也要尽量做得科学规范。科学性强调各个指标之间的独立性与联系性，综合考虑指标构建过程中共性指标与个性指标的结合情况，同时坚持定性分析与定量分析相结合。经济性原则是指绩效评价指标体系设定应当通俗易懂、简便易行，指标的设置应该精简，减少重复多余的指标设置。在指标设立合理并充分考虑现实条件件的前提下，充分考虑数据的可获得性，指标的可控性、可比性以及可操作性，符合成本效益原则。

四、应对突发公共安全事件的财政支出绩效评价指标体系的设计

（一）指标体系的初步设计

财政绩效评价涉及多个方面，在遵循“投入—产出”和 4E 原则指标选取思路的同时，坚持全面、科学、可操作的原则构建指标体系。

财政部在 2020 年 3 月发布的《项目支出绩效评价管理办法》中，对项目支出绩效评价指标给出框架以供参考。该框架根据突发公共安全事件的特点，充分考虑评价指标体系的共性和个性，从宏观和微观角度进行指标调整，最终得出突发公共安全事件的评价指标体系。突发公共安全事件的财政支出绩效评价指标体系设置了一级指标 4 项，二级指标 10 项，三级指标 23 项，见表 1。

表 1 突发公共安全事件财政支出绩效评价指标体系

<table>
<tr><th>一级指标</th><th>二级指标</th><th>三级指标</th><th>指标解释</th><th>指标性质</th></tr>
<tr><td rowspan="5">投入</td><td rowspan="4">资金投入来源</td><td>专项资金（专项资金财政负担率）</td><td>专项资金/财政支出总额</td><td>定量指标</td></tr>
<tr><td>预备费</td><td>应对突发公共安全事件各级政府提取的当年一般公共支出的 1%—3%</td><td>定量指标</td></tr>
<tr><td>社会捐助</td><td>社会各界自愿、无偿通过政府部门的捐赠</td><td>定量指标</td></tr>
<tr><td>其他资金来源</td><td>保险费等其他投入资金</td><td>定量指标</td></tr>
<tr><td>资金投入合理性</td><td>资金分配合理性</td><td>反映投入资金分配是否与实际结合，分配额度是否合理</td><td>定量指标</td></tr>
<tr><td rowspan="6">过程</td><td rowspan="4">资金管理</td><td>资金到位率</td><td>（实际到位资金/计划投入资金）×100%</td><td>定量指标</td></tr>
<tr><td>到位及时率</td><td>（及时到位资金/应到位资金）×100%</td><td>定量指标</td></tr>
<tr><td>预算执行率</td><td>（实际支出资金/实际到位资金）×100%</td><td>定量指标</td></tr>
<tr><td>资金使用合规性</td><td>突发公共安全事件的投入资金使用是否符合管理规定，是否有挪用和滥用情况等</td><td>定量指标</td></tr>
<tr><td rowspan="2">信息管理</td><td>信息共享情况</td><td>信息发布、沟通和报告的及时性与准确性</td><td>定性指标</td></tr>
<tr><td>信息公开情况</td><td>财政支出信息的公开情况</td><td>定性指标</td></tr>
</table>

续表

一级指标	二级指标	三级指标	指标解释	指标性质
	制度保障	管理制度健全性	应对突发公共安全事件的相关管理制度是否健全	定性指标
		制度执行有效性	应对突发公共安全事件的相关管理制度的有效执行情况	定性指标
产出	产出目标	目标完成率	（目标实际完成情况/计划完成情况）×100%	定量指标
	产出时效	完成及时率	（实际提前完成时间/计划完成时间）×100%	定量指标
	产出成本	成本节约率	[（计划使用资金－实际使用资金）/计划使用资金]×100%	定量指标
效果	效益性	社会稳定程度	对社会发展所带来的直接或间接影响情况	定性指标
		生态恢复程度	对生态环境所带来的直接或间接影响情况	定性指标
		经济恢复程度	对经济的恢复和发展所带来的直接或间接影响情况	定量指标
		可持续影响	突发公共安全事件后续运行及成效发挥的可持续影响情况	定性指标
	满意程度	社会公众满意度	社会公众对突发公共安全事件的财政支出实施效果的满意程度	定性指标
		服务对象满意度	服务对象对突发公共安全事件的财政支出实施效果的满意程度	定性指标
		政府满意度	政府部门对突发公共安全事件的财政支出实施效果的满意程度	定性指标

（二）指标体系的解释

1. 投入类指标

投入性指标下考虑资金的投入来源情况和资金投入合理性。根据我国突发公共安全事件的应急资金管理制度，资金投入来源可以分为专项资金、预备费、社会捐资以及保险费等其他资金来源。专项资金是政府在面临突发公共事件时所拨付的专款专项资金。为应对突发安全事件，各级政府提取当年一般公共支出的1%—3%作为预备费来应对突发事件。社会无偿捐资也是突发公共事件财政支出的重要补充，例如在汶川地震中，社会捐资的数额极大。而政府作为具有公信力的组织，是民众首选的捐资机构。

同时，应考虑资金投入合理性，反映投入资金分配是否与实际结合，分配额度是否合理等。

2. 过程类指标

突发公共安全事件的过程类指标可以分为三类，第一类为在事件发生过程中对于资金的管理，第二类是过程中对信息的管理，第三类为制度保障。

首先，应当考虑以资金到位率、资金及时率、预算执行率和资金使用合规性为代表的资金管理。资金到位率用实际到位资金与计划到位资金之间的比率来表示。资金及时率用实际到位的资金与应到位资金之间的比率或者实际到位时间与计划到位时间来表示。预算执行率可以由实际支出资金与实际到位资金之间的比率确定。资金使用合规性是指突发公共安全事件的投入资金使用是否符合管理规定，是否有挪用和滥用情况。

应当考虑以信息共享情况、信息公开情况为代表的信息管理。信息共享情况主要考虑在突发公共安全事件发生过程中对于信息发布、沟通和报告的及时性与准确性能否得到保障。信息公开情况侧重于财政支出信息的公开情况

对于制度管理，可以从管理制度的健全性、管理执行的有效性两个方面进行定性评价。管理制度的健全性可以从有关于突发公共安全事件的法律制度是否健全、监督机制是否健全等方面进行评价。管理执行的有效性应该充分考虑制度的合规管理，对制度是否为突发公共安全事件应急处理以及充分控制、组织协调和资源动员等方面的顺利进行提供保障。

3. 产出类指标

关注突发公共安全事件的产出类指标可以从目标实现情况、完成及时率以及成本节约率三个方面加以考虑。目标实现情况是由实际完成情况与计划完成情况之间的比率加以确定。完成及时率用提前完成时间与计划完成时间的比率来表示。成本节约率用以衡量处理突发公共安全事件在财政支出中的成本节约程度，指标用计划与实际使用资金之间的差额除以计划使用资金来表示。

4. 效果类指标

效果类指标从效益性和满意程度两个方面进行评价。效益性可以从社会、生态、经济以及可持续性四个方面进行评价。社会性是指财政支出对恢复社会稳定或促进社会稳定的贡献程度。生态性是指在保持经济性和社会性的同时能否维持生态的良好发展，或者在多大程度上能恢复突发公共安全事件对生态造成的影响。经济性是指突发公共安全事件中的财政对经济的恢复情况或者对经济发展的促进情况的影响程度。可持续性是指此次突发安全事件对未来的持续影响，例如是否有利于加强公众安全意识

以及普及相关知识，是否有利于政府部门的应急管理制度、监管制度的加强，是否有利于更好解决下一次突发公共安全事件等。

关注社会公众、服务对象和政府对于突发公共事件财政支出效果的满意程度，其满意度是财政支出绩效最直接的反映。

（三）指标体系的筛选和优化

本文旨在研究适用于突发公共安全事件的指标体系。在没有统一、通用的指标体系的情况下，建立的指标体系必须满足突发公共安全事件的特点，又要考虑指标体系的综合性和复杂性，所以本文通过问卷形式向有关部门专家征求意见。通过专家经验对所列出的评价指标进行评价、打分，通过分析打分结果，剔除大幅低于平均水平得分的指标，筛选出合格的评价指标，达到优化评价指标体系的目的。

1. 初步优化

在进行问卷调查前，就评价指标向专家征求了初步意见。专家表示：一是产出指标里面缺少质量指标，建议增加反映突出公共安全事件处置各项工作质量的指标；二是成本指标，建议采用各项支出的社会平均成本或单位成本来描述，成本节约率指标不足以反映各项支出的合理性；三是满意度指标，建议解释为某某对突发公共事件处置效果的满意程度。另外，建议应界定一下政府部门是指哪些部门，否则具体实施过程中不好操作。

充分考虑专家意见后，对建立的指标体系进行初步调整，增加了产出质量指标，同时对指标的解释重新进行了修订，形成初步优化指标体系。

表 2　突发公共安全事件财政支出绩效评价指标的优化部分

一级指标	二级指标	三级指标	指标解释	指标性质
产出	产出质量	质量达标率	（达标完成情况/实际完成情况）×100%	定量指标
效果	满意程度	社会公众满意度	社会公众对突发公共安全事件的处置效果的满意程度	定性指标
		服务对象满意度	服务对象对突发公共安全事件的处置效果的满意程度	定性指标
		政府满意度	政府对突发公共安全事件的处置效果的满意程度	定性指标

2. 问卷调查

问卷调查包括各位专家的基本情况及各个指标的重要程度。通过对专家的基本情况分析，分析问卷结果的有效性；通过对指标的重要程度分析，选出更能对突发公共安全事件的财政支出绩效进行评价的指标。本文将重要程度分为五级：非常不重要、比较不重要、一般重要、比较重要、非常重要。五级指标得分分别为 1 分、2 分、3 分、4 分和 5 分。通过对其得分的描述性统计分析，形成优化评价指标体系的基础。

通过网络途径向专家发放问卷，最终通过网络问卷得到有效问卷 19 份，问卷调查对象征求了河北省财政厅、部分高校以及部分资产评估中介机构的意见，其中包括来自首都经贸大学、天津财经大学、江西财经大学、河北大学、河北农业大学、河北经贸大学以及河北金融学院等高校从事财政支出绩效评价研究的专家，从而保证了问卷结果的权威性。

(1) 基本问题分析

问卷对专家工作单位、工作性质、学历、从事财政支出绩效评价的年限以及从事财政支出绩效评价工作数量五个方面进行了调查。调查结果显示，工作于高校或研究机构的专家居多，约占总体的 58%，其余部分则工作于政府部门或评价机构，理论知识丰富，为此次评价体系的建立奠定了深厚的基础。参与的各位专家从事于管理、科研等各个工作领域，且约 90%的人都拥有硕士或博士学位，都在财政支出绩效评价等方面有很深的造诣，这有利于提高评价体系的标准程度与客观程度。问卷还显示 90%左右的专家从事绩效评价工作的年限已超过一年，且参与绩效评价工作数量也有若干，实战经验充足，评价结果具有充分的参考性，这有助于提高本次调查数据的准确性。具体情况见表 3。

表 3 专家基本情况

项目	分类	个数	比例
工作单位	政府部门	4	21.05%
	高校或研究机构	11	57.89%
	咨询评价机构	4	21.05%
	其他	0	0%
工作性质	管理人员	7	36.84%
	科研人员	4	21.05%
	专业技术人员	7	36.84%
	其他	1	5.26%
学历	博士	10	52.63%
	硕士	7	36.84%
	本科	2	10.53%
	大专及以下	0	0%

续表

项目	分类	个数	比例
从事财政支出绩效评价的年限	10 年以上	3	15.79%
	6—10 年	5	26.32%
	1—5 年	9	47.37%
	1 年以下	2	10.53%
参加绩效评价工作的数量	5 个以上	6	31.58%
	4—5 个	2	10.53%
	1—3 个	8	42.11%
	1 个以下	3	15.79%

（2）问卷信度检验

为了检验本次所设置问卷的可靠性，本文对问卷调查结果进行信度检验。信度检验反映重复测量同一种指标时所得结果的一致性程度。对于本次提出的各项指标，两次测验的结果越相近，代表误差越小，信度越高。信度检验完全依赖于统计方法，通常根据 Cronbach's Alpha 来确定被测指标的信度。

在信度检验中，若 Cronbach's Alpha 大于等于 0.8，表明指标一致性程度高，信度好；若 Cronbach's Alpha 在 0.7 到 0.8 之间，表明一致性程度较高，可信度较好；若 Cronbach's Alpha 在 0.6 到 0.7 之间，表明一致性程度一般，可信度一般；若 Cronbach's Alpha 小于等于 0.6，表明测量一致性程度较差，需要重新设计问卷。

利用 SPSS 软件进行可靠性分析，分析计算出本次问卷的 Cronbach's Alpha 值。本次检验所得到的该问卷的 Cronbach's Alpha 为 0.918，见表 4。根据信度检验标准，表明本文所选指标一致性程度很高，问卷可信度好，可以用于本次研究。

表 4　可靠性统计量

Cronbach's Alpha	项数
0.918	24

（3）效度检验

为了检测突发公共安全事件评价指标之间的相关性，本文利用 SPSS 软件对问卷结果进行了 KMO 和 Bartlett's 球形检定。KMO 检验统计量是用于比较变量间简单相关系数和偏相关系数的指标，取值在 0 和 1 之间。且 KMO 值越接近于 1，意味着变量间的相关性越强，原有变量越适合做因子分析。在实际分析中，KMO 统计量在 0.7

以上时效果较好。Bartlett's 球状检验用于检验相关阵中各变量间的相关性，一般在做因子分析之前都要进行 Bartlett's 球形检验，用于判断变量是否适合用于做因子分析。

对突发公共安全事件的二级指标进行 KMO 和 Bartlett's 球形检定，检验得到的 KMO 值为 0.709，意味着问卷效度高，可以用于参考；在 Bartlett's 球状检验中，Sig. 值为 0.000，符合检验标准，变量相互独立，因子分析法有效，见表 5。

表 5　二级指标 KMO 和 Bartlett's 的检验

取样足够度的 Kaiser-Meyer-Olkin 度量		0.709
Bartlett's 的球形度检验	近似卡方	105.676
	df	55.000
	Sig.	0.000

（4）指标重要性程度分析

对问卷中专家所给出的三级指标的重要程度评分进行描述性统计分析。通过描述性统计分析，计算出三级指标得分的极大值、极小值、均值、标准差以及偏度和峰度，见表 6。

表 6　描述统计量

	N	极小值	极大值	均值	标准差	偏度		峰度	
	统计量	统计量	统计量	统计量	统计量	统计量	标准误	统计量	标准误
专项资金财政负担率	19	2	5	3.84	0.834	−0.32	0.524	−0.172	1.014
预备费	19	2	5	4.16	0.958	−0.77	0.524	−0.498	1.014
社会捐助	19	1	5	3.00	0.943	−0.445	0.524	1.534	1.014
其他资金来源	19	1	5	2.95	0.848	0.107	0.524	1.978	1.014
资金分配的合理性	19	3	5	4.53	0.612	−0.924	0.524	0.038	1.014
资金到位率	19	3	5	4.68	0.582	−1.766	0.524	2.54	1.014
到位及时率	19	4	5	4.63	0.496	−0.593	0.524	−1.856	1.014
预算执行率	19	1	5	4.21	1.032	−1.825	0.524	4.241	1.014
资金使用合规性	19	2	5	4.32	0.946	−1.163	0.524	0.324	1.014
信息共享情况	19	2	5	4.05	0.705	−1.137	0.524	3.401	1.014

续表

	N	极小值	极大值	均值	标准差	偏度		峰度	
	统计量	统计量	统计量	统计量	统计量	统计量	标准误	统计量	标准误
信息公开情况	19	2	5	4.05	0.78	−0.881	0.524	1.512	1.014
管理制度健全性	19	2	5	4.26	0.933	−1.506	0.524	2.065	1.014
制度执行有效性	19	3	5	4.53	0.612	−0.924	0.524	0.038	1.014
目标完成率	19	2	5	4.21	0.855	−1.042	0.524	0.972	1.014
质量达标率	19	3	5	4.47	0.772	−1.116	0.524	−0.242	1.014
完成及时率	19	3	5	4.63	0.597	−1.443	0.524	1.38	1.014
成本节约率	19	2	5	3.95	0.848	−0.504	0.524	−0.012	1.014
社会稳定程度	19	2	5	4.37	0.895	−1.376	0.524	1.302	1.014
生态恢复程度	19	3	5	4.53	0.697	−1.205	0.524	0.328	1.014
经济恢复程度	19	2	5	4.37	0.831	−1.482	0.524	2.407	1.014
可持续影响	19	2	5	4.32	0.885	−1.25	0.524	1.104	1.014
社会公众满意度	19	2	5	4.05	0.911	−0.604	0.524	−0.388	1.014
服务对象满意度	19	3	5	4.21	0.855	−0.446	0.524	−1.505	1.014
政府满意度	19	2	5	3.95	1.026	−0.575	0.524	−0.731	1.014
有效的 N（列表状态）	19			4.17					

通过计算结果可知，24 项三级指标的得分均值为 4.17 分，说明从总体来看，所设计的三级指标是合理的。而从个体指标来看，24 项指标中唯有投入过程指标中其他资金来源指标均值在 3 分以下，其程度为比较不重要，对此指标予以剔除。除此之外，各位专家对于资金投入的社会捐助指标、资金管理的预算执行率指标和满意度中的政府满意度指标存在争议，两项指标的标准差较大。实际上，社会通过政府部门的捐资有时并不容易进行测算，而突发公共安全事件是突发性的，并不容易进行提前预测，同时在满意度方面，政府作为突发公共安全事件的财政支出的主体，服务对象及社会公众的满意度更具客观性，所以将上述三个指标剔除。

3. 最终指标体系

综合专家意见以及数据分析结论，确定最终的突发公共安全事件财政支出绩效评价的指标体系。指标体系设计总体合理，但应对其他资金来源指标、社会捐助指标、资金管理的预算执行率指标和满意度中的政府满意度指标四项予以剔除，形成最终的突发公共安全事件的财政支出绩效评价指标体系，见表 7。

表 7　优化后突发公共安全事件财政支出绩效评价指标体系

一级指标	二级指标	三级指标	指标解释	指标性质
投入	资金投入来源	专项资金（专项资金财政负担率）	专项资金/财政支出总额	定量指标
		预备费	应对突发公共安全事件各级政府提取的当年一般公共支出的 1%—3%	定量指标
	资金投入合理性	资金分配合理性	反映投入资金分配是否与实际结合，分配额度是否合理	定量指标
过程	资金管理	资金到位率	（实际到位资金/计划投入资金）×100%	定量指标
		到位及时率	（及时到位资金/应到位资金）×100%	定量指标
		资金使用合规性	突发公共安全事件的投入资金使用是否符合管理规定，是否有挪用和滥用情况等	定量指标
	信息管理	信息共享情况	信息发布、沟通和报告的及时性与准确性	定性指标
		信息公开情况	财政支出信息的公开情况	定性指标
	制度保障	管理制度健全性	应对突发公共安全事件的相关管理制度是否健全	定性指标
		制度执行有效性	应对突发公共安全事件的相关管理制度的有效执行情况	定性指标

续表

一级指标	二级指标	三级指标	指标解释	指标性质
产出	产出目标	目标完成率	（目标实际完成情况/计划完成情况）×100%	定量指标
	产出质量	质量达标率	（达标完成情况/实际完成情况）×100%	定量指标
	产出时效	完成及时率	（实际提前完成时间/计划完成时间）×100%	定量指标
	产出成本	成本节约率	［（计划使用资金－实际使用资金）/计划使用资金］×100%	定量指标
效果	效益性	社会稳定程度	对社会发展所带来的直接或间接影响情况	定性指标
		生态恢复程度	对生态环境所带来的直接或间接影响情况	定性指标
		经济恢复程度	对经济的恢复和发展所带来的直接或间接影响情况	定量指标
		可持续影响	突发公共安全事件后续运行及成效发挥的可持续影响情况	定性指标
	满意程度	社会公众满意度	社会公众对突发公共安全事件的处置效果的满意程度	定性指标
		服务对象满意度	服务对象对突发公共安全事件的处置效果的满意程度	定性指标

五、应对突发公共安全事件的财政支出绩效评价指标体系权重的确定

（一）指标权重的确定

本文采用熵值法，利用问卷中专家给出的评分进行权重确定。熵值法是一种客观赋权法，通过各项指标观测值的信息大小进行赋权，赋权过程如下：

首先，将数据改为矩阵形式 $A=\begin{pmatrix} X_{11} & \cdots & X_{1m} \\ \vdots & \vdots & \vdots \\ X_{n1} & \cdots & X_{nm} \end{pmatrix}_{n\times m}$。

接着，对数据采取归一化处理，即异质指标同质化，分为正向指标与负向指标。对于问卷结果评分，分数越高指标越重要，所以所有指标均属于正向指标。

$$X'_{ij}=\frac{X_{ij}-\min(X_{ij}\cdot X_{2j},\cdots,X_{nj})}{\max(X_{1j}\cdot X_{2j}\cdot\cdots,X_{nj})-\min(X_{1j}\cdot X_{2j}\cdot\cdots,X_{nj})}+1,$$

$$i=1, 2, \cdots n; \ j=1, 2\cdots, m$$

$$X'_{ij}=\frac{\max(X_{1j} \cdot X_{2j}, \cdots, X_{nj})}{\max(X_{1j} \cdot X_{2j} \cdot \cdots, X_{nj})-\min(X_{1j} \cdot X_{2j} \cdot \cdots, X_{nj})}+1,$$

$$i=1, 2, \cdots n; \ j=1, 2\cdots, m$$

$$e_j=-k*\sum_{i=1}^{n}P_{in}\log(\mathrm{P}_{ij})$$

$$k=1/\ln m$$

$$\mathrm{g}_j=1-e_j$$

$$w_j=g_j/\sum_{j=1}^{m}g_j, \ j=1, 2\cdots m$$

$$S_i=\sum_{i=1}^{m}W_j*P_{ij} \ (i=1, 2\cdots n)$$

最后，通过 MATLAB 软件实现上述过程，可以得到各个指标的权值，见表 8。

表 8　指标权重表

一级指标	一级指标权重	二级指标	二级指标权重	三级指标	三级指标权重
投入	0.1234	资金投入来源	0.0870	专项资金（专项资金财政负担率）	0.0432
				预备费	0.0437
		资金投入合理性	0.0365	资金分配合理性	0.0365
过程	0.3756	资金管理	0.2309	资金到位率	0.0302
				到位及时率	0.1617
				资金使用合规性	0.0391
		信息管理	0.0620	信息共享情况	0.0286
				信息公开情况	0.0334
		制度保障	0.0827	管理制度健全性	0.0462
				制度执行有效性	0.0365
产出	0.1813	产出目标	0.0349	目标完成率	0.0349
		产出质量	0.0728	质量达标率	0.0728
		产出时效	0.0325	完成及时率	0.0325
		产出成本	0.0411	成本节约率	0.0411

续表

一级指标	一级指标权重	二级指标	二级指标权重	三级指标	三级指标权重
效果	0.3196	效益性	0.1530	社会稳定程度	0.0345
				生态恢复程度	0.0533
				经济恢复程度	0.0304
				可持续影响	0.0348
		满意程度	0.1666	社会公众满意度	0.0429
				服务对象满意度	0.1237

（二）指标权重的分析

根据权重可知，在一级指标中过程指标权重较大，其次为效果指标，产出指标与投入指标的权重较小。

将 MATLAB 软件测出的各项权重指标分离后，可计算出各级指标的权重以及二级指标和三级指标的单权重。

1. 投入类指标权重分析

通过三级指标权重，可得下级指标与指标的单权重系数，其结果如表 9 所示。

表 9 投入类指标权重表

一级指标	权重	二级指标	单权重	权重	三级指标	单权重	权重
投入	0.1234	资金投入来源	0.7050	0.0870	专项资金（专项资金财政负担率）	0.4966	0.0432
					预备费	0.5023	0.0437
		资金投入合理性	0.2958	0.0365	资金分配合理性	1.0000	0.0365

从投入类指标的二级权重可以看出，资金投入来源的权重较大，其单权重为 0.7050。其中，“专项资金”和“预备费”的重要程度几乎相同，权重分别为 0.0432 和 0.0437，单权重分别为 0.4966 和 0.5023。专项资金作为政府应对突发公共事件的投入成本，预备费作为政府事先预留的费用，均是突发公共安全事件重要的资金来源。“资金分配合理性”指标的权重对比其他两个投入类三级指标的权重较低，其目的主要是研究资金分配合理性，明确资金投入来源，合理控制资金的投入，可以准确把握政府资金分配方向并为政府财政支出绩效评价奠定良好基础。

2. 过程类指标权重分析

在过程类指标中，“资金管理”“信息管理”“制度保障”三个指标单权重分别为0.6147，0.1651，0.2202，“资金管理”指标的单权重最大。

在“资金管理”指标中，“资金到位率”“到位及时率”“资金使用合规性”指标的单权重分别为0.1308，0.7003，0.1693。资金管理作为财政支出研究的基本任务，关系到政府财政支出的效益，是突发公共安全事件财政支出绩效评价过程类指标最重要的部分。同时，在二级指标“资金管理”下的三级指标中，“资金到位的及时率”单权重最大。在突发公共安全事件中，支出资金的及时到位对应对公共事件的突发性、切实保障公共安全有着重要作用。“资金到位率”可以反映政府支出的有效情况。“资金使用合规性”也是保障政府财政支出有效性的重要条件。

在“信息管理”指标中，“信息共享情况”和“信息公开情况”指标单权重分别为0.4613和0.5387。“信息管理”指标下，“信息共享情况”和“信息公开情况”单权重近似相等，表明管理好政府信息的流动性，确保社会各界及时并且广泛了解突发事件的危害性，明确政府资金的分配与用途，都有利于政府财政支出的公正公开性。

在“制度保障”指标中，“管理制度健全性”和“制度执行有效性”指标单权重分别为0.5586和0.4414。管理制度更加健全、制度执行更加有效可以促进政府提高财政支出效率。具体权重分布见表10。

表10 过程类指标权重表

一级指标	权重	二级指标	单权重	权重	三级指标	单权重	权重
过程	0.3756	资金管理	0.6147	0.2309	资金到位率	0.1308	0.0302
					到位及时率	0.7003	0.1617
					资金使用合规性	0.1693	0.0391
		信息管理	0.1651	0.0620	信息共享情况	0.4613	0.0286
					信息公开情况	0.5387	0.0334
		制度保障	0.2202	0.0827	管理制度健全性	0.5586	0.0462
					制度执行有效性	0.4414	0.0365

3. 产出类指标权重分析

产出类指标下，“产出目标”“产出质量”“产出时效”“产出成本”各项指标的单权重分别为0.1925，0.4015，0.1793，0.2267，见表11。

表 11　产出类指标权重表

<table>
<tr><th>一级指标</th><th>权重</th><th>二级指标</th><th>单权重</th><th>权重</th><th>三级指标</th><th>单权重</th><th>权重</th></tr>
<tr><td rowspan="4">产出</td><td rowspan="4">0.1813</td><td>产出目标</td><td>0.1925</td><td>0.0349</td><td>目标完成率</td><td>1.0000</td><td>0.0349</td></tr>
<tr><td>产出质量</td><td>0.4015</td><td>0.0728</td><td>质量达标率</td><td>1.0000</td><td>0.0728</td></tr>
<tr><td>产出时效</td><td>0.1793</td><td>0.0325</td><td>完成及时率</td><td>1.0000</td><td>0.0325</td></tr>
<tr><td>产出成本</td><td>0.2267</td><td>0.0411</td><td>成本节约率</td><td>1.0000</td><td>0.0411</td></tr>
</table>

产出是影响反映财政支出绩效的重要一环。在产出的二级指标中，产出质量尤为重要。“质量达标率”作为相对重要的三级指标，直接关系到财政支出的效率和效果，通过提高财政支出的质量可达到提高财政支出绩效的目的。其他指标也均可从不同的角度影响到政府财政支出的绩效，研究“目标完成率”和“完成及时率”可以使财政支出效果更直观，而从“成本节约率”也可以清晰地看出政府财政支出的效率。

4. 效果类指标权重分析

通过权重计算得出二级指标中“效益性”和“满意程度”单权重分别为 0.1530，0.1666。在“效益性”指标中，“社会稳定程度”“生态恢复程度”“经济恢复程度”的单权重分别为 0.2255，0.3484，0.1987。“满意程度”指标中，“社会公众满意度”和“服务对象满意度”的单权重分别为 0.2575 和 0.7425。具体见表 12。

表 12　效果类指标权重表

<table>
<tr><th>一级指标</th><th>权重</th><th>二级指标</th><th>单权重</th><th>权重</th><th>三级指标</th><th>单权重</th><th>权重</th></tr>
<tr><td rowspan="6">效果</td><td rowspan="6">0.3196</td><td rowspan="4">效益性</td><td rowspan="4">0.1530</td><td rowspan="4">0.4787</td><td>社会稳定程度</td><td>0.2255</td><td>0.0345</td></tr>
<tr><td>生态恢复程度</td><td>0.3484</td><td>0.0533</td></tr>
<tr><td>经济恢复程度</td><td>0.1987</td><td>0.0304</td></tr>
<tr><td>可持续影响</td><td>0.2275</td><td>0.0348</td></tr>
<tr><td rowspan="2">满意程度</td><td rowspan="2">0.1666</td><td rowspan="2">0.5213</td><td>社会公众满意度</td><td>0.2575</td><td>0.0429</td></tr>
<tr><td>服务对象满意度</td><td>0.7425</td><td>0.1237</td></tr>
</table>

在一级指标中，效果指标的权重最重，说明在面对突发公共安全事件中，财政支出的最终目的是要达到特定效果。在二级指标中，“满意程度”指标单权重大于“效益性”指标单权重，同时就“满意程度”而言，“服务对象满意度”权重大于“社会公众满意度”权重，说明在突发公共安全事件中，对于财政支出效果，首要目标是满足服

务对象的满意度。其次也要关注社会公众满意度，确保能够全面评价财政支出绩效，促进社会和谐公平。在“效益性”指标中，“生态恢复程度”权重略高于其他指标。但总体而言，四个指标之间的权重系数差距不大，原因在于四个指标之间有着紧密的关联，缺一不可。

六、总结

本文旨在建立一个能够反映突发公共安全事件共性的财政支出绩效评价体系。通过财政部相关文件，同时充分考虑绩效评价的“投入—产出”原则与4E原则，最后采用问卷调查形式，广泛听取专家意见，得到财政支出绩效评价的权重，形成了完整的、具有实践意义的指标体系，为突发公共安全事件的财政支出绩效评价提供参考依据。

权重分析体现了在突发公共安全事件的财政支出中，支出的过程与支出的效果更加受到关注，尤其是资金的使用与财政支出服务对象的满意程度。

在具体的突发公共安全事件中，可以通过收集事件相关指标的评语集，利用多层次的模糊综合评价模型进行评价，得出应对突发公共安全事件的财政支出绩效评价结果，供财政部门参考。

参考文献

[1]马蔡琛，赵笛．公共卫生应急资金的绩效管理——基于新冠肺炎疫情的考察[J]．财政研究，2020(09)：3-13.

[2]郑方辉，刘国歌．论财政支出绩效评价结构体系[J]．中国行政管理，2020(07)：41-48.

[3]姜军，王雨哲．PPP模式下城市轨道交通项目财政支出绩效评价研究[J]．北京建筑大学学报，2019，35(04)：75-82.

[4]李金珊，王倩倩．财政支出绩效评价体系刍议：3E维度的引入与改进[J]．财政研究，2018(03)：14-23.

[5]武玲玲，常延岭，彭青．完善我国应急财政资金管理的途径[J]．河北经贸大学学报，2015，36(04)：54-58.

[6]李亘，李向阳，孙钦莹．面向突发事件的应急财政保障机制研究[J]．电子科技大学学报(社会科学版)，2014，16(05)：43-46.

[7]崔军，杨琪．应急财政支出绩效评价指标体系构建研究——基于模糊层次分析法的考察[J]．财贸经济，2013(03)：21-31.

[8]王杰，饶海琴．我国应急管理财政支出的绩效评价体系浅析[J]．金融经济，2013(02)：85-87.

[9]郑毅，陈茜．财政支出绩效考评指标的选定[J]．社会科学家，2008(09)：119-121.

[10]刘佳．危机状态下政府决策的绩效及其评价模型研究[D]．哈尔滨工业大学，2008.

[11]胡国清．我国突发公共卫生事件应对能力评价体系研究[D]．中南大学，2006.

附 录

突发公共安全事件财政支出绩效评价指标筛选调查问卷

尊敬的专家：

您好！为了能更好地构建突发公共安全事件的财政支出绩效评价指标体系，我们根据《项目支出绩效评价管理办法》设计了此次调查问卷。希望用您的经验和见解帮助此次评价指标体系的构建。本调查问卷分为您的基本信息和指标重要程度评价两个方面。在指标重要程度评价中，请根据您的经验，选择各个指标的重要程度，并如实填写合适的选项。其中：1—非常不重要，2—比较不重要，3—一般重要，4—比较重要，5—非常重要。

本次调查问卷只用于本课题的绩效评价指标体系的构建，我们会严格保密问卷结果，不会对您造成不利影响。您的问卷对我们课题的顺利进行有十分重要的作用。再次对您表示感谢！

一、基本信息

1. 您所在的单位性质

□政府部门 □高校或研究机构 □咨询评价机构 □其他____________

2. 您从事的工作性质

□管理人员 □科研人员 □专业技术人员 □其他____________

3. 您的学历

□博士 □硕士 □本科 □大专及以下

4. 您从事财政支出绩效评价工作的年限

□10 年以上 □6—10 年 □1—5 年 □1 年以下

5. 您参加财政支出绩效评价工作的数量

□5 个以上 □4—5 个 □1—3 个 □1 个以下

二、绩效评价指标重要程度

序号	投入类指标			重要程度				
	二级指标	三级指标	指标解释	1. 非常不重要	2. 比较不重要	3. 一般重要	4. 比较重要	5. 非常重要
1	资金投入来源	专项资金（专项资金财政负担率）	专项资金/财政支出总额					
2		预备费	应对突发公共安全事件各级政府提取的当年一般公共支出的1%—3%					
3		社会捐助	社会各界自愿、无偿通过政府部门的捐赠					
4		其他资金来源	保险费等其他投入资金					
5	资金投入合理性	资金分配的合理性	反映投入资金分配是否与实际结合，分配额度是否合理					

序号	过程类指标			重要程度				
	二级指标	三级指标	指标解释	1. 非常不重要	2. 比较不重要	3. 一般重要	4. 比较重要	5. 非常重要
1	资金管理	资金到位率	（实际到位资金/计划投入资金）×100%					
2		到位及时率	（及时到位资金/应到位资金）×100%					
3		预算执行率	（实际支出资金/实际到位资金）×100%					
4		资金使用合规性	突发公共安全事件的投入资金使用是否符合管理规定，是否有挪用和滥用情况等					
5	信息管理	信息共享情况	信息发布、沟通和报告的及时性与准确性					
6		信息公开情况	财政支出信息的公开情况					
7	制度保障	管理制度健全性	应对突发公共安全事件的相关管理制度是否健全					
8		制度执行有效性	应对突发公共安全事件的相关管理制度的有效执行情况					

序号	产出类指标			重要程度				
	二级指标	三级指标	指标解释	1. 非常不重要	2. 比较不重要	3. 一般重要	4. 比较重要	5. 非常重要
1	产出目标	目标完成率	（目标实际完成情况/计划完成情况）×100%					
2	产出质量	质量达标率	（达标完成情况/实际完成情况）×100%					
3	产出时效	完成及时率	（实际提前完成时间/计划完成时间）×100%					
4	产出成本	成本节约率	［（计划使用资金－实际使用资金）/计划使用资金］×100%					

序号	效果类指标			重要程度				
	二级指标	三级指标	指标解释	1. 非常不重要	2. 比较不重要	3. 一般重要	4. 比较重要	5. 非常重要
1	效益性	社会稳定程度	对社会发展所带来的直接或间接影响情况					
2		生态恢复程度	对生态环境所带来的直接或间接影响情况					
3		经济恢复程度	对经济的恢复和发展所带来的直接或间接影响情况					
4		可持续影响	突发公共安全事件后续运行及成效发挥的可持续影响情况					
5	满意程度	社会公众满意度	社会公众对突发公共安全事件的处置效果的满意程度					
6		服务对象满意度	服务对象对突发公共安全事件的处置效果的满意程度					
7		政府满意度	政府对突发公共安全事件的处置效果的满意程度					

三、意见与建议

若存在指标设置不合理或不完整的情况，请您在下方“____”处填写需要增加或者删减的指标，并简要说明原因。

____

____

资源型地区转型发展的财政政策研究
——以山西省为例

李　超

摘　要：随着经济的不断发展，我国也逐步迈向了城市化和工业化，在这个过程中，资源型地区无疑起了举足轻重的作用，贡献巨大，使我国迈上了新台阶。但是这些地区所依赖的资源大部分都是总量有限和不可再生的，如果不在尚有余量的情况下未雨绸缪、转型发展，终有一天会走向衰败，陷入无法继续发展的绝境。所以对于资源型地区来说，调整发展思路、创新发展方式、转变经济增长动力显得尤为重要。本文分析了资源型地区转型发展财政政策存在的问题，然后结合山西省转型发展存在的问题提出了针对性的建议，为其他正在面临或者即将面临转型发展的地区的政府财政决策提供有益借鉴。

关键词：资源型地区；转型发展；财政政策；转型困境

文章结合课程知识点：财政政策——资源型地区转型发展

文章所体现的思政元素：资源型地区转型是一项复杂的系统工程，引导资源型地区逐步走出“路径依赖”和“资源诅咒”的困扰任重道远。2007 年 12 月 18 日，国务院出台了《关于促进资源型城市可持续发展的若干意见》（国发〔2007〕38 号），对资源型城市可持续发展道路做出了审时度势的指导。2013 年 11 月 12 日，国务院印发《全国资源型城市可持续发展规划（2013—2020 年）》（国发〔2013〕45 号）。2017 年 1 月 6 日，国家发展改革委发布了《关于加强分类引导培育资源型城市转型发展新动能的指导意见》（发改振兴〔2017〕52 号），进一步明确分类引导资源型城市可持续发展的目标任务和政策措施。2017 年 10 月 18 日，习近平总书记在党的十九大报告中提到“实施区域协调发展战略，支持资源型地区经济转型发展”，为资源型地区加快发展、转型发展、创新发展提供了难得的历史机遇。2021 年 11 月 5 日，国家发展改革委、财政部、自然资源部联合发布的《推进资源型地区高质量发展“十四五”实施方案》（发改振兴〔2021〕1559 号）提出，到 2025 年，资源型地区资源能源安全保障能力大幅提升，经济发展潜力充分发挥，创新引领、加快转型、多元支撑的现代产业体系基本建立，公共服务体系普遍覆盖，绿色宜居环境初步形成，民生福祉不断增进。展望到2035年，资源保障有力、经济充满活力、生态环境优美、人民安康幸福的资源型地区高质量发展目标基本实现，与全国同步基本实现社会主义现代化。中国特色社会主义进入新时代，我国经济也正处在转变发展方式、优化经济结构、转换增长动力的攻关期，资源型地区转型发展面临艰巨性和迫切性，通过创新改革驱动资源型地区高质量发展的重要性日益凸显。

一、资源型地区面临的困境

（一）财源结构不合理

资源型地区在政府收入方面分配不合理，首先表现在税收依赖性比较强。资源型地区税收收入主要依靠当地的资源，与资源相关的产业实现的税收占其所有税收收入的比重很大，甚至高达百分之九十以上。单一的产业结构和税收的依赖性使得资源型地区政府的收入存在着比较大的风险，税收收入不稳定，波动起伏比较大，远大于全国平均水平。在全国经济状况好的情况下会更好，在经济状况差的情况下也会更差。其次是在政府性收入中，税收占比较低，非税收占比相对较高，甚至可以达到百分之七十以上，又由于非税收收入大多具有专项用途，就会导致政府没有办法合理统筹安排地方财力支出，甚至影响到地方民生。除此之外，在现行财政体制下，资源型地区税收收入上级集中度较高，对于当地的税收收入而言，可能上缴上级的高达百分之七十五以上，其中绝大部分收归中央，同样对该地区的县级统筹能力产生较大的影响。

（二）产业结构失衡严重

资源型地区的区域经济以资源型产业的专业化生产为主体，使得其他产业和后续加工产业的发展相应地受到了限制，还在相当大的程度上阻碍了产业结构的高级化进程。资源型地区的建立一般是先拥有了某种（或多种）自然资源，再有设立在该地区的资源型企业，这些企业集中大量的工作人员，然后再有了设在该地区的城市和政府。资源型地区拥有非常丰富的自然资源，所以当地缺乏发展其他经济门类的动力。产业结构高度集中在自然资源的开发上，也就是“靠山吃山”，长此以往就造成了资源型地区的高度单一的产业结构，经济收入也高度依赖资源型产业。根据统计，有很多的资源型地区的资源开采及其加工业产值占总产值的百分之五十以上，有的甚至达到了百分之八十，这种过于单一的产业结构，造成资源开采业一家独大，产业链条很短。自然资源最终总会被耗尽，一旦“坐吃山空”，这些地区的发展就会一蹶不振，受到十分严重的影响。

（三）污染严重，生态环境遭到严重破坏

新中国成立前我国经济落后，所以在新中国成立初期国家为了尽快发展国民经济，长期坚持“先生产后生活”“先开发后治理”的指导思想。在资源开采中也采用了“有水快流，涸泽而渔”的做法，思想上也坚持“先生产后治理，重开发轻环保”的原则，由此导致资源型地区对资源的开采没有经过合理的科学论证，缺乏仔细合理的统筹安排。资源型地区普遍存在滥采滥伐现象，给当地也带来了十分严重的生态环境问题。资源型地区普遍地存在着生态环境问题：空气质量不好，大气污染严重，地表植被遭到严重破坏，地面坍塌沉降，采煤区出现了大量的采煤沉陷区引发地质灾害等。除此之外，水资源也遭到了严重破坏，水体污染，水位下降，河流逐渐干涸，农业灌溉和人畜饮水出现困难。

（四）城市失业问题严重

资源型地区由于产业结构单一，轻重工业比例严重失调，首先就会造成用工需求的绝大多数只能是男性的局面，女性的就业受到很大的局限，女性工作普遍难找，就业的性别比例也严重失调。而且一旦赖以发展的自然资源被开发殆尽，就会出现劳动力过剩，大量的剩余劳动力找不到合适的工作。所以近年来我国资源型地区的城市失业率一直居高不下，而且这种失业问题的严重性不仅仅体现在女性的失业上，还在于资源枯竭导致的零就业家庭的急剧增加。而且根据专题调查表明，矿工收入处在行业之末，收入水平偏低，所以资源型地区贫困人口多，贫困聚集和代际传递等成为较为严重的社会问题。

二、山西省转型发展及所面临的困境

山西作为典型的资源型省份，主要依靠煤炭发家，它的发展建立在丰富的煤炭资源的基础上。但是煤炭作为不可再生资源，随着开采量的愈来愈大，总量也在不断减少。所以为了山西的经济能够长远发展，必须建立起促进山西转型发展的长效机制。但在转型发展过程中，也存在许多不可避免的问题。

（一）产业结构失衡问题仍然存在

山西省以煤炭产业为主导，工业产业结构比较单一，长期以来，山西省的第二产业就在三次产业中的比重居高不下。又由于山西省地理位置处于内陆地区，是典型的黄土高原地区，地属温带大陆性季风气候，气候干旱，降水也比较少。这种区位条件和气候条件使得山西省土壤贫瘠，农作物的收成也受到了影响，阻碍了第一产业的发展。除此之外，山西省文化服务业发展也比较落后，产值占比比较低，而批发零售业和住宿餐饮方面相对就比较高，与此同时，第三产业中创新能力落后，科技含量低，投资驱动能力不足，所以教育和科技水平的发展就比较滞后，造成了山西省转型发展的后备人才不足、技术支撑吃力的局面。根据2020年山西省地区生产总值统一核算结果，全年全省地区生产总值为17 651.93亿元，按可比价格计算，比上年增长3.6%。其中，第一产业增加值为946.68亿元，增长3.6%；第二产业增加值为7675.44亿元，增长5.5%；第三产业增加值为9029.81亿元，增长2.1%，在三大产业中增长最少。

（二）非税收入比重高，税制结构不合理

由于国家分税制改革，地方税权处于弱势，地方税收收入和事权不匹配，地方政府作为执行部门既要完成本层级任务，又要完成上级下放任务，又由于财力有限，就会导致地方政府要通过非税收入来扩张事权，并增加预算外水平；再加上地方政府与中央争夺税源，将部分税收收入作为非税收收入征缴，就造成了非税收入占地方财政收入比重过高的局面。除此之外，山西的产业发展过度依赖煤炭，追逐经济效益的社会资本就会偏向于重工业，产业结构的单一性也会造成财政收入的单一性，这种单一性不仅使整个省的经济发展的风险增大，也使得财政收入的风险增大，一旦这个行业不景气，整个山西省可能就会陷入经济危机，财政收入也会急剧减少，影响政府财力，不能很好地解决民生问题，政府引导经济发展的驱动力大大减少。而且自从煤炭税费体制改革之后，煤炭产业的增值税与全国工业平均水平比较偏高，而且煤炭行业的近30项税费的征缴大部分都收归中央，地方财政税收受到限制，非税收入的比例增加，所占比例偏大，税制结构也渐趋不合理。

（三）环境污染影响经济发展

山西作为采煤大省，煤炭经济的发展已经成为山西省的龙头产业。由于在采煤时的放炮震动、回采冒顶，使得矿山的天然应力场和力学平衡遭到严重破坏，引发矿井顶部岩体开裂、塌落与平移并逐渐延伸到了地面，造成了地面塌陷、裂缝、滑坡与位移等自然灾害；又由于矿坑水中混合了大量的煤尘，受到井下油类、腐木等的严重污染，在排出地表后使得矿区水环境遭受到了严重污染。除此之外，由于采煤形成的地面塌陷和采空区破坏了地表原有的植被和水利设施，而且许多煤矿在矿区建设和煤炭开采加工过程中排出的大量废弃的土石都未经过处理，直接排放在了山沟、山坡和河川滩地，成为洪水直接冲刷的泥沙来源，伴随着洪水沿河而下，造成下游河床淤积，导致水土流失。这些灾害性的生态环境变化，给本地的居民和城区职工的生活和工农业发展也带来了巨大的困难。

（四）失业问题严重，创新型人才总量不足

山西省长久以来都是以煤炭为支柱型产业，煤炭产业给山西省带来的利润也成为山西省的主要经济来源，对山西省经济的发展起到了举足轻重的作用，但是由于煤炭产业长期发展导致煤炭资源的大量消耗，所以转型发展也迅速提上日程。在最近几次的中央会议中，供给侧改革被多次提及，去产能成为煤炭企业面临的一个不可回避的

重要问题。2016 年 2 月国务院发布了《关于煤炭行业化解过剩产能实现脱困发展的意见》，2016 年 4 月山西省又发布了《山西省煤炭供给侧结构性改革实施意见》将去产能提上日程。但是在去产能过程中会有很大一部分煤炭企业员工受到影响，这些员工不能妥善安置，不仅造成社会失业问题和劳动力资源的浪费，而且后期还可能引发一系列的问题；再加上山西省地处内陆，经济欠发达，人才引进比较困难，导致人才持续流失和煤炭产业管理团队人员的学历水平和受教育程度普遍偏低（主要是大专和中专学历）。除此之外，山西省近年来不断加快煤炭企业兼并重组的进程，不断加大煤炭资源整合的力度，相继出台了一系列法规政策，将煤炭工业的发展重点放在了以煤炭企业兼并重组为基础的产业结构调整和优化升级上，大力引进高科技技术，煤炭产业的集约化、机械化、信息化水平明显提升，煤炭行业就出现了创新型人才不足的问题。煤炭产业科技创新能力不足和技术创新型人才匮乏已经成为制约煤炭产业持续健康发展的瓶颈。

三、财政政策建议

（一）充分发挥政府主体作用，完善财税政策

山西省将煤炭作为支柱型产业，对全省的经济持续健康发展和维稳财政收入的影响仍然很大。山西省应当进一步完善财税政策，在财政方面加大对传统产业升级改造的支持力度，给予企业一定的优惠税率等税收优惠，同时也能提升企业自主创新能力、技术研发改造的积极性。在政府政策方面要加强对洁净煤产业发展的引导和推动，促进煤层气、煤化工等煤炭深加工产业的快速发展，协调好煤炭产业发展、资源利用与生态环境保护，综合各方面做出最优决策。政府要加大对煤炭产业科技创新能力建设，加快推动区域科技创新体系建设，着力提升产业层次和技术水平，加大对旅游业、服务业、金融证券业等产业的投入；充分利用山西省丰富的地上文物资源和晋商文化，打造多元化的产业体系，形成新的优势产业，提升整个山西省的经济结构质量；充分运用政府采购、财政补贴等财政支出方式和风险投资，完善相关方面机制，尽可能减少新兴产业经营风险高、资金需求大、市场竞争激烈和融资困难等问题。同时赋予地方政府一定的税收立法权，理顺利益分配关系，使地方政府的事权和财权相匹配，充分发挥地方政府的主体作用，推进资源有偿使用制度创新，加快构建科学有效的资源价值补偿机制。

（二）促进产业转型升级

产业结构均衡化对于扭转长期的产业结构单一化、偏向重工业产业态势，促使全省经济协调有序均衡发展，具有十分重要的意义。针对产业结构均衡化这一目标，应当加快优化需求结构，促进产业结构与投资结构合理化发展；深化产业结构战略性调

整，构筑特色鲜明的新型现代产业体系；深化行政管理体制改革，优化产业结构调整。首先要大力发展现代农业，加大对第一产业的科技投入力度，为农、林等产业的发展开发生产基地，创新农业生产装置，推进农业发展。政府要鼓励农民利用互联网发展家乡农业，相应地给予财政支持和税收补贴，加大对农民培训的资金投入力度，促进农业技术研发改造。其次要大力发展服务业，积极打造第三产业。加大对旅游业、物流业、金融证券业的资金投入，打造以五台山、皇城相府、乔家大院、平遥古城为主的人文旅游产业，以恒山、壶口瀑布等为主的自然风光旅游产业等。利用地处内陆的区位优势建设物流点，打造现代化物流园区。除此之外，对于作为山西省支柱产业的煤炭产业，也要加大科技创新投入力度，在以实现煤炭高效、清洁、低碳利用为主要目标的同时，减轻不可再生能源的开采压力，努力打造并且积极利用可再生的清洁能源，例如风能、太阳能、天然气等。

（三）落实绿色发展理念，优化生态环境

虽然山西省近些年已经很努力地进行产业结构调整，新兴产业的比重也有所提升，但是其规模相对传统产业来说仍然比较低，总体来说山西的发展相对于其他地区还是过度依赖煤炭产业。习近平总书记指出，发展理念是发展行动的先导。为促进山西省经济持续健康向前发展，政府要坚决贯彻落实绿色发展理念，做积极的引导者。政府在生态文明建设中的作用是其他社会组织所不能替代的，不仅要落实其职责，还要转化自身职能，转变为绿色型政府。政府应当积极发挥其财政的作用，大力支持并且鼓励企业开发新能源、发展循环经济，倡导各个企业在经济发展过程中积极探索循环经济的实践模式，充分发挥其在资源配置中的导向作用，为绿色发展提供政策上的优惠、信息和技术上的支持，为循环经济和绿色发展提供一条切实可行的“绿色通道”。除此之外，在财政支出方面可以加大在生态建设方面的预算，建立财政资金长效投入机制，切实保证政府财政投入与生态文明建设的重点任务相匹配，设立循环经济项目、环保项目、新能源建设项目专项资金，有针对性地建立生态保护区并保证给予充分的资金支持。

（四）推进技术创新，促进人才积累

政府可以加大煤炭产业的研发经费投入，以提供奖励补助等方式，鼓励煤炭产业进行技术创新，积极构建并且优化产、学、研合作机制，推动搭建技术创新机制和科技基础平台。为了促进煤炭企业转型发展，还要从源头上增加人才储备数量，政府可以扩大对采矿类专业学生国家奖学金和国家助学金发放的比例和范围，加大助学贷款等的扶持力度，财政支出方面增加对煤炭类院校的资金投入力度，用以改进教学设施、增加教学设备，采取多种措施对煤炭院校实行优惠、帮扶政策。除此之外，针对由于转型发展而失业的人群可以提供失业保险，加大财政投入鼓励剩余人才积极创业，发

展民营经济，还可以采用财政奖补方式推进民营企业转型升级，既做到了“人尽其才”，又促进了山西省的转型发展。除此之外，政府还可以加大教育投资，加强对高层次人才以及团队的引进并设立相关方面的专项资金，围绕山西省产业发展的重点区域积极引进国内外的跨国公司、企业集团，尤其是其核心研发团队。

参考文献

[1]张婷．促进山西资源型经济转型发展的财政政策研究[J]. 经济师，2020(01)：10-12.

[2]宋燕，郭玉玉．转型发展中煤炭工业人才困境的对策研究——以山西省为例[J]. 山西煤炭，2014，34(10)：1-3＋6.

[3]中共山西省委党校第67期中青班课题组，冯国华．推动山西产业结构调整的对策建议——基于山西综改示范区产业发展的调研分析[J]. 中共山西省委党校学报，2020，43(05)：54-58.

[4]朱丽丽．高质量发展背景下山西省产业结构优化研究[J]. 内蒙古科技与经济，2020(06)：9＋44.

[5]韩巧玲．绿色发展理念下山西经济转型研究[D]. 辽宁师范大学，2019.

我国财政赤字率及相关财政政策变化分析（1978—2020年）

李红霞

摘　要：我国财政政策在帮助推动国内经济发展、提高人民生活质量水平、促进社会和谐进步等方面发挥了有效的、积极的作用。我们都知道，财政是国家治理的基础和支柱。自改革开放以来，我们可以看到每一阶段，我国财政政策及赤字率都有其具体特征。这恰恰是因为我国政府根据当时的经济发展状况对财政政策进行了相应调整。回顾1978年至2020年财政政策变化，我们可以对我国的财政发展产生许多新的认识，从而更明确财政改革的方向。

关键词：赤字率；紧缩性财政政策；积极性财政政策

文章结合课程知识点：财政政策——财政赤字

文章所体现的思政元素：2013年11月12日党的十八届三中全会上提出，健全以国家发展战略和规划为导向、以财政政策和货币政策为主要手段的宏观调控体系，推进宏观调控目标制定和政策手段运用机制化，加强财政政策、货币政策与产业、价格等政策手段协调配合，提高相机抉择水平，增强宏观调控前瞻性、针对性、协同性。同时也提到，实施全面规范、公开透明的预算制度，审核预算的重点由平衡状态、赤字规模向支出预算和政策拓展。一方面，宏观经济的运行需要财政政策的调控，另一方面，对预算管理制度做出了要求。同样地，2017年10月18日，党的十九大报告中指出，创新和完善宏观调控，发挥国家发展规划的战略导向作用，健全财政、货币、产业、区域等经济政策协调机制。这肯定了财政政策的宏观调控作用，但是也提出了建立全面规范透明、标准科学、约束有力的预算制度。一般认为，持续的积极财政政策会导致财政赤字规模的扩大，引发财政危机。然而，我国自1998年首次提出积极财政政策应对金融危机，再到2009年重启积极财政政策，持续十余年，2020年更是因为新冠肺炎疫情采取超常规模的积极财政政策，2021年继续坚持积极的财政政策，但是小幅微降。2022年3月5日《政府工作报告》中提到，2022年将提升积极的财政政策效能，赤字率拟按 2.8%左右安排，面对世纪疫情和百年变局交织的严峻形势，积极的财政政策持续加码发力，更加注重精准施策、提质增效，增强财政可持续性。纵观这十余年，西方出现欧债危机，全球经济萎缩，而中国经济却始终保持着正增长，这是因为中国的财政政策与西方的看似相同，但却有着实质差异，跨周期衔接、逆周期调节相机而行，明晰的赤字率、政府债务规模、预算的科学管理等，这是中国特色的财政政策，是对凯恩斯经典宏观理论的创新。

一、市场化改革初期的财政政策（1978—1991 年）

总体概括为：打破了统收统支的旧局面，开展以“分灶吃饭”为基本特征的包干制，调动地方和企业积极性。

（一）1978—1981 年：我国财政赤字率出现了较大幅度的波动，采取了促进国民经济结构调整的财政政策

1978 年初，伴随着经济体制改革，国内经济出现较快增长，然而经济的热度也带来了相对较严重的财政赤字。因此国内经济开始出现波动，表现在“双高”上，即高投资、高需求。这些也导致了当时的物价上涨。中央针对国民经济的相应问题提出了“调整、改革、整顿、提高”的八字方针。从 1980 年开始实施包干制财政体制，主要特征就是“分灶吃饭”。该阶段所采取的宏观调控政策，有效地平衡了财政收支，帮助实现了预期目标，并最终使得居民消费价格指数和商品零售价格指数下降。财政收入划分按照分类分成原则，财政支出则按照企事业单位隶属关系来划分。财政收支差额由 1980 年的赤字，转为 1981 年的盈余，极为有效地缓解了我国财政的不利局面。然而由于政府调控措施并不和缓，我国经济进入了增长回落的衰退期。该财政政策对于当时的经济状况改善有极其重要的作用，但是它并不具备可持续性。财政收支的平衡不能仅靠控制支出来实现。

（二）1982—1986 年：尽管财政赤字规模波动多次，但赤字率变化仍较为平稳，采取的是紧缩性财政政策

1982—1986 年，我国财政赤字波动反复。该时段早期的相关政策调整，帮助实现物价稳定、收支平衡预期目标，然而经济增速下降的情况也伴随而生。1982 年，“翻两番”的发展目标带动了财政支出的扩大，两年时间，财政赤字增长了两倍多。经济表现出过热趋势。当时根据“增收”“减支”原则所采取的紧缩性财政政策，有效抑制了经济过热的发展态势，也有效初步控制了固定资产增长过快的不合理现象。80 年代中期，工业增速放慢，近半年就下降了 13%。在此阶段，国内的财政收支由近 60 亿元的财政赤字转为了 5000 多万元的财政盈余，居民消费价格指数出现下降态势。

（三）1987—1992年：财政赤字规模稳中有升、赤字率变化较为平稳，继续采取紧缩性财政政策

伴随着我国市场化改革的不断发展，经济调节手段不断丰富，主要包括税收、补贴、国债等。80年代后期，国内经济发展较快，社会总需求远高于社会供给。因而投资需求、消费需求高速增长，物价水平也大幅攀升，出现了经济过热的苗头。此时的财政政策方针是“治理经济环境、整顿经济秩序、全面深化改革”，其目的就是为了能够及时地、有效地防止通货膨胀发生。同时采取了“双紧”政策——紧缩的财政政策和紧缩的信贷政策。税收政策也开始在财政方面发挥积极作用来调控经济，开征新税种等相关政策在有效遏制需求过高、降低经济发展热度上发挥了积极作用。具有现代意义的财政政策正是由这些举措来组成的，此阶段也是具有深远意义的尝试阶段。然而由于宏观调控的手段相对来说还不够成熟，使得当时的经济发展大起大落，经济增长率波动大，但财政赤字规模仍表现为增长。

二、市场经济改革目标确定后的财政政策（1992—1997年）

总体概括为：形成并完善分税制，使其与我国的社会主义市场经济体制相适应。

1992—1997年：财政赤字规模基本保持稳定，赤字率变化平稳，采取“适度从紧”的财政政策。

1992年，新一轮的建设高潮在党的十四大精神鼓舞下展开，人们解放思想，排除干扰，努力建设经济。在此期间，我国的经济体制改革取得了实质性进展，中央和地方、国家和企业间的分配关系得到理顺，财政体制改革顺利开展。分税制合理地划分了中央与地方的事权，由中央进行的地方税收返还、转移支付制度得以建立。建立以增值税为主体的新流转税，内资企业和个人所得税得以统一。总体而言，1994年开始的财政体制改革在分税制基础上，充分考虑了中央和地方的利益需求，调整了财政收入划分方法，有效发挥中央、地方两个积极性。财政支出则开始转变为覆盖城乡整体、涵盖公共服务的民生建设，逐步建立起公共财政要求下的财政体制。在经济体制改革与相应财政政策调整下，该阶段初期，我国物价水平上涨速度快，经济形势较为严峻。为了使我国国民经济能够平稳发展，从1993年下半年开始，中央开始缩减财政赤字，“适度从紧”财政政策的实行，及时控制了赤字规模，发挥了财政的重要作用。1994年起分税制改革等一系列改革措施的施行，加强了财政管理。总的来看，此阶段所采取的适度从紧的财政政策对当时的经济发展起到了有效作用。“高增长、低通胀”的良好局面得以实现，既有效遏制了通货膨胀，又推动了经济高速增长。1996年我国国民经济基本实现了“软着陆”，回到较为平稳的、适度的增长区间。

三、市场型财政政策的转换（1998—2011 年）

总体概括为：调整分税制以建立现代财政制度，采取积极财政政策以更好应对世界性经济危机的影响。

（一）1998—2004 年：财政赤字基本上表现为比较强劲的上升趋势，此时采取“扩大内需”的积极财政政策

该阶段，国内的财政赤字逐渐上升。亚洲金融风暴带来了不小的影响，我国国内生产总值增长出现持续回落的态势，与此同时，国内的物价水平也不断下降。国际经济形势的不容乐观对我国的贸易和投资带来了较严重的负面影响，在该种影响下，我国过去一直以来的结构性深层次矛盾日益凸显，经济增速缓慢，经济发展面临较严重的挑战，急需积极的财政政策来改变局面，扩大财政投入以帮助扩大内需，从而促进宏观经济发展。通过实施积极性财政政策，在 2003 年下半年，我国经济终于进入了新一轮的增长。

（二）2005—2007 年：财政赤字体现了一种比较强劲的上升趋势，此时采取的是稳健性财政政策

2005—2007 年，我国的财政赤字规模表现出了较大幅度的波动性。2004 年以来，尽管此时采取的积极财政政策有效推动了我国经济加速发展，但资源对经济的制约越来越明显。升高的粮食价格，也使得国内消费价格水平不断提升，通货膨胀压力加大。因此，2004 年底，中央经济会议正式提出了以“控制赤字、调整结构、推进改革、增收节支”为主导思想的稳健财政政策，计划通过长期国债发行规模的缩减、赤字量的下降、多举措推动金融产品创新等手段，来解决过剩的资金流动性，以帮助我国经济继续增长。2007 年财政赤字转为盈余。2004 年到 2007 年期间，我国国内 GDP 增速一直在 10%以上。市场体制的不断完善，使得资源要素得到了有效利用。2007 年我国的 GDP 总量达到了 27 万亿元的高水平，GDP 增长率更为 14.2%，创下了新世纪以来 GDP 增长率最高值。而从此阶段价格水平的波动情况来看，通货膨胀水平呈温和状态，价格水平维持在 5%以下，其中 2004 年的居民消费价格指数为 3.9%，2007 年的居民消费价格指数为 4.8%。稳健性财政政策有效地推动了经济增长，优化了经济与财政结构，从而使得经济可以又好又快发展。

（三）2008—2011 年：财政赤字规模不断扩大，赤字率出现波动，采取积极的财政政策

2008—2011 年，财政赤字规模不断扩大。世界性经济危机的突发，使得我国经济发展受到不利影响。此时，积极的财政政策、新增四万亿的投资支持，极为有效地防止国内经济的快速下滑。这也得益于我国政府能够果断地转移宏观调控重点。财政政

策实施所关注的重点与当时的经济体制改革相适应，转向了结构性减税和财税体制改革。由于该阶段一直采取积极的财政政策，我国的赤字规模不断创下新高，自 2009 年之后，财政赤字规模更是维持在 5000 亿元以上的较高水平。

四、新时代的财政政策（2012—2020 年）

总体概括为：加力提质，精准调控，积极财政政策重点转为推进供给侧结构性改革。

2012—2020 年，赤字率表现为上升趋势，采取积极的财政政策。

从 2012 年党的十八大召开至今，国际经济发展态势依然低迷，危机恢复缓慢，经济增长的基础没有得到有力的巩固，为此我国一直实施积极财政政策。积极财政政策对于稳增长、调结构、促改革、惠民生有积极作用。顺应供给侧结构性改革的趋势要求，宏观调控由需求管理侧重转为供给侧侧重。与此同时，财政政策不仅重视供给侧需求，更重视精准施策。因此所采取的政策有：一是财政赤字和国债规模适当增加。二是营业税改增值税要全面、分步骤进行。三是重视小微企业的发展，对其进行税收优惠，并逐步降低企业社保税收负担。四是逐步将地方性债务纳入预算管理，强化地方政府债务管理，以期防范和化解地方政府性债务风险。五是对困难地区财力进行补助，对专项支付进行有效压缩，对一般性支付规模增加。六是政府部门缩减开支，尽力减税降费。七是加速公开透明预算制度的建设与实施，建立人民群众可以监督的阳光财政。在此过程中，党和政府一直把重点放到供给侧结构性改革上。政府简政放权、减税降费、支持创新，中小企业在相关政策的支持下，活力得到有效激发。国内经济稳中向好发展，有效供给得到增加。

五、对我国财政政策与赤字率变化的认识

（一）我国的财政改革取得了令人瞩目的成就

从数据可以得知，我国的财政收入从 20 世纪 50 年代初期的 62 亿元增长到了近几年的近 20 万亿元。这向我们证明了我国不断得到增强的财政实力。财政作为一种宏观经济调控力量，由单纯的“记账先生”逐步成长为极具生命力的调控主力。我国的财政体制不再是高度集中统一管理，而是转为以分税制为基础的现代财政体制。财政收入来源更加合理，更加体现社会公平，财政支出则有力地推动社会经济快速发展。在此基础上，全方位公共服务体系得以建立，人民的生活水平、幸福感、获得感得到显著提高。

（二）我国财政体制发展是与我国经济发展状况紧密相关的

我国经济发展的稳中向好，也推动了财政的发展；经济发展水平放缓，财政也会

放缓发展速度。不同时期的不同经济发展状况，也会影响所采取的财政政策。简单来说，经济发展速度放缓，会采取积极性财政政策，相应赤字率会提高；经济过热则会实施紧缩性财政政策，相应赤字率会下降。新中国成立初期国民经济秩序的恢复，多年通货膨胀问题的解决，都离不开当时的平抑物价的斗争。在经济危机的不利影响下，财政在帮助我国经济渡过难关的过程中发挥了积极作用，推动了经济稳中增长，帮助调整了我国经济结构，使得政策可以及时惠及民生，促进了经济改革。与此同时，我国的财政支出规模也不断扩大，一般公共预算支出更是由2012年的12.6万亿元增加到2018年的22.1万亿元。

（三）虽然我国财政发展速度快，但强大的财政体制仍需夯实税源基础

我国现代财政制度基本建立，但高质量、高水平的国民经济仍需进一步发展。虽不需要像新中国成立初期一样依靠重积累、轻消费来帮助经济体系发展，但在建立了公共财政后，我国各项民生支出大幅增加，这也提醒我们要建立坚实的财政后备力量，夯实可靠税源基础，充分发挥财政政策在帮助社会事业发展、促进产业发展、推动新兴产业发展等方面的积极作用。

（四）在经济全球化的大环境下，财政在抵御外部经济风险方面发挥着重要作用

财政政策是我国重要的经济调控手段，从新中国成立初期的恢复国内经济发展到2008年帮助化解全球性经济危机对我国经济发展的不利影响，其都发挥了非常重要的作用。随着我国相关领域内改革开放力度的不断加大，开放政策的不断优化，身为全球第二大经济体，今后可能会面临更多的外部冲击。为更好应对今后可能面临的危机与风险，更加及时有效地发挥好财政政策在宏观调控中的积极作用，财政的相关部门要及时抓住发展财政的战略机遇期，积蓄力量，提升外部风险防范能力。表现为当外部因素冲击我国经济时，可以通过有效的财政政策措施控制税后和政府的开支，从而利于国内经济的稳定，缓和经济波动。

（五）疫情影响下对我国财政政策的相关思考

新冠疫情下，我们更需要采取合理的财政政策来帮助稳经济、促增长，减小疫情对我国经济增长的不利影响。财政政策应重点考虑税收的可持续发展，认识到减税降费对推动经济发展的作用，同时也不忘以扩大税基来缓解财政收入可能减少的问题，还可以通过调整税收结构来帮助实现增强经济内生动力；改革土地出让制度，使其与当前高质量经济发展要求相适应；评价公共卫生应急资金时重点考量资金的可持续性；疫情的有效防控需要财政在相关资金投入、资金补贴、国际防控合作等方面提供可持续的保障。

（六）我国现代财政制度的建设仍有很长的路要走

经过多年的努力探索，我国经济社会发展和财政改革都取得了巨大的成就，但其发展仍任重而道远。正处于大变局中的世界环境，为我国实现中华民族伟大复兴既提供了机遇也提出了挑战。正是在这样的大环境影响下，党的十九届四中全会提出，在相关机制健全的过程中更好地调动中央和地方积极性，优化政府事权、财权的划分，建立权责清晰、协调均衡的中央与地方的财政关系。虽然我们的财政体制机制建设取得了极大的成就，但是也要意识到还有很多方面有待改善。公开透明的阳光财政、改进民生的民生财政、维护公平的法制财政等的深入实践，更融洽合理的中央与地方财政关系的变革和更科学合理的税收制度改革，都还需要很多时间来进行完善。然而复杂多变的国际形势也为我国的经济发展和财政改革增添了不利影响，我国现代财政制度建设，需要各方面的支持与不懈努力。

参考文献

[1]杨志勇．新中国财政学 70 年发展的基本脉络[J]．财政研究，2019(06)：3-13.

[2]姜长青．新中国财政体制 70 年变迁研究[J]．理论学刊，2019(05)：72-80.

[3]湛志伟．中国财政七十年的简要回顾与启示[J]．中国财政，2019(22)：60-63.

[4]罗爽．中国财政可持续性研究[D]．重庆工商大学，2018.

[5]赵懿．基于财政视角的中国通货膨胀研究[D]．南开大学，2013.

[6]孙焙炜．积极财政政策的通货膨胀风险研究[D]．武汉大学，2012.

[7]尚航．财政政策对通货膨胀的影响[D]．辽宁大学，2018.

[8]罗志恒，任泽平，盛中明．2020 年财政政策应更加积极有为——基于财政赤字理论、现实以及国际比较的探讨[J]．发展研究，2020(04)：50-61.

[9]钟玮．我国统筹抗击疫情与经济发展的财政政策有效性及未来策略分析[J]．财政科学，2020(12)：86-91.

政府预算绩效管理问题及措施探析

林　静

摘　要：当今世界正逢百年未有之大变局，我国经济也正从高速增长阶段转向高质量发展阶段，发展面临的挑战前所未有。自2020年初，突如其来的新冠肺炎疫情对我国经济社会发展带来前所未有的冲击，我国经济发展速度放缓。在当前形势下，政府预算绩效管理的重要性尤为突出。我国政府急需加强对预算绩效的管理，尽最大力度提高财政资金的使用效率，提高政府的财政资金管理水平。本文结合当下政府预算绩效管理的一些问题，对其改善措施进行探讨。

关键词：政府预算；绩效管理；问题；改善措施

文章结合课程知识点：财政预算——政府预算绩效管理

文章所体现的思政元素：1995年1月1日起施行的历经2014年和2018年修订的《中华人民共和国预算法》规定，强化预算约束，加强对预算的管理和监督，建立健全全面规范、公开透明的预算制度。2017年10月18日，党的十九大报告提出，建立全面规范透明、标准科学、约束有力的预算制度，全面实施绩效管理。2018年9月1日，中共中央、国务院印发《关于全面实施预算绩效管理的意见》指出，全面实施预算绩效管理是推进国家治理体系和治理能力现代化的内在要求，要加快建成科学规范的全方位、全过程、全覆盖预算绩效管理体系，将各级政府收支预算全面纳入绩效管理，硬化预算绩效管理约束。2020年8月3日，根据《预算法》重新修订了《中华人民共和国预算法实施条例》。2021年1月21日，财政部发布了《关于委托第三方机构参与预算绩效管理的指导意见》（财预〔2021〕6号），从委托方角度对第三方机构参与预算绩效管理的相关业务活动做出引导规范的同时，提出要加强对第三方机构的指导和监督，推动预算绩效管理提质增效，更好发挥预算绩效管理在优化财政资源配置、提升政策效能中的积极作用。2021年4月29日，财政部印发了《第三方机构预算绩效评价业务监督管理暂行办法》（财监〔2021〕4号），从受托方角度对第三方机构从事绩效评价业务进行引导和规范，这有利于贯彻落实党中央、国务院关于加强财会监督和全面实施绩效管理的要求，有利于促进从事绩效评价的第三方机构健康发展，不断提升绩效评价的科学性、公正性和可信度。

政府绩效管理是我国政府管理的基础制度之一，而预算绩效管理作为政府绩效管理的重要工作内容，也是政府提高财政资金的使用效率、提高其服务水平的有效途径。通过对政府预算的绩效管理，在预算编制、执行、监督、评价的过程中，更加注重预算资金的产出和结果，可帮助政府花少量的钱，办更多的事，为社会公众提供更好的公共服务。

一、政府预算绩效管理概述

本文采用马国贤（2020）对预算绩效管理的定义，认为预算绩效管理简称绩效管理，是由“预算绩效”演化来的。预算绩效也称政府绩效或绩效，它来自市场经济下“花钱买服务”的理财观，指政府花钱买到的有效服务，并由两个要素构成：预算（花钱）和有效公共服务（结果）。总结为三个问题，即在某一服务花了多少钱，买了什么，买到的服务的有效性。

绩效管理指政府从追求绩效出发，以绩效指标和事业成本为核心，以绩效目标、绩效预算、绩效拨款、绩效评价为基本环节的管理体系。

政府预算绩效管理主要针对财政管理而言，其是以政府财政预算在一定时期内所达到的总体产出和结果为内容，以促进政府透明、责任和高效履职为目的所开展的绩效管理活动。

二、加强政府预算绩效管理的重要意义

（一）加强预算绩效管理是建设高效、廉洁政府的迫切需要

加强预算绩效管理有利于转变政府职能，提高政府的管理效率。预算绩效管理注重的是预算资金的产出和结果，在以结果为导向的预算管理中，加强预算绩效管理有利于增强政府部门的责任意识，对于预算资金的申请、使用会更加细致谨慎。同时，可以提高政府公共服务的质量，使政府工作更加高效，政府行政更加务实。

（二）加强预算绩效管理是完善公共财政体制的需求

加强预算绩效管理有利于政府各部门预算的进一步完善，有利于更加科学合理地分配公共资源，提高对公共资源的使用效率。随着公共财政管理改革不断深化，构建较为完善的公共支出管理体系更加迫切。这要求各级财政部门在关注财力分配的同时，更加关注财政资金的使用效益和效率问题。只有切实加强预算绩效管理，探索建立科

学规范的指标体系，设立绩效目标，客观评估资金的使用效率，建立反馈机制，才能从根本上推动公共财政体制完善。

（三）加强预算绩效管理是提高财政透明度的需要

党的十九大报告提出，要建立全面规范透明、标准科学、约束有力的预算制度，全面实施绩效管理。随着政府信息与政务公开工作的推进，人民大众对政府预算信息公开的关注也越来越多，迫切要求各级政府加强预算绩效管理，拓宽公民参与政府预算决策与执行的渠道，让公民也成为政务工作评价的“阅卷人”。

三、政府预算绩效管理过程中存在的问题

（一）政府预算绩效管理理念不足

受当前社会环境影响，政府部门更为关注的是经济发展方面的工作，关注其创造的经济效益，因为这与政府干部的管理考核息息相关。同时，一些较为低级的财政部门对预算绩效管理的价值了解不足，政府领导对预算绩效管理没有深入了解，普遍认为只要按照上级标准使用资金即可，没有重视预算绩效管理。这导致了政府预算绩效管理不能很好地发挥作用。

（二）缺乏完善的预算绩效管理体系

政府预算绩效管理实施的过程中需要一套科学的、完善的管理体系为指导。然而，我国政府当前并没有设计出一个完善预算绩效管理体系和与之相配套的考核标准。虽然广东、上海、北京等地区已经逐步摸索并建立了具有中国特色、符合中国国情的、较为完善的地方预算绩效管理模式，为我国预算绩效管理提供了有效的实践经验。但各地方政府所面临的实际情况有很大差异，所以不能照搬照抄成功地区的模式，否则会造成严重的不匹配现象。各地方政府应以实际情况为基础，因地制宜设计出适合当地的预算绩效管理模式。

（三）绩效评价质量有待提高

目前我国政府的预算绩效评价包括政府财务部门评价、单位自我评价以及独立的第三方机构评价。但不管是财政部门的评价，还是部门单位的自我评价，其绩效评价的标准都是由“财政支出绩效目标申报表”决定的，部门单位的评价分值也是由相关评价人员决定的，故评价结果的科学性与公正性有待商榷。而第三方评估机构或也因信息缺乏导致评估结果的质量不高，最终造成绩效评价流于形式。

（四）绩效评价结果应用不充分

2018 年 9 月，中共中央、国务院印发的《关于全面实施预算绩效管理的意见》中提出要更加注重结果导向、强调成本效益、硬化责任约束。但目前很多地区的财政机构预算绩效管理实施仍处于起步阶段，缺乏对绩效评价结果的重视，对获得的绩效成

果，无法从中总结经验并将其运用到下一期的指导工作中去，从而使预算绩效评价结果的运用不充分。

（五）缺乏预算绩效管理方面人才

预算绩效管理对预算管理工作人员提出了很高的要求，他们必须具备丰富的专业知识和相关管理经验、较高的组织能力和数据处理能力，并要接受先进的预算绩效管理理念。但目前我国高校并未开展预算绩效管理的相关课程，相关人才的培养也比较落后，受此影响，当前政府预算绩效管理缺乏高素质人才。

四、政府预算绩效管理的改善措施

（一）加强对预算绩效管理的宣传工作

政府部门应加强对预算绩效管理的宣传工作，通过各种专业知识讲座、培训等，让相关人员充分了解预算绩效管理的价值，并重视预算绩效管理工作。这也是良好开展预算绩效管理工作的第一步。

（二）加快预算绩效管理体系的建设

目前，我国广东、上海、北京等地区已经逐步摸索并建立了具有中国特色、符合中国国情的、较为完善的地方预算绩效管理模式，这对各地方政府建立起符合各地方实情的预算绩效管理模式提供了有效的实践经验。我国的预算绩效管理体系有必要做到事前、事中、事后全过程绩效管理，将绩效理念和方法深度融入预算编制、执行监督全过程预算绩效管理链条中。

（三）加强对绩效评价的管理和评价结果的应用

首先，政府部门应加强对绩效评价工作的监督，对自我评价和外部评价实施随机抽查。其次，可对项目进行事前评估，这可为事后绩效评价提供参考。

政府工作绩效成果最终都体现在预算绩效评价的结果上。通过加强对绩效评价结果的应用，可以促进政府财政预算绩效改革。首先，政府部门需要加强对评价结果中数据信息与预算绩效管理的分析，发现问题，总结经验。其次，绩效评价结果也是相关工作人员工作考核的凭证。政府部门可根据考核结果，将资金运用到好的项目中，提高资金的使用效率和效果。

（四）建立和完善人才培养机制

首先，财务部门应该对预算绩效管理人员进行定期培训，提高他们的专业素养，部门之间也可以加强交流，互相学习，总结和分享相关经验。其次，各大高校应培养预算绩效管理相关方面的专业人员，为政府预算部门提供高素质人才的后备军。

参考文献

[1]马国贤．我国预算绩效制度的框架研究（上）[J]．财政监督，2020(17)：25-30.

[2]马国贤,任晓辉．全面实施绩效管理:理论、制度与顶层设计[J]. 中国行政管理,2018(04):13-18.

[3]李俭．政府预算绩效管理的现状及优化策略分析[J]. 财会学习,2021(01):76-77.

[4]王志武．全面实施预算绩效管理的实践与探索[J]. 西部财会,2019(02):12-15.

[5]荣庚华．对县级财政部门预算绩效管理的分析与探讨[J]. 财经界,2020(35):5-6.

[6]申菡．如何有效推进财政预算绩效管理标准化体系建设[J]. 中国商论,2020(08):199-200.

[7]朱静．一场自下而上的改革——来自京沪粤三地预算绩效管理改革的借鉴与启发[J]. 新理财(政府理财),2019(07):30.

[8]王宏斌,刘敏,程文．全面实施公共财政预算绩效管理的重点与难点[J]. 中国集体经济,2020(21):43-44+106.

[9]王学军．我国政府绩效管理的治理转型[J]. 理论探索,2020(06):5-13.

[10]周建伟．政府预算绩效管理现状和措施分析[J]. 农村经济与科技,2020,31(24):102-103.

[11]王莉莉．中国政府预算绩效管理制度优化与国际经验借鉴研究[D]. 河北大学,2019.

[12]马亮．大数据时代的政府绩效管理[J]. 理论探索,2020(06):14-22.

[13]吕乔丽．浅论财政预算绩效管理的现实意义[J]. 经济师,2015(08):59-60.

"十四五"期间财政政策如何更加积极有为

潘　舒

摘　要：在世界经济仍然深受疫情影响的形势下，加上逆全球化的插曲，要做好"六保"工作、落实"六稳"任务，把握好"十四五"时期的财政政策走向和基本的要领，衔接中长期继续推进现代化的战略目标，加强对国家重大战略、重要任务、重点改革的财力保障力度。"十四五"时期，财政政策应因时因势而变。宏观经济调控中的财政政策，说到底是一种短期经济政策，是因应短期宏观经济形势变化的选择。财政政策在不同阶段有不同的内容，财政政策创新让财政政策有了新的活力。"十四五"时期的财政政策要更加积极有为，应注重积极财政政策的提质增效，更好地服务于宏观经济治理和实现高质量发展。

关键词："十四五"；新发展；财政政策；提质增效；更可持续

文章结合课程知识点：财政政策——积极财政政策

文章所体现的思政元素：党的十九届五中全会通过的《中共中央关于制定国民经济和社会发展第十四个五年规划和二〇三五年远景目标的建议》其核心要义是"三新"，即新发展阶段、新发展理念、新发展格局。基于目前经济社会稳定增长压力较大的现实需要，我国在"十四五"时期应当继续实行积极的财政政策，但是考虑到当前面临的严峻财政收支形势和"十三五"时期财税体制存在的问题，积极财政政策如何提质增效应该是需要注意的重点问题。

一、引言

2021 年是"十四五"开局之年，2021 年财政政策要依"十四五"规划的核心要义来调整，而非只是考虑一年的情况和变化。换句话说，2021 年的财政政策如何调整完善，需要从"十四五"甚至更长期来看待。党的十九届五中全会通过的《中共中央关于制定国民经济和社会发展第十四个五年规划和二〇三五年远景目标的建议》，其核心要义是“三新”，即新发展阶段、新发展理念、新发展格局。这意味着2021年的财政政策要从新发展阶段的要求出发，贯彻落实新发展理念，助力构建新发展格局。

二、“十三五”时期营造的良好政策环境

“十三五”时期是全面建成小康社会的决胜阶段，面对国内外风险挑战明显上升的复杂局面，在以习近平同志为核心的党中央坚强领导下，财政部门坚决贯彻落实党中央、国务院决策部署，紧扣全面建成小康社会目标任务，坚持新发展理念，坚持以供给侧结构性改革为主线，坚持以改革开放为动力，推动高质量发展，坚决打好三大攻坚战，扎实做好“六稳”工作，全面落实“六保”任务，推动经济社会发展取得辉煌成就，为全面建成小康社会贡献了财政力量。

第一，全面推开“营改增”，降低制造业、交通运输、建筑等行业及农产品等货物增值税税率，实施个人所得税改革以及一系列降费等措施，有效降低企业税费成本和居民个人负担。大规模减税降费成效明显，企业负担持续减轻。在一系列减税降费措施的情况下，全国一般公共预算收入总体保持平稳增长，国家财政实力持续增强。全国财政支出保持较快增长，重点支出得到有效保障。积极盘活存量资金，加大资金统筹使用力度，及时下达预算和拨付资金，加快政府债券发行和使用，全国财政支出保持较快增长。在财政收支矛盾较为突出的情况下，各级财政部门牢固树立政府“过紧日子”思想，大力压减一般性支出，重点增加了对脱贫攻坚、生态环保、基层“三保”等重点领域的投入，优化财政支出结构。

第二，坚持深化供给侧结构性改革，经济发展质量稳步提升。“十三五”以来，财政部门继续坚持供给侧结构性改革主线不动摇，更多采取改革的办法，运用市场化、法治化手段，在“巩固、增强、提升、畅通”上下功夫，增强我国经济质量优势。巩固“三去一降一补”成果，处置僵尸企业，推动产能过剩行业出清。落实企业改制重组、去产能调结构等方面的税收优惠政策，推进企业优胜劣汰。增强微观主体活力，落实创新驱动发展战略，持续增加基础研究投入，加强对公共科技活动支持，调动科研人员积极性，解决原始创新能力不足问题。提升产业链水平，推动制造业高质量发展，发挥财政资金“四两拨千斤”的作用，引导资本、资源向战略关键领域聚焦。畅通国民经济循环，综合运用税收优惠等方式，鼓励金融机构加大对民营企业和中小企业的支持。

第三，坚持稳步提高基本民生保障水平。“十三五”以来，在财政收支平衡压力较大的情况下，确保基本民生投入只增不减，同时，坚持尽力而为、量力而行，突出保基本、兜底线，推动完善相关领域的支出政策和机制设计，提高保障和改善民生水平。以强化资金投入保障为抓手，支持实现稳定就业。同时，健全多渠道稳就业资金保障

机制，增加促进就业创业政策供给，完善失业保险制度。这些措施有效对冲了新冠肺炎疫情的冲击，实现了“十三五”就业局势的基本稳定。财政教育投入的持续稳定增长，促进了学前教育加快发展，义务教育均衡优质发展，职业教育高质量发展，高等教育内涵发展以及学生资助政策体系的健全完善。加大基本民生保障力度，加大财政补助力度和完善养老保险制度并举，确保退休人员养老金按时足额发放，持续加大资金投入，推进社会救助资源统筹，切实保障困难群众基本生活。

第四，着力推进财税体制改革，加快建立完善现代财政制度。“十三五”时期，财政部门围绕推进国家治理体系和治理能力现代化，以科学的财税体制优化资源配置、维护市场统一、促进社会公平、实现国家长治久安的制度保障，深化财税体制改革。完善预算管理体系，构建完善标准科学、规范透明、约束有力的预算制度；加大政府性基金预算、国有资本经营预算与一般公共预算的统筹力度；建立跨年度预算平衡机制，实行中期财政规划管理，深化部门预算管理和改革；提升财政信息化支撑能力，积极推进预算管理一体化建设，建成财政部信息资源共享平台和政务服务平台。中央与地方财政事权和支出责任划分改革积极稳步推进。

第五，着力深化国际财经合作。“十三五”期间，财政部以开放促改革、促发展、促创新，扎实开展国际财经合作，为我国发展争取有利的外部环境。通过多双边财经对话机制，深化与主要经济体财经合作，推动完善全球经济治理，更好地服务于国家发展大局和财政中心工作，服务于国内经济高质量发展和“一带一路”建设高质量发展。在“十三五”时期，我国政府不断致力于营商环境建设，取得了较大进步，营商环境国际排名不断攀升。世界银行发布的《全球营商环境报告 2020》显示，由于大力推进优化营商环境改革，我国营商环境 2019 年全球排名位居第 31 位，连续两年被评为全球营商环境改善幅度最大的十大经济体之一。2020 年 1 月 1 日正式实施的《优化营商环境条例》也进一步确立了我国持续优化营商环境的目标和方向。

三、“十四五”时期应处理好矛盾来提质增效、更可持续

基于目前经济社会稳定增长压力较大的现实需要，考虑到当前面临的严峻财政收支形势和“十三五”时期财税体制存在的问题，在“十四五”时期，我国积极财政政策的选择不应当只考虑积极财政政策对抗经济冲击的短期目标，还应考虑积极财政政策促进经济增长的长期目标。在积极财政政策的实施过程中积极财政政策如何提质增效，应当充分考虑现存矛盾，统筹考虑并把握其中的平衡点，营造良好的政策环境，提升积极财政政策的质量和效率。

（一）处理好政府与市场的矛盾

在“十四五”期间，应当进一步明确除投资以外其他领域政府和市场的职能范围，

并进行动态管理，推动政府进一步退出市场竞争领域，充分发挥政府在非竞争领域的资源配置作用，真正做到政府和市场之间的不错位、不缺位、不越位，创造良好的财税营商环境。在“十四五”期间，我国政府应当有效落实推进《优化营商环境条例》的规定，持续深化简政放权、放管结合、优化服务改革，最大限度减少政府对市场资源的直接配置，减少政府对市场活动的直接干预，在打造市场化、法治化和国际化营商环境上取得更大进展，加快建设现代化经济体系，推动高质量发展。

（二）处理好收入与支出的矛盾

提高减税降费精准度，加强税收优惠管理，“十四五”时期，为应对经济下行的压力，促进实体经济的发展，应当继续实施更为精准的减税降费政策；调整财政收入来源结构，缓解财政收入压力。我国财政资金来源主要包括一般公共预算收入、政府性基金收入、国有资本经营收入和社会保险基金收入四部分。一般公共预算收入当前面临较大压力，可以考虑将一部分政府性基金收入和国有资本经营收入纳入一般公共预算收入中；适度扩大投资支出，引领“新基建”。积极的财政政策“加力”的一大表现就是增加支出规模。“十四五”时期，我国经济仍然面临较大的下行压力。因此，加大投资支出是政府拉动内需、促进经济增长的必然选择，但也应当注意内嵌于我国高质量发展的过程中，避免大水漫灌和重复建设，避免偏离供给侧结构性改革的主线；确保民生改善和重点领域保障支出。将未来的发展放在人的身上，是我国积极财政政策的一个重要立足点和出发点，因此确保民生改善和重点领域保障也是“十四五”财政政策规划的核心问题。政府扩大对公共卫生领域的投资规模并提高供给质量，不仅有利于改善民生，对于经济发展也具有积极的拉动作用。

（三）处理好中央与地方的矛盾

中央政府和省级政府应当履行更多事权，随着城市化的发展和人口流动规模的增大，我国经济发展的整体性越来越强，许多问题在省级以下政府无法解决，而“十四五”期间应当考虑从财政支出方面解决问题，强调中央政府与省级政府要履行更多事权，逐步提高中央政府支出占整个支出中的比重，以防止地方政府的支出责任不断加大所形成的“小马拉大车”局面，同时提升地区间公共服务均等化水平，促进形成区域协调发展新格局；加强地方税体系建设，建立完善的地方税制体系是“十四五”期间财税体制改革的重要内容，也是为积极财政政策的制定和实施奠定物质基础；完善转移支付制度，财政转移支付制度是由于中央和地方财政之间的纵向不平衡和各区域之间的横向不平衡而产生和发展的，是国家为了实现区域间各项社会经济事业的协调发展而采取的财政政策。在“十四五”期间，我国应加快推进转移支付制度改革。一方面，对于一般性转移支付，应当完善稳定增长机制，扩大一般性转移支付的规模和比例，实现促进地区间财力均衡。另一方面，对于专项转移支付，进一步清理、整合、规范专项转移支付制度，重在保证专项转移支付的“专用性”与“专效性”。

（四）处理好国内与国际的矛盾

在我国走向中华民族伟大复兴和推进经济全球化的进程中，难免会遭受到现有国际经济政治秩序的制约，需要财政政策积极予以协调与应对。加大国家战略型产业的财政支持。在“十三五”期间，尽管我国的科技水平和创新能力大幅提升，在某些科技领域居于领先地位，但一些事件仍然暴露出我国在某些战略性行业与西方国家存在较大差距。例如中美贸易摩擦中的芯片断供问题，新冠肺炎疫情期间体外膜肺氧合（ECMO）设备和耗材的国产化率较低问题等。因此，在“十四五”期间，必须加强国家战略型产业的财政支持；重点发展内循环促进双循环。由于海外疫情的持续发展、全球范围内经济衰退、地区保护主义抬头和美国霸凌主义等因素的影响，我国在未来很长一段期间内面临的国际形势会更为复杂。在“十四五”期间，应当充分发挥我国的市场规模优势，抓好经济内循环，进一步扩大内需，同时优化产业链，并推进新型城镇化，培育新的经济增长极，并以国内内循环促进国内国际双循环。中国经济的繁荣对于振兴全球经济具有重要意义，应出台旨在加强产业国际转移和对外投资力度的积极财政政策，进一步扩大国际市场，进而拉动我国其他产业的出口，促进国内经济增长。要推进并深化国际财政合作。经济全球化的不断推进，世界各国经济之间的联系越来越紧密，这决定了国际财政政策合作与协调比过去任何时候都更重要。因此，在“十四五”期间，我国应当推进并深化国际财经合作，加强国际财政政策的协调，加强包括财政政策在内的经济政策协调，积极推动多双边财经合作深入发展，增强发展内外联动性，让财政政策的国际协调更加顺畅。

四、“十四五”时期化解风险与把握机遇共存

全国财政工作会议提出了2021年十项重点工作和改革任务，“提质增效”“更可持续”是2021年财政政策的关键词。新发展阶段的基本特征是不确定性增大，大风险与大机遇并存。风险与机遇是一体的，唯有防范了风险，机遇才会呈现出来。在这个意义上，识别风险、对冲风险，是赢得发展机遇的关键。“十四五”的财政政策只有贯通风险思维，以公共风险为导向，才能运用好新发展理念，实现提质增效和更可持续，推动双循环畅通，构建新发展格局。

（一）注重防范公共风险

最近召开的全国财政工作会议就防范化解民生保障、环境治理、政府债务等重点领域风险进行了安排部署。针对如何防范重大风险，财政部部长刘昆在接受新华社专访时表示，将统筹好发展和安全，树立底线思维，把困难估计得更充分一些，把风险思考得更深入一些，堵漏洞、强弱项，下好先手棋、打好主动仗，坚决守住不发生系

统性风险的底线。这些都体现了新发展阶段的财政工作思路开始转向公共风险管理。这一风险管理框架的构建主要体现在三个方面：一是从关注政策的短期效果转向更加重视长效机制建设；二是从注重化解短期风险转向注重防范中长期风险；三是从提升应对局部性、领域性风险的能力转向提升对冲整体性系统性风险的能力。在此风险管理框架下，财政政策需要更加注重以公共风险对冲为着力点，努力构建与新发展阶段相适应、与新发展理念相吻合、与新发展格局相匹配的运行机制——基于对短期、中长期公共风险的判断，相应调整优化现有的财政政策措施。如果公共风险在收敛，财政政策应该相应地收缩；如果公共风险可能出现扩散，财政政策就必须更加积极。

（二）加强财政风险管控

“十四五”时期，不确定性程度的加深，意味着影响财政收支的不确定性因素越来越多，再加上确定性因素，如人口老龄化所带来的财政风险，“十四五”时期，如何保证财政安全，就成为一个重要问题。地方债的风险，总体可控的判断是可以成立的，但如果因此就放松警惕，那么本来不会出现的风险就可能出现。一段时间以来，地方债风险问题成为社会关注的重大问题，夸大地方债风险要不得，但不能轻视地方隐性债风险。现实中影响财政风险的因素很多，不确定性和确定性因素叠加，再加上积极财政政策对财政支出扩张的要求，对减税降费的要求，这都会对财政正常运行形成压力，在一定意义上，这是财政政策的风险。要真正发挥财政政策的作用，首先必须保证财政运行的平稳，保证财政的正常运行，这就要求构筑新的财政安全防线。要树立财政风险观，增强财政风险意识，将重视财政风险付诸行动，这应该体现在财政制度的完善上。在试点的基础之上尽快构建并完善政府综合财务报告体系，为应对各种可能的财政风险提供信息支持。

（三）全球对中国的预期向好，是各行各业的机遇期

2021 年也将是中国金融业发展的机遇期。随着疫情对经济的影响逐步减弱，宏观经济有望实现低基数效应下的高增长，这为银行稳健发展创造了有利条件。新消费、新基建、新制造、数字经济、普惠小微、绿色信贷等结构性增长中存在着大量机遇。同时，在全球经济恢复程度不同、货币政策松紧不一等条件下，中国金融市场对外资的吸引力还将持续增强。

“十四五”规划是我国构建双循环新发展格局的第一个五年计划，标志着我国进入新发展阶段，也是高质量发展的重要阶段。一方面，经济发展的动能将回归常态，构建以国内大循环为主体、国际国内双循环相互促进的新发展格局的战略部署，坚持把扩大内需作为战略基点。另一方面，“十四五”规划的新发展理念体现了发展规划由自然回归到战略谋划推进这一转变，扩大内需和创新驱动已经上升为国家重大战略，经济发展势必将进入战略推进的新阶段。一是我国经济长期向好，社会大局稳定，尤其

疫情冲击后全球对中国预期较好，发展潜力巨大；二是我国物质基础雄厚、人力资源丰富；三是我国市场空间广阔，双循环新发展格局未来可期。

参考文献

[1]杨雪雪．应对疫情的财政政策对冲效应分析及风险防范[J]．经济管理文摘，2021(03)：34-35.

[2]李明，赵剑治，苟燕楠．对冲疫情影响 加强预算管理 推动积极的财政政策更加积极有为[J]．中国财政，2020(10)：25-27.

[3]杨志勇．"十四五"时期中国财政治理需要注意的八个问题[J]．财政科学，2021(01)：9-16.

[4]刘慧娴．为全面建成小康社会贡献财政力量——"十三五"财政改革发展成就综述[J]．中国财政，2020(20)：42-45.

[5]薛钢，张道远，明海蓉．"十四五"的积极财政政策如何更加有为[J]．中国财政，2020(17)：37-40.

[6]刘晔，黄实．"十四五"时期我国税制改革与税收治理展望——基于十九届五中全会公报和"十四五"规划建议稿的分析[J]．财政监督，2021(02)：5-10.

[7]冯俏彬．"十四五"时期继续推进全面深化改革的若干建议[J]．中国财政，2020(17)：25-28.

[8]冯俏彬．"十四五"时期我国财政要统筹发展与安全[N]．经济观察报，2020-11-30(004).

[9]何代欣．"十四五"确保财政可持续运行的三大着力点[J]．中国发展观察，2020(Z8)：37-39.

[10]楼继伟．面向2035的财政改革与发展[J]．财政研究，2021(01)：3-9.

[11]柳立．"十四五"时期面临的重要战略发展问题[N]．金融时报，2021-02-01(009).

浅析“十四五”期间财政支出对产业结构调整的影响

裴金莹

摘　要：产业结构调整一直以来都是我国经济建设的重要任务，是适应我国经济增长方式的迫切要求，是我国顺利进行经济发展的必要步骤。要想使各产业协调发展，必须不断进行产业结构调整。实践证明，财政支出对于产业结构的调整和优化来说非常重要，财政支出可以通过引导不同的资金和资源在产业中流动达到产业结构调整的目的。但就目前的形势来看，我国财政支出的规模不够大、结构不平衡，未能充分发挥其调整干预作用，财政资金的利用率不高，导致产业结构调整的步伐变慢。本文以有关产业结构优化的研究为基础，结合我国目前财政支出的形势与现状，详细探寻财政支出现存的问题并提出解决措施，然后综合分析财政支出对于各个产业的影响，分析未来产业结构调整的基本思路，为“十四五”时期的产业结构调整优化提供有效建议。

关键词：财政支出；产业结构；财政政策

文章结合课程知识点：财政支出——财政支出与产业结构

文章所体现的思政元素：党中央非常重视我国产业结构的调整与优化升级。2014年12月5日，习近平总书记在中共中央政治局第十九次集体学习时强调，加快经济结构调整，推动产业优化升级，支持企业做大做强，提高国际竞争力和抗风险能力。2015年5月27日，习近平总书记在浙江召开华东7省市党委主要负责同志座谈会时强调，产业结构优化升级是提高我国经济综合竞争力的关键举措。要加快改造提升传统产业，深入推进信息化与工业化深度融合，着力培育战略性新兴产业，大力发展服务业特别是现代服务业，积极培育新业态和新商业模式，构建现代产业发展新体系。2016年11月1日，习近平总书记主持召开中央深改组第二十九次会议时提到，面对改革的复杂形势和繁重任务，要牵住改革“牛鼻子”，既抓重要领域、重要任务、重要试点，又抓关键主体、关键环节、关键节点，以重点带动全局——这就是重要的改革方法论。2017年10月18日，十九大报告中提出，支持传统产业优化升级，加快发展现代服务业，瞄准国际标准提高水平。促进我国产业迈向全球价值链中高端，培育若干世界级先进制造业集群。2018 年 3 月 11 日，习近平总书记在一些代表团参加审议时强调，推动经济高质量发展，要把重点放在推动产业结构转型升级上，把实体经济做实做强做优。2019 年 10 月 30 日，国家发展和改革委员会发布了《产业结构调整指导目录（2019 年本）》，并于 2022 年 1 月 10 日做了修订。2020 年 8 月 18 日至 21 日，习近平总书记在安徽考察时强调，要深刻把握发展的阶段性新特征新要求，坚持把做实做强做优实体经济作为主攻方向，一手抓传统产业转型升级，一手抓战略性新兴产业发展壮大，推动制造业加速向数字化、网络化、智能化发展，提高产业链供应链稳定性和现代化水平。2020 年 10 月 29 日，党的十九届五中全会通过的《中共中央关于制定国民经济和社会发展第十四个五年规划和二〇三五年远景目标的建议》提到，推进产业基础高级化，提高经济质量效益和核心竞争力。总之，推动高质量发展，要牵住产业结构转型升级这个“牛鼻子”。我国经济在经历了三十余年的飞速发展之后，目前正面临着增幅放缓的压力。与此同时，我国产业结构也到了关键时期。政府也越来越关注产业结构的调整。政府支出作为国家产业政策的重要组成部分，对我国各个时期的产业结构都产生了重大影响。

自新中国成立以来，有关我国产业结构的问题一直都是经济领域内的热点问题。事实上，产业结构并不是固定的、前后一致的，它会随着经济的发展趋势而发生相应的变化，并且在任何经济发展阶段都是至关重要的。经济发展与产业结构是相互联系、相互影响的。经济的发展可以促进产业结构的升级，同样，产业结构的优化又可以推动经济的增长，所以在不同的经济发展阶段需要不同的产业结构做支撑，助力经济发展。

改革开放以来，我国经济进入飞速发展阶段，人民的生活水平不断提高，产业结构也处在不断的调整优化之中，但由于经验不足以及当时落后的发展观念和粗放的发展手段，产业结构不能够完全顺应经济发展的内在要求，进而导致产业结构失衡，具体表现为三大产业在我国经济发展中的比重和作用失衡。在我国发展经济的过程中，重视经济增长数量，轻视经济增长质量，导致供给侧和需求侧的不平衡；注重城市经济发展，轻视农村经济的提升，导致城乡发展的不平衡；只重视工业的发展，轻视农业的发展，导致农业基础薄弱，工业领域科技化程度低。

因此，中国的产业结构需要不断调整才能追赶上经济社会发展的脚步，财政支出政策恰恰是促进我国产业结构优化升级的重要举措。政府可以通过调整财政支出力度来控制经济活动，缩小各个产业的比重和作用的比例差距，目的是有效改善经济活动的质量，扶持新兴的产业，合理处置衰退产业，使产业结构发挥更大的优势，从而进一步顺应经济发展的需要。纵观我国经济发展历史，无论是哪个阶段，财政支出都在产业结构升级中发挥了重要的作用，但财政支持力度较小，方法不佳，再加上市场化程度比较低，并且存在着几十年前计划经济时期遗留的诸多问题。所以，通过制定恰当合理的财政支出政策来推进产业结构优化的进程，使产业结构能够尽快适应经济发展的需要是我国当前发展阶段所亟待解决的问题之一。本文将根据财政支出的现状，探寻造成我国当前阶段产业结构不合理的原因，并通过总结历年来优化产业结构过程中的相关经验，研究财政支出对于我国产业结构调整的影响，从财政支出的角度为政府在“十四五”期间优化产业结构的决策及措施方面提供有益的参考。

一、财政支出对产业结构调整的相关概念及理论

（一）财政支出

财政支出，也可以称作公共支出或者政府支出，是政府为了实现自己的职能，对其从各个社会个体部门筹集的以金钱货币形式表示的社会资源的分配和运用。财政支出是政府财政分配活动的重要部分，且政府财政对社会经济的影响以及作用主要是通过财政支出这一行动来实现的。将我国财政支出活动进行分类归纳，可以反映出财政支出活动的性质和结构。而财政支出的规模和结构，通常反映的是本国政府所进行的活动的范围和政策的选择，同样财政支出的作用的方式和力度也会影响我国产业结构的调整程度。所以政府部门经常通过控制财政支出来调整经济规模和产业结构，正确处理政府各项支出的比例关系，并对其进行合理的配置，以满足各个领域对财政支出资金的需求，提高政府财政资金的利用率，促进产业结构向着更加合理的方向发展。

（二）产业结构的含义

产业结构是指我国各个产业的组合及各产业之间的联系和所占的比例。在发展经济的过程中，由于社会分工变得更加细致，产生了越来越多的生产部门。这些各不相同的生产部门由于受到经济社会中各种因素的影响和制约，会在增长速度、就业人数、对经济增长的推动作用等方面体现出巨大的差别。因此，在每个不同的经济发展阶段、发展时点上，各产业部门间的构成以及相互之间的联系和比例关系都有着巨大的差距，且它们对于国民经济的贡献程度也大不相同。因此，产业的构成、各产业之间的关系统称为产业结构。

（三）产业结构的分类

在经济研究领域内，产业分类方法主要有三次产业分类法、资源密集度分类法和国际标准产业分类法。本研究采用三次产业分类法，此分类方法是根据社会生产活动历史发展的顺序对产业结构进行的划分。产品通过直接获取自然资源而得到的部门称为第一产业，对从自然界直接获取的初级产品进行再加工的部门称为第二产业，除去

前两个产业外，为生产和消费提供各种服务的部门称为第三产业。根据我国实际情况，第一产业为农业，包括种植业、林业、渔业等；第二产业为工业，包括制造业、采掘业等；第三产业比较复杂，分为流通部门和服务部门两大部分，主要包括交通运输业、金融服务业、国家机关和党政机关等。本文将从产业结构的三个方面探讨财政支出的影响。

（四）产业结构调整

产业结构调整分为产业结构合理化和产业结构高级化。前者是指社会的各产业之间相互配合，具有较强的产业结构转换能力，对于市场需求的变化具有较高的适应性，并可以产生最佳效益的产业结构，具体表现为产业之间的数量比例关系、经济技术联系和相互作用关系趋向协调平衡的过程。后者还可以称为产业结构升级，它是指产业结构系统从较低级形式向较高级形式的转化过程。无论是合理化还是高级化，都有利于我国经济的可持续发展，也有助于我国转变经济发展方式，提高经济发展质量。但是，我国目前的产业结构并不能够完全符合经济发展的需要，所以对产业结构进行调整是顺利发展经济的重要步骤，也是对我国当前阶段面临的严峻考验。

二、财政支出影响产业结构调整的机理

（一）财政支出影响产业结构调整的背景

产业结构的调整离不开政府和市场调节的相互配合，市场依靠其价格和供求关系机制进行基础调节，政府在调整过程中为其所不能达到的范围提供补充性的政策和措施，对市场机制的指引导向作用提供助力。当市场失灵时，市场机制将无法矫正产业结构偏差，这时，政府就要发挥其干预和补充市场的作用，通过出台一系列的产业政策去矫正产业发展方向，完善和补充市场的调节作用，促进产业结构的调整和优化升级。

（二）财政支出影响产业结构调整的理论

经济的顺利运转需要财政支出提供必不可少的资金投入，同样，财政支出作为财政政策中影响产业结构最迅速便捷的工具，对产业结构调整发挥着不可忽视的作用。财政支出中最为有效的方式就是投资，通过控制投资的方向和重点能够改变三个产业的比重，提升各个产业发展的质量，进而推动经济的发展。实际上，并不是所有的市场都是自由竞争的市场，除竞争市场外，垄断市场的存在及各生产要素流动性的欠缺，都会导致社会资源配置出现问题。而产业结构不合理很大部分是因为资源配置不合理，政府要想实现社会资源的合理配置，必须利用财政支出进行调节控制，灵活分配私人部门和公共部门的资源，提高资源配置效率，使资源配置更加合理均衡。与其他调节手段相比，财政支出在引导投资方向和调整产业结构方面的力度更大，从而可更加快

速地实现产业结构调整合理化和高级化的目标。

(三) 财政支出影响产业结构调整的机理分析

财政支出是我国非常重要的财政政策，主要通过政府采购、财政补贴、财政贴息等方法对产业结构的调整施加影响，以直接进行资金投入或间接引导投资方向为主要方式。财政支出对产业结构的作用方式主要包括微观调控和宏观调控两个方面。宏观调控是指政府依靠财政支出来调整社会的总需求和总供给水平，优化资源配置，对社会经济发展的总水平起到调控的作用，进而达到产业结构调整的目的。微观调控则是指政府通过安排一些具体方向和侧重的财政支出，对某些产业或部门的经济活动进行调整。实际上，我国产业结构的不合理就是资源配置的不合理，无论是从宏观角度还是微观角度来看，要想通过财政支出助力产业结构的调整，政府都必须凭借控制财政资金支出的规模和方向，对生产结构、投资方向、资源配置等各种经济活动进行高效的调节。例如，加大对高科技产业以及高新技术产业的财政资金投入，加大对衰退产业的扶持力度等。除此之外，政府必须合理规划财政支出的范围，正确处理好经济领域的支出与其他领域支出的比例关系，分配好政府的财政资金，提高政府财政资金的利用率，为产业发展创造更优秀的环境，加快产业结构升级速度，满足社会各行各业的发展的资金需求。

三、我国财政支出与产业结构调整的现状及问题

随着我国财政资金的增多以及经济发展速度的提高，财政支出在国民生产总值的比重不断增长，我国对于财政资金的分配方式也趋于合理，财政资金产生的效果也更加明显。我国财政支出的规模、财政支出的结构、产业结构等也都发生了很大的变化。

(一) 我国财政支出的现状及问题

无论是财政支出的规模还是财政支出的结构都随着社会经济的发展发生了突飞猛进的变化。

首先，从财政支出的规模来看，我国财政支出的总数量是逐年增长的，其中支出规模最大的还是财政投资性支出，大量的投资性支出支撑政府进行基础设施建设，提高公共服务水平，创造更多的建设成果惠及人民。总的来看，财政教育支出虽然呈现逐年上升的趋势，但增长速度变化较小，说明我国对科教文化事业的重视程度较低，要想顺利实施科教兴国战略还需加大对教育事业的投资力度。行政管理支出呈现逐年下降的趋势，这说明我国反腐倡廉的力度逐年加大并取得显著成效，我国行政管理的效率也逐渐提高，意味着政府可以投入更多的资金进行财政投资或开展科教文化事业。由于受到新冠肺炎疫情的冲击，党和政府积极采取措施，把防范疫情作为首要任务，大大增加政府防范化解公共卫生事件的财政支出。

其次，从财政支出的结构来看，我国购买性支出的占比逐年下降，转移性支出的占比逐年上升，这说明我国政府直接通过财政手段进行配置的社会资源的规模逐渐下降，而公共财政活动对国民收入分配的直接影响逐渐增大，财政调节收入分配的能力逐渐增强，公共服务能力与社会保障能力都得到显著提高，人民生活水平显著提高。除此之外，我国各个地区的财政支出结构与我国总的财政支出结构并没有产生太大差别。除了基础建设支出外，科教文化事业支出所占比重最大，这是因为科技是第一生产力，创新是发展的根本动力，发展必须依靠高科技人才。所占比重仅小于科教文化事业支出的是社会保障和就业支出，这意味着国家越来越重视民生问题，顺应以人民为中心的发展理念。并且，随着我国综合国力的增强和经济水平的提升，我国已经改变了原来的经济增长局面，要想更加顺利地进行经济建设，政府需要适当降低投资性支出，并逐步增大科教文化事业的财政投资，更加注重民生问题。

但我国的财政支出对于产业结构的调整仍然存在一些问题。首先，财政支出的规模虽然在逐年增多，但总量是有限的，其并不足以承担起我国产业结构调整的要求，进而导致我国的产业调整目标不能按期实现，不能按时达到预期产生的调整效果。其次，财政支出的分配与安排并不合理，基础建设的财政支出占比较大，科教文化事业的财政支出和社会保障与就业支出的比例仍然小于基础建设财政支出。财政支出对于我国创新及高科技产业的分配偏少，导致我国的创新能力不足，高科技建设仍然缺乏专业的人才和高端的技术，显然这不利于我国产业结构的优化。再加上我国政府资金的分配方式不够完善，资金分配效率不高，也不利于产业结构的调整。要想提升我国的科技创新能力，必须运用财政手段，提高对于创新事业的财政支持力度，促进我国科技发展。

（二）我国产业结构调整的现状及问题

从我国目前的产业结构来看，第一产业所占国民生产总值的比重呈下降的趋势，在改革开放的初期，第一产业占国民生产总值的比重近30%，而到了2020年，其比重下降到了7%左右，下降幅度比较大。我国虽然是一个农业大国，但随着社会与经济的发展，发展重心发生了转移。第二产业的比重呈现先下降后上升的趋势，但整体来看，并没有发生太大的变化，而第三产业所占的比重呈现逐年上升的趋势，甚至已经赶超第二产业成为国民生产总值中占比最大的产业，且增长速度也跃居第一。近两年新冠肺炎疫情制约了各个产业的发展速度，由于各个产业是相互联系的整体，所以无论是哪种产业受到疫情的冲击，都会导致其他产业发展速度变慢，进而影响经济的发展。疫情期间，受到影响最大的是第三产业。

我国目前仍旧是一个农业大国，农业作为我国的基础产业，必须得到重视，其他产业不仅受到经济水平的制约，还会受到农业的制约。目前我国农业的发展出现了很多问题，如供水、供电、运输等基础设施不够完善，产品的品种和产量不高，再加上农业机械化程度低，生产效率不高，这些都会导致第一产业对于国民生产总值的贡献率不高。政府应加大扶持第一产业的力度，增加财政支出总量，只有农业发达，人民才能丰衣足食，国家才能在其他产业上投入更多的精力，促进其他产业的发展。

我国的第二产业产值总数虽然大幅增加，但产业结构不够合理，导致经济增长质量不高，产业结构优化升级的步伐减慢。我国虽然具有较高的科技水平，但创新能力、科研能力较弱，科研团队研发能力较差，只能通过购买别国的科技成果进行研究总结，并运用到发展过程中。此外，我国绝大部分收入都是依靠劳动力而不是科技创新，导致我国很难形成竞争优势，很难让第二产业的总产值实现大幅度提高。

相对于第一、第二产业来说，我国的第三产业起步较晚，发展水平滞后，虽然增长速度很快，但总产值较小，产业结构不够完善。从我国第三产业的内部结构来看，交通运输以及餐饮娱乐类占比较大，科技创新、电子信息等产业占比较小，这从侧面体现出我国发展程度还不是很高，科技创新能力不太强。所以，发展经济应该更加重视第三产业的发展，依靠第三产业带动经济发展。

四、关于我国财政支出对于产业结构调整的建议

目前我国的产业结构还不是很合理，所以，2020 年之后，我国将长期处于产业结构调整的过程中。我国的第一产业经营人数不断下降，总产值也呈下降趋势。第二产业也逐渐被第三产业超越，所占比重有所下降。我国需要提升对高新技术产业的重视程度，加强市场监督，争取为第三产业的发展创造更加优良的环境。具体建议如下：

（一）制定合理的财政支出政策和结构

无论是财政支出的政策还是财政支出的结构都对我国的产业结构的调整具有不可小觑的影响。财政支出结构的合理性提升、财政资源的合理分配以及各个产业投资力度的加强都符合现阶段我国经济发展的基本情况，会对产业结构的优化起到促进作用。财政支出政策是政府为了符合现在经济发展的要求所制定的，其制定过程需要综合考虑我国经济实力、经济环境等，根据产业发展的情况合理制定财政支出政策，遵从市场的导向，尽力使产业模式符合市场经济的发展，从而对产业结构升级起到积极的促进作用。虽然财政支出属于政府资源，但只要制定合理的支出结构，就能够使我国有限的财政资金发挥更大的作用，提高政府资金的利用率，发挥更大的市场价值。对于一些新兴产业，则需要结合其未来发展方向制定合理的发展政策。

（二）明确各产业所占比重，推动产业均衡发展

要想提高财政支出对于产业结构的贡献效率，必须首先明确各个产业所占的比重以及财政支持重点。第一产业作为我国国民经济的基础产业，必须大力扶持，尽力提

高其在三种产业中的地位。无论是基础设施建设还是扶贫开发等，都需要财政支出进行经济支撑。并且，发展第一产业有利于带动其他产业的发展并促进经济社会的总建设。明确各个产业的比重的目的就是要正确分配我国财政支出，可以适当减小对于优势产业的财政支持，使资金向着劣势产业倾斜，缩小各个产业之间的差距，实现各个产业均衡发展。

（三）加大对于科技创新领域内的财政支出

我国应当将更多的财政资金投入到科教文化事业方面，为提升科技创新能力和产业技术含量提供坚实的经济基础。还应加大对一些科技含量较高的企业的扶持力度，加大对于顶尖技术的投资力度，提高高新产业的科研经费，重视对于高科技人才的培养，适当推行奖励制度，从而促进全社会科学文化素质的提升，为提高各个产业的贡献值奠定基础。

（四）积极发挥财政支出的调节作用

财政支出应合理有效地发挥其直接干预和间接引导的作用，在市场调节不充分的基础上加强政策干预。政府需要加大对于新兴产业、高科技产业的扶持力度，提升产业的科学技术含量和创新能力，合理分配财政资金推动产业结构优化速度。

五、结论

我国经济发展的脚步不断向前，我国产业结构调整的步伐也不能落后。在新的形势下，合理的产业结构是推动经济顺利改革的重要条件。由于目前我国产业结构存在缺陷，阻碍了我国产业结构优化的趋势，必须找出影响产业结构调整的因素，提出针对性的建议，采取正确合理的措施应对产业结构的变化。从财政的角度来说，财政支出作为影响产业结构调整的重要因素，应受到政府的高度重视。政府必须采取合理的财政支出政策，制定合理的资金分配方式，加快科技创新的脚步，为产业结构改革助力。只有产业结构实现优化升级，我国的经济发展才会更加顺利。

参考文献

[1]严成樑，吴应军，杨龙见．财政支出与产业结构变迁[J]．经济科学，2016(01):5-16.

[2]李晓英，李蕾．吉林省财政支出对产业结构升级的影响[J]．税务与经济，2020(01):100-106.

[3]李梦涵．促进中国产业结构升级的财税政策研究[D]．辽宁大学，2019.

[4]陶长琪，刘振．地方财政政策对产业结构升级的影响——以中国14个副省级市为例[J]．南昌工程学院学报，2016,35(03):1-6.

[5]蒋炳蔚．我国促进产业结构转型的财政政策研究[D]．中南财经政法大学，2018.

[6]钱龙．地方财政支出与产业结构升级——基于政府与市场新型关系的视角[J]．福建农林大学学报

（哲学社会科学版），2017，20(04)：47-53＋64.
[7]吴秋阳．财政支出对产业结构调整的影响研究[D]．重庆工商大学，2018.
[8]刘益彤．基于中国供给侧结构性改革的财税政策研究[D]．辽宁大学，2017.
[9]郭新华，马樾，唐荣．财政支出与产业结构升级：基于湖南省的实证研究[J]．经济师，2016(11)：51-54＋56.
[10]侯省亮．促进产业结构优化的财政政策研究[D]．辽宁大学，2019.

“十四五”时期税制改革与税收治理的分析和思考

任一明

摘　要：本文以党的十九届五中全会公报和《“十四五”规划建议》中对税制改革和税收治理的基本要求为指南，结合“十四五”期间我国经济社会发展的若干重要议题，从提高直接税比重、绿色税制改革、社保费改税、健全地方税体系、数字经济下税收治理这五个方面对我国未来五年间税制改革和税收治理的基本方向和重点内容进行了分析和思考。

关键字：“十四五”；税制改革；税收治理；十九届五中全会

文章结合课程知识点：税收制度——税制改革与税收治理

文章所体现的思政元素：党的十九届五中全会通过《中共中央关于制定国民经济和社会发展第十四个五年规划和二〇三五年远景目标的建议》，对税制体系及税制改革提出了新要求，要求完善现代税收制度，健全地方税、直接税体系，优化税制结构，适当提高直接税比重，深化税收征管制度改革。在数字经济新时代和全球治理变局中，需要更重视发挥税制改革和税收治理在经济中社会发展中的激励引导作用，也需要根据新形势新要求来做出新的规划，由此推动经济社会实现持续稳定的高质量发展。

一、关于完善现代税收制度的总体思考

党的十九届五中全会通过《中共中央关于制定国民经济和社会发展第十四个五年规划和二〇三五年远景目标的建议》（以下简称《“十四五”规划建议》），对税制体系及税制改革提出了新要求，要求完善现代税收制度，健全地方税、直接税体系，优化税制结构，适当提高直接税比重，深化税收征管制度改革。

（一）现代税收制度功能定位丰富多元化

随着经济社会的发展，税制的功能也要随着时代变化而发展。进入新时代，在新

的发展阶段，现代税收制度也被赋予了更加丰富的功能，我们要以贯彻新发展理念、构建新发展格局、实现高质量发展为根本导向来谋划现代税收制度的总体格局。一方面要更好发挥税制在筹集收入方面的基本功能，推动高质量发展，深化供给侧结构性改革，更好地满足人民日益增长的对美好生活的需要。另一方面，要更好地发挥调控功能，更好地引导资源按照贯彻新发展理念、构建新发展格局、实现高质量发展的理念进行配置。

（二）完善现代税收制度与市场经济的内在逻辑关系

现代税收制度既是高水平社会主义市场经济体制的重要组成部分，也是构建高水平社会主义市场经济体制的工具和手段。税收制度要随着社会主义市场体制改革的不断深化而发展完善，继续深化改革，构建高水平的市场经济体制，充分发挥市场在资源配置中的决定性作用是贯彻新发展理念、构建新发展格局、实现高质量发展的内在要求。

（三）现代税收制度要适应数字经济的快速发展

党的十九届五中全会中明确提出加快数字化发展。经济社会运行的格局在一定程度上正在被数字经济发展所影响，在高水平社会主义市场经济体制中，数据也成为一种重要的市场要素，其要素市场运行机制、交易规则和服务体系等将成为社会主义市场经济体制的重要内容。数字经济等快速发展带来了新产业、新业态、新模式的不断创新，将改变社会价值创造的格局，数据要素也会成为社会价值创造的重要来源。根据税收经典原则，数据要素也许会成为税收收入的重要来源，这显然会对现行税制体系提出了新的要求。数据要素的使用还会改变现行税收征管制度，在深化税收征管制度改革中，更好地使用搜集、分析、使用数据要素，更加精准地分配征管资源，成为税收征管制度改革的重要方向。

二、“十四五”时期税制改革和税收治理的基本方向及重点内容

《“十四五”规划建议》指出我国发展仍然处于重要战略机遇期，但机遇和挑战都有新的发展变化。面对数字经济时代的到来和全球治理创新化，要保持经济社会的稳定高质量发展，少不了税制改革和税收治理的引导激励作用，要根据新形势新要求做出新的规划。

（一）提高直接税比重，优化税制结构

《“十四五”规划建议》指出要“优化税制结构，适当提高直接税比重”。按照税收分类标准，商品流转税属于间接税，而财产税和所得税属于直接税。提高直接税比重是“十四五”期间我国深化税制改革的最重要内容之一。这样做有利于优化我国税制结构，也为我国“十四五”期间经济社会持续协调发展提供了根本保证。

第一，所得税具有很高的税收收入弹性，随着一个国家人均收入水平的提高，必须提高直接税占税收的比重。目前来看，发达国家主要税种都是所得税。而我国的税制结构中，商品税约占六成，所得税占比不到三成，财产税基本缺失。因此在“十四五”时期要逐步提高直接税在税收收入中的比重，进一步优化我国税制结构。

第二，为进一步发挥税收在收入再分配上的调节作用，提高直接税也是必要的。《“十四五”规划建议》要求“完善再分配机制，加大税收、社保、转移支付等调节力度和精准性，合理调节过高收入”。要想发挥税收对收入的再分配功能，必须提高直接税比重。直接税能很好体现税收公平原则，不像商品税那样具有累退性。

第三，《“十四五”规划建议》指出要“完善宏观经济治理”“提高逆周期调节能力，促进经济总量平衡”。与间接税相比，直接税尤其是所得税具有逆周期调节的“内在稳定器”功能。尤其是在未来五年期间，在国内外大环境的影响下，我国宏观经济面临很多不确定性，并且这些不确定性不断增强，提高所得税比重可以较好地增强宏观调控政策及其效果的稳定性。

第四，进一步提高直接税比重有利于适应现代税收治理的要求。税收治理现代化的关键点是要让纳税人广泛平等地参与纳税。由于商品税易实现税负转嫁且在我国多为价内税，纳税人特别是作为自然人的纳税人不易直接感受到税收负担。而直接税作为纳税人直接承担的税种，更具有相应的税痛感，由此有利于培养和增强纳税人的纳税意识和税收遵从程度，并有利于激励纳税人参与税收治理的全过程。

由此可见，提高直接税比重是“十四五”时期税制改革的一个重点内容。也由此提出几点建议：在个人所得税方面，要努力实现由现有的分类综合所得税向综合所得税制转型，在这个过程中，可以考虑从适当拓宽个人所得税的税基和优化个人所得税税率结构两个方面进行改革。在财产税方面，目前财产税几乎处于缺失状态，“十四五”期间应积极推进房产税立法，并将房产税构建为地方税的主体税种，以此实现健全地方税体系和健全直接税体系的双重目的。在社保方面，在目前社保费已由税务机构统一征收的情况下，“十四五”期间也可望通过借鉴国际经验，实现社保费改税，从而进一步提高我国直接税比重。

（二）深化绿色税制改革

党的十九大报告中明确了生态文明建设的时间表，即从2020年到2035年“生态环境根本好转，美丽中国目标基本实现”，从2035年到本世纪中叶“把我国建成富强、民主、文明、和谐、美丽的社会主义现代化强国”“生态文明将全面提升”。生态文明建设不仅是五位一体中的重要一环，也是关系党的宗旨使命的重大议题，更是关系民生福祉的社会问题。在社会主义生态文明建设中，要充分发挥绿色税制的积极作用。在“十三五”期间，我国已经做了很大的努力，在生态环境保护方面的支出不断增加，生态补贴政策不断完善。具体包括：2016年起，对铅蓄电池为代表的污染型产品开征消费税，以减少电池行业重金属污染，促进新能源电池行业发展。2016年我国全面推进资源税改革，对矿产资源税实行从价计征改革，并率先在河北省开展水资源税试点。2018年《环境保护税法》正式实施，对大气污染物、水污染物、固体废物和噪声四大类污染物进行征税。2019年《中华人民共和国资源税法》、2020年《中华人民共和国城市维护建设税法》正式通过全国人大立法。在此背景下，“十四五”时期更要注重深化绿色税制改革，限制企业的高污染高排放，形成绿色低碳的企业生产模式，来实现高质量的发展。由此提出以下几点建议：

第一，逐步提高资源环境税负水平。目前我国资源保护和环境保护的社会成本远远高于资源税和环境保护税税率，所以很有必要去提高环境保护税税率水平。建议在未来五年逐步稳定地提高能源消费税、资源税和环境保护税税率。同时，我国目前能源开采和使用分别属于资源税和消费税征税范围，鉴于这两者税负偏低的现状，应循序渐进提高消费税中成品油税率和资源税中油气煤税率。

第二，增强资源环境税体系环保功能。目前在我国整个环境税体系中，绿色导向不突出不明显，不能够引起纳税者的足够重视。建议“十四五”期间增强消费税的环保导向，更好地去引导，其功能定位要从目前的引导消费方向转向突出节能减排功能，由此建议“十四五”期间首先要进行消费税的税目调整，增设具有环保功能的税目。其次，建议扩大资源税征收范围，加快推开水资源税改革，并重新定位资源税功能，明确将其定位到“促进资源节约”上来。最后，建议将资源税全部税目都由从量计征改为从价计征，以更好地反映资源开采利用的社会成本并发挥税收调节作用。

第三，扩大环境税税目和税种。首先，目前《环境保护税法》虽然设置了大气、水、固体废弃物和噪声等税目，但这只是当前可检测的固定污染源，应考虑随着“十四五”期间技术标准成熟而逐步扩大征税范围，从而新增环境保护税税目。其次，目前我国资源税征税范围过于狭窄，仅有矿产资源、非矿产资源以及部分地区的水资源税试点，建议扩大资源税征税范围，将森林、草场、湿地、林地、水资源等纳入。还有很重要的一点，基于碳减排的压力和碳税的优势，择机征收碳税也是一个很不错的选择。

（三）政府分级治理与健全地方税体系

我国发展正处于高速增长向高质量发展的转型阶段，一个重大的问题就是，如何更好地发挥政府和市场、中央政府和地方各级政府的各自作用。党的十九届五中全会提出“充分发挥市场在资源配置中的决定性作用，更好发挥政府作用，推动有效市场和有为政府更好结合。要激发各类市场主体活力，完善宏观经济治理，建立现代财税金融体制，建设高标准市场体系，加快转变政府职能”。《“十四五”规划建议》指出，要明确中央和地方政府事权与支出责任，健全省以下财政体制，增强基层公共服务保障能力。结合“十三五”期间我国改革的措施和经验，在“十四五”时期推进政府分级治理要求政府间财政关系应该加快如下领域的相应改革：

第一，明确中央和地方政府事权与支出责任，健全省以下财政体制。也就是说进一步推进完成“十三五”期间中央和地方事权与支出责任划分还没完成或者没有做好的事情，再进一步划分省以下政府间事权与支出责任。在配套措施进一步完善的情况下，在各级政府职能领域方面，实现政府间事权与支出责任划分的全覆盖。在分税分级财政体制的基础上，积极推进财政与政府层级扁平化调整，将财政实体层级减少至中央、省、市县三级。加快形成各级政府事权与支出责任划分明细表，各级政府要做到权责清晰分明，达成三级政府间事权与支出责任全覆盖。

第二，在各级政府事权明确划分、支出责任和事权相对应的基础上，下一步应该做的就是对我国的转移支付结构进行系统优化，对转移支付机制进行有效规范，一般性转移支付的比重要有所增加，不规范专项转移支付必须清理，完善转移支付管理方法，积极推进转移支付形式优化。这样做的根本目标是均衡地区财力和地区公共服务均等化，实现《“十四五”规划建议》中所提出的“增强基层公共服务保障能力”。

第三，健全地方税体系。在“十三五”规划中就曾提出“完善地方税体系，推进房地产税立法”。但迄今为止，这一规划并没有实现，而且在“十三五”期间随着全面“营改增”的实现，我国地方税体系特别是主体税种处于缺失状态。因此，“十四五”期间我国财税改革的重点在于确立地方税主体税种，健全地方税体系。

（四）数字经济发展与税收治理变革

数字经济是指以信息网络为载体、以信息技术为驱动、以信息数字化为主要要素的经济活动。中共中央、国务院在2020年5月11日发布的《关于新时代加快完善社会主义市场经济体制的意见》中明确指出，生产要素不仅仅包括劳动、资本、土地、知识、技术、管理，数据也是生产要素，并且要加快发展数据要素市场。党的十九届五中全会公报中也指出，要坚定不移建设制造强国、质量强国、网络强国、数字中国，加快数字化发展。从目前的统计数据来看，我国已经拥有了世界上最广阔的电子商务市场和最大的数字经济消费市场，其总量大约占到全球电商交易总额的四成。据统计，2019年，我国数字经济在GDP中所占比重达到36.2%，在国民经济的发展中，数字经济已经成为其中不可或缺、极为重要、贡献突出的一部分。在5G、人工智能、大数据、区块链和互联网应用等领域的创新能力不断加强，并已逐渐渗透到制造业、服务业和金融业的各个领域。由此，我国已成为数字经济发展的最重要国家之一，在数字经济的某些关键领域，甚至已经处于世界领先地位。然而，数字经济在快速发展的同时，有些问题也就显得越来越突出，其一就是我国在数字经济的税收征收管理方面显得相对滞后。随着数字经济时代的到来，“十四五”期间我国税收治理将面临全新的课题，亟须应对以下挑战：一是与传统经济相比，数字经济拓宽了销售范围，这也就使得与交易相关的课税对象难以确定。二是数字经济下的交易通常是资金流与货物/劳物流的结合体，支付方式也不仅仅局限于货币支付和刷卡支付等较为传统的支付方式，这也使得数字经济的信息较难被纳税机关监控。三是数字经济中的业务通常是多种业务的混合，而不同业务间很难进行明确的区分，由此可能导致在现行税制下其各项业务的税率难以得到准确确定。

数字经济的发展不仅带来国内税收治理的变革，在新型对外开放格局下也同时对国际税收治理产生新的挑战。党的十九届五中全会公报中提出要建设更高水平开放型经济新体制，推动贸易和投资自由化、便利化，积极参与全球经济治理体系改革。“十四五”期间，我国经济社会发展可能面临更加复杂的外部环境和更多的不确定性及挑战。应积极适应数字经济发展的时代要求，推出更具国际视野的税收治理政策：

一是要重视数字经济可能带来的税源流失风险。在数字经济时代由于各国的起征点和税率设置的不同，跨国贸易中跨国企业可以利用各国税收协调机制的漏洞来进行避税，由此可能产生税基转移或税源流失的风险。

二是要注重数字经济发展对国家税收规则和税收征管带来的挑战。数字经济的飞速发展会改变贸易投资方式和利益分配格局，导致原有的国际税收规则难以适应。

三是要积极推进数字经济下国际税收协调与国际税收规则的重新制定，为了避免数字经济背景下国与国之间新的恶性税收竞争和逃避税问题，应当积极与国际建立数字税收合作关系，形成并维护好新的国际税收环境。为有效应付数字经济发展对国内和国际税收治理的新挑战，“十四五”期间我国应当从以下方面做出相应的安排：一是要更加重视数字经济税务理论和税务实务人才培养，积极推动数字经济税务理论和税务规则的制定和实施；二是改善税收征管制度，针对数字经济中的交易无纸化、数据化的问题，积极联合交易平台和金融平台收集信息，解决数字经济纳税征管问题；三是针对数字经济构建新的税收规则，对纳税地点、纳税方式、税源监控和国际征税制定新的规范。

参考文献

[1]胡连强，杨霆钧，张恒，李海燕．基于数字经济的税收征管探讨[J]．税务研究，2019(05)．

[2]蒋震．消费税制改革内在动因、功能定位及其优化路径[J]．地方财政研究，2020(02)．

[3]刘晔．十八大以来我国央地事权与支出责任划分：回顾、评价与展望[J]．财政监督，2017(01)．

[4]陶一桃，程静．经济下行风险中的中国税制改革探索[J]．理论探讨，2020(05)．

[5]张斌．“十四五”时期税制改革的背景分析[J]．财政科学，2020(01)．

[6]闫坤，张鹏．财税体制改革进展评价及其“十四五”取向：基于国家治理现代化的视角[J]．改革，2020(07)．

[7]张斌．经济转型背景下提高直接税比重的必然性与策略[J]．河北大学学报(哲学社会科学版)，2019(01)．

人口老龄化、社会保障支出与居民储蓄率

——基于省级面板数据的实证分析

苏文斌

摘　要：本文利用2008—2019年的省级面板数据，探究人口老龄化、社会保障支出对居民储蓄率的影响作用。研究发现：人口老龄化对居民储蓄率有显著的正向影响，其中老年抚养比与居民储蓄率呈现显著的正相关关系，少儿人口抚养比与居民储蓄率呈现显著的负相关关系；社会保障支出和居民储蓄率也存在着正向关系。最后提出了适度提高个人消费能力、增强社会保障制度公平性建设等建议。

关键词：人口老龄化；社会保障支出；居民储蓄率

文章结合课程知识点：财政支出——转移性支出

文章所体现的思政元素：《中华人民共和国预算法》规定，国家实行财政转移支付制度。财政转移支付应当规范、公平、公开，以推进地区间基本公共服务均等化为主要目标。《中华人民共和国预算法实施条例》规定，一般性转移支付向社会公开应当细化到地区。专项转移支付向社会公开应当细化到地区和项目。2013年11月12日，党的十八届三中全会上提出，完善以税收、社会保障、转移支付为主要手段的再分配调节机制；完善一般性转移支付增长机制，重点增加对革命老区、民族地区、边疆地区、贫困地区的转移支付；清理、整合、规范专项转移支付项目，逐步取消竞争性领域专项和地方资金配套，严格控制引导类、救济类、应急类专项，对保留专项进行甄别，属地方事务的划入一般性转移支付。2020年10月29日，党的十九届五中全会通过的《中共中央关于制定国民经济和社会发展第十四个五年规划和二〇三五年远景目标的建议》提到，完善转移支付制度，加大对欠发达地区财力支持，逐步实现基本公共服务均等化，完善再分配机制，加大税收、社保、转移支付等调节力度和精准性。

一、引言

自20世纪90年代以来，我国居民储蓄率整体波动上升趋势，储蓄率水平一直维持在较高水平，为社会经济高速增长注入了强大动力。统计显示，2019年中国城镇居民储蓄率高达33.75%，农村居民储蓄率为16.81%。影响居民储蓄率的因素众多，有人口老龄化、利率变动、通货膨胀、社会保障支出、居民收入等。我国于2000年开始进入了老龄化阶段，65岁及以上老年人口从2000年的8600万增加到2019年的17 603万，占总人口数量的比重由7%上升到12.6%。随着老龄化进程的加快，越来越多的老年人将退出劳动力市场，其生活将更多地依赖社会保障制度。社会保障制度对居民储蓄倾向有着重要影响，社会保障制度越完善，居民对未来养老的忧虑也就越小，进而起到降低储蓄率的作用。习近平总书记在十九大报告中指出，要加强社会保障体系建设，建成多层次社会保障体系。本文通过建立简单计量模型，分析人口老龄化、社会保障支出对居民储蓄率的影响作用，进而提出适度提高个人消费能力、增强社会保障制度公平性建设以合理降低居民储蓄率等建议。

二、文献综述

（一）人口老龄化对居民储蓄率的影响研究

在理论研究方面，莫迪格里亚尼（1954）提出的生命周期假说有着极其重要的理论地位，在假设消费者的全部收入是可预测的基础上，该假说得出理性消费者会通过消费、储蓄等手段合理安排个人收入，从而使得一生收入等于消费，并实现消费的效用最大化的结论。根据生命周期理论，收入的变动取决于人所处的生命周期，在退休后消费者不再有任何收入，此时个人储蓄率将下降为零。因此从理论上讲，居民储蓄率会随人口老龄化程度的加深呈现下降趋势。萨缪尔森（1958）提出的家庭储蓄需求模型认为，在养老方面子女和储蓄有一定的替代关系。当家庭抚养的孩子较少时，父母会通过提高储蓄以满足未来的养老需求；反之父母则会降低相应的储蓄，增加消费。弗里德曼（1957）提出的持久收入假说认为，为了实现消费的效用最大化，理性消费者将根据持久性收入水平做出最佳消费决策。二次人口红利理论由Mason，Lee，Miller（2003）提出，该理论以生命周期假说为基础，认为如果具备预防性储蓄动机和能够激励养老储蓄的体制机制这两个条件，人口老龄化可以在一定程度上提高居民以养老为目的储蓄率，从而增加资本供给，推动经济增长。

在实证研究方面，我国学者对人口老龄化和居民储蓄率之间关系进行了大量的研究。主要观点如下：

部分学者认为，我国人口老龄化对居民储蓄率产生正向作用。目前我国已进入老龄化社会，由于预期寿命的增长，人们未来的养老阶段也同步增长，人们倾向于在青壮年期提高储蓄率，以使得老年阶段的生活、医疗具有一定保障。随着人们的预防性储蓄动机的不断提高，该储蓄动机可以抵消甚至超过老年人口的负担效应，因此老年抚养比与居民储蓄率呈正向关系。王树（2020），李凯风、潘婷（2019）从人口结构的角度对居民储蓄率进行分析，利用全国样本和东中西区域样本进行参数估计，发现老年抚养比正向影响居民储蓄率，少儿人口抚养比反向影响居民储蓄率；另外发现我国居民储蓄行为受前期储蓄行为影响较大，即具有储蓄惯性。

有一些学者通过实证研究得出相反结论：我国人口老龄化和居民储蓄率之间存在负相关的关系。赵昕东、王昊、刘婷（2017）以生命周期假说为理论基础，通过建立OLG模型并进行实证分析，发现我国人口老龄化对居民储蓄率影响具有显著性，即随着我国老龄化程度加剧，老年人口比例上升将导致居民储蓄率下降。马树才、宋琪付、云鹏（2015）通过扩展连续世代交叠模型所构建的居民内生储蓄函数，分析人口年龄结构变动对居民储蓄的影响。实证分析结果表明我国少儿人口抚养比与居民储蓄率关系与理论结果一致；而老年人口抚养比及总人口抚养比与居民储蓄率关系与理论结果相反。进而强调了改变居民储蓄偏好、完善社会保障制度的重要性。

还有部分学者认为，人口老龄化对居民储蓄率影响不显著。王森（2010）认为中国人口老龄化对居民储蓄率影响较小，而居民收入增长率和通货膨胀率对居民储蓄率影响较大。毛毅（2012）利用两期的世代交替模型和动态GMM模型进行分析，得出结论：老龄化程度对储蓄的影响不确定，由于储蓄的惯性作用，人均居民储蓄滞后项对居民储蓄的影响作用较大并高度显著。

（二）社会保障支出对居民储蓄率的影响研究

社会保障制度对居民储蓄率的影响是经济领域和财政领域的一项重要研究内容。目前我国有关社会保障支出对居民储蓄率影响的相关研究主要侧重于社会保障支出中养老保险方面。作为社会保障的重要组成部分，养老保险为老年人基本生活提供了必要保障，使得老有所养。我国目前的社会保障制度尚未健全，无法有效降低人们对未来生活、养老需求的担心，因此居民个人的预防性储蓄动机较高，相较于其他国家，我国居民储蓄率处于较高状态。

社会保障会对居民储蓄产生替代作用，即随着社会保障增加，居民储蓄率会降低。社会保障缴费支出和计划所提供的工资替代率水平决定了替代作用的大小。洪丽、曾国安（2016）以基本养老保险覆盖率为研究对象对我国居民储蓄率进行实证分析，认为我国城镇养老保险覆盖率与居民储蓄率呈负相关，但养老保障水平对居民储蓄率影响不显著，因此提出应逐步完善我国社会保障制度，不断提高社会保障水平，从而降低我国的高储蓄率。杨继军、张二震（2013）从人口年龄结构和养老保险改革的方面，通过利用 1994—2010 年我国省级数据进行动态面板回归探究我国居民储蓄率不断升高的问题，回归结果显示，人口老龄化与居民储蓄率呈负相关，养老保险覆盖率、缴费水平与居民储蓄率呈正相关，由此提出延迟退休年龄、进行养老保险制度改革。

（三）人口老龄化、社会保障支出和居民储蓄率的关系

目前我国从人口老龄化和社会保障支出的角度研究二者共同对居民储蓄率的影响相对较少，相关研究主要集中在单个因素对居民储蓄率的影响。以生命周期理论为基础，杨志媛、盖骁敏（2020）通过实证分析，得出以下结论：在人口结构方面，随着我国社会老龄化程度加深，城镇居民储蓄率呈现下降趋势，即老年抚养比对居民储蓄率有反向作用；在社会保障方面，养老保险缴费率与居民储蓄率存在正相关关系。

三、模型建立与检验

（一）模型构建

本文基于生命周期理论，采用面板数据构建简单的计量模型研究我国人口老龄化、社会保障支出对居民储蓄率的影响。被解释变量为居民储蓄率（SR_{it}），解释变量为老年抚养比（$odep_{it}$）、少儿人口抚养比（$cedp_{it}$）和社会保障支出（$lnsecurity_{it}$），控制变量选取居民收入增长率（$erate_{it}$）、通货膨胀率（$inflation_{ir}$）和城镇化率（ur_{it}）。回归方程如下所示：

$$SR_{it}=a_0+a_1odep_{it}+a_2cedp_{it}+a_3lnsecurity_{it}+a_4inflation_{ir}+a_5erate_{it}+a_6ur_{it}+\varepsilon_{it}$$

其中 i 代表地区，t 代表时间，ε_{it} 代表随机干扰项。

（二）变量选取

（1）居民储蓄率

本文居民储蓄率采取居民年人均储蓄与居民年人均可支配收入的比值。其中居民人均储蓄采用人均可支配收入与人均年生活消费支出的差额；人均可支配收入采取加权平均的计算方法，分别以城镇和农村人口百分比作为权重，计算城镇居民人均可支配收入和农村居民人均可支配收入的加权平均值；人均年生活消费支出同样采取加权平均的计算方法，分别以城镇和农村人口百分比作为权重，计算城镇居民人均生活消费支出和农村居民人均生活消费支出的加权平均值。

（2）人口因素

老年抚养比是指非劳动年龄人口中的老年人口数和劳动年龄人口数的比值。用 65 岁及 65 岁以上的非劳动年龄人口数占劳动年龄人口数（14 岁至 64 岁）的比重表示。少儿人口抚养比是指非劳动年龄人口中的少年儿童人口数和劳动年龄人口数的比值。本文用 0 岁至 14 岁的少年儿童人口数占劳动年龄人口数（14 岁至 64 岁）的比重表示。

(3) 社会保障支出

社会保障支出采用人均社会保障支出，即采取以下计算公式：人均社会保障支出=（社会保障支出+就业支出+医疗卫生支出+医疗卫生支出）/年末总人数。为了消除可能存在的异方差性，此处对社会保障支出进行取自然对数处理。

(4) 通货膨胀率

通货膨胀率是指一般物价总水平在一定时期内的上涨程度。此处采用消费者价格指数的同比增长率来间接表示通货膨胀率。

(5) 城镇化率

城镇化率是度量城市化的指标，城镇化在一定程度上影响了人民的收入水平、生活理念和消费方式，从而影响居民储蓄率。此处采用我国城镇人口数占总人口数的比值来表示。

以上变量的定义如表1所示。

表1 变量定义

变量类型	变量名称	变量代码	变量单位
被解释变量	居民储蓄率	SR_{it}	%
解释变量	老年抚养比	$odep_{it}$	%
	少儿人口抚养比	$cedp_{it}$	%
	社会保障支出	$lnsecurity_{it}$	元
控制变量	通货膨胀率	$inflation_{ir}$	%
	居民收入增长率	$erate_{it}$	%
	城镇化率	ur_{it}	%

本文研究样本采用2008—2019年我国省级年度面板数据，所采用的数据资料均来自《中国统计年鉴》。截面数据为我国31个省、自治区和直辖市的年度数据，时间跨度为12年，共计372个观测值。本文实证分析使用计量软件eviews。

下面将利用面板数据进行计量分析，具体操作步骤如下：首先，进行数据的平稳性检验，以防止出现伪回归现象。其次，利用混合估计模型、固定效应模型和随机效应模型分别进行模型参数估计，并通过进行F检验和Hausman检验，选择最合适估计方法。最后进行多重共线性检验。

四、实证结果与分析

（一）变量描述性分析

变量的描述性分析如表 2 所示。

表 2　描述性统计分析

	观测值	平均值	标准方差	最小值	最大值
居民储蓄率（SR_{it}）	372	0.30	0.20	0.20	0.40
老年抚养比（$odep_{it}$）	372	0.13	0.07	0.07	0.24
少儿人口抚养比（$cedp_{it}$）	372	0.23	0.10	0.10	0.40
社会保障支出（$lnsecurity_{it}$）	372	7.08	5.59	5.59	8.75
通货膨胀率（$inflation_{ir}$）	372	0.03	−0.02	−0.02	0.10
居民收入增长率（$erate_{it}$）	372	0.10	−0.03	−0.03	0.18
城镇化率（ur_{it}）	372	0.55	0.23	0.23	0.90

（二）数据的平稳性检验

利用非平稳变量进行回归分析有可能会出现的伪回归现象，即回归方程无法反映被解释变量和解释变量之间的真正关系。单位根检验可以对时间序列的平稳性进行判断，单位根的检验方法有很多种，较为常用的方法有 LLC 单位根检验法、ADF 单位根检验法和 Fisher-PP 单位根检验法。对于存在单位根的非平稳时间序列，通常可以采用差分的方式进行消除单位根，以得到平稳序列构造回归模型。检验结果如表 3 所示。

表 3　变量的平稳性检验 P 值

变量	LLC 单位根检验	ADF 单位根检验
居民储蓄率（SR_{it}）	0.0000	0.0682
老年抚养比（$odep_{it}$）	0.0000	0.0010
少儿人口抚养比（$cedp_{it}$）	0.0000	0.0100
社会保障支出（$lnsecurity_{it}$）	0.0000	0.0001
通货膨胀率（$inflation_{ir}$）	0.0000	0.0000
居民收入增长率（$erate_{it}$）	0.0000	0.0000
城镇化率（ur_{it}）	0.0000	0.0016

根据表 3 可以看到，在 LLC 单位根检验和 ADF 单位根检验中居民储蓄率（SR_{it}）、老年抚养比（$odep_{it}$）、少儿人口抚养比（$cedp_{it}$）、社会保障支出（$lnsecurity_{it}$）、居民收入增长率（$erate_{it}$）、通货膨胀率（$inflation_{ir}$）和城镇化率（ur_{it}）的 P 值都可以在 90%的置信水平下拒绝面板数据存在单位根的原假设。通常情况下，如果存在两种单位根检验方式拒绝原假设，则可以认为面板数据具有平稳性。因此此处选取的变量具有平稳性，可直接进行回归分析，无须进行差分处理和协整分析。

（三）模型估计和分析

本文分别使用混合估计模型、固定效应模型和随机效应模型，探究人口老龄化、社会保障支出对居民储蓄率的影响，实证检验结果如表 4 所示。

表 4　模型估计结果

变量	(1) 混合估计模型	(2) 固定效应模型	(3) 随机效应模型
老年抚养比（$odep_{it}$）	0.2177** (2.9292)	0.2076** (2.2629)	0.1864** (2.2112)
少儿人口抚养比（$cedp_{it}$）	0.2090*** (3.9069)	−0.2593*** (−2.9531)	−0.0863 (−1.1670)
社会保障支出（$lnsecurity_{it}$）	−0.0173*** (−3.8537)	0.0139** (1.9359)	0.0158*** (2.8669)
通货膨胀率（$inflation_{ir}$）	−0.0056 (−0.0429)	0.1477** (1.8988)	0.1190 (1.5352)
居民收入增长率（$erate_{it}$）	−0.4895*** (−5.0541)	−0.0716 (−0.9515)	−0.1202* (−1.6297)
城镇化率（ur_{it}）	0.0535** (1.9677)	0.0815 (1.1898)	0.0090 (0.1937)
常数项	0.36827＊＊＊ (8.1167)	0.1963*** (4.6257)	0.1910＊＊＊ (4.6856)
观测数	372	372	372
地区数	31	31	31
年数	12	12	12
F 检验		25.2516	
Hausman 检验			25.2957 [0.0003]

注：*、**、*** 分别表示在 10%、5%、1%的显著性水平上显著。括号中数值为 t 值。

F 检验通常用于确定模型是否存在个体效应，即确定应该选择混合估计模型还是固定效应模型进行估计。此处 F 值为 25.2516，大于查表值，所以拒绝原假设，故在混合估计模型和固定效应模型中，选择固定效应模型。Hausman 检验的 P 值为 0.0003，可以 1%的显著性水平下拒绝个体效应与解释变量不相关的原假设，故在固定效应模型和随机效应模型中，选择固定效应模型。综合 F 检验和 Hausman 检验的结果，本文选取固定效应模型回归结果分析人口老龄化、社会保障支出对居民储蓄率的影响。

从表 4 固定效应模型回归结果来看，在人口因素方面，老年抚养比与居民储蓄率存在正相关关系，其回归系数为 0.2076，在 5%的显著性水平下通过了检验，即现阶段我国人口老龄化总体上对居民储蓄率的提高产生一定促进作用；少儿人口抚养比与居民储蓄率在 1%的显著性水平下存在负相关关系。该结果与生命周期理论的结论并不相符，可能是由于人口老龄化的寿命效应，Yaari（1965）最先以模型形式确定了这一思想，即随着预期寿命的增长，理性消费者会有目的地调整消费和储蓄行为，在青壮年期不断增加储蓄，以满足未来的医疗、养老和抚养需要，增强抗风险能力。其次，社会保障支出与居民储蓄率存在正相关关系，即社会保障支出对居民储蓄率存在较为显著的正向影响。社会保障支出的回归系数为 0.0139，在 5%的显著性水平下通过了检验。通常认为，随着社会保障能力的不断增强，居民储蓄率会呈现下降趋势。回归结论与此相反，可能是由于我国社会保障制度初步建成，在不同地区间社会保障体系的发展不具有同步性。以基本养老保险为例，虽然基本实现了全覆盖，但整体保障水平较为有限。在农村地区基本养老保险存在的问题尤为显著。我国目前的社会保障制度的发展水平暂时不能降低居民的预防性储蓄动机，因此社会保障支出和居民储蓄率正向相关。在控制变量方面，通货膨胀率与居民储蓄率存在正相关关系，并在 5%的显著性水平下通过了检验；居民收入增长率和城镇化率都未通过显著性检验，因此可以说二者对居民储蓄率的影响并不明显。

（四）变量的多重共线性检验

由于变量往往会存在随时间共同变化的趋势，所以变量之间容易出现共线性。此处利用方差膨胀因子法检验变量是否具有多重共线性。当一个回归模型具有严重的共线性时，引起多重共线性的变量所对应的方差膨胀因子会比较大。通常情况下，模型存在严重的多重共线性的判断条件为方差膨胀因子（VIF）大于 10。检验结果如表 5 所示，表中 6 个变量的方差膨胀因子均小于 3，这说明所选取的变量之间不存在严重的多重共线性。

表 5　方差膨胀因子

	VIF	1/VIF
（常数）		
$odep_{it}$	1.177	0.849
$cedp_{it}$	2.432	0.411
$lnsecurity_{it}$	1.126	0.888
$inflation_{ir}$	1.741	0.574
$erate_{it}$	2.861	0.349
ur_{it}	1.558	0.642

五、结论与建议

自进入老龄化社会以来，我国居民储蓄率一直保持较高水平。本文利用省级面板数据对我国 2008—2019 年人口老龄化、社会保障支出变化对居民储蓄率的影响进行了分析。实证分析结果表明，老年抚养比、少儿人口抚养比、社会保障支出对居民储蓄率有重要影响作用。其中人口老龄化对居民储蓄率有显著的正向影响。随着我国老年人口数量占比不断增加，居民储蓄率呈现上升趋势；少儿人口抚养比负向影响居民储蓄率；社会保障支出对居民储蓄率有显著的正向影响，表明目前社会保障尚未起到降低居民储蓄率的作用。

根据以上分析，本文提出以下几点建议：首先，政府应对住房等硬性支出方面进行适度干预。近些年来我国房价一直处于上涨状态，购房支出等大额支出对居民生活产生了重大影响。为了增强风险承受能力，人们会选择进行储蓄。在不违背市场运行规律的情况下，政府可以对市场进行适度干预，保证其正常运行，从而增强人们的消费能力，对储蓄率起到一定降低作用。其次，推动“公平化”社会保障制度的建立。我国社会保障制度的受众已十分广泛，其中基本养老保险覆盖超过 9 亿人，医疗保险覆盖超过 13 亿人。由于我国社会保障制度的“碎片化”，目前社会保障制度建设面临的首要问题为公平性问题。与城镇地区相比，农村地区社会保障的覆盖面小、覆盖对象较为有限，同时由于农村地区发展水平有限，导致城镇、农村社会保障制度在实施、发展方面的差距无法缩小，产生了严重的公平性问题。

参考文献

[1]Modigliani. F. , Brumberg R. Utility analysis and the consumption function: An interpretation of cross section data. The collected papers of Franco Modigliani [M]. The MITPress. 1954, Chapter 1:

3-45.

[2]Samuelson P A. An exact consumption-loan model of interest without the social contrivance of money [J]. The Journal of Political Economy. 1958,66(6) : 467-482.

[3]Friedman M. A theory of the consumption function[M]. Princeton University Press,1957.

[4]Mason A,Lee R. Reform and support systems for the elderly in developing countries: capturing the second demo-graphic dividend[J]. Genus,2006:11 35.

[5]高宏. 人口结构变化与居民储蓄率[J]. 金融发展研究,2019(01):10-18.

[6]王树. 老龄化、二次人口红利与家庭储蓄率[J]. 当代经济科学,2020,42(06):88-95.

[7]李凯风,潘婷. 我国人口结构对居民储蓄率的影响研究[J]. 武汉金融,2019(07):80-86.

[8]赵昕东,王昊,刘婷. 人口老龄化、养老保险与居民储蓄率[J]. 中国软科学,2017(08):156-165.

[9]马树才,宋琪,付云鹏. 中国人口年龄结构变动对居民内生储蓄的影响研究[J]. 中国人口科学,2015(06):56-68+127.

[10]王森. 中国人口老龄化对居民储蓄率影响的定量分析——基于 VAR 模型的方法[J]. 中国人口科学,2010(S1):66-71.

[11]毛毅. 老龄化对储蓄和社会养老保障的影响研究[J]. 人口与经济,2012(03):91-99.

[12]李宏. 社会保障对居民储蓄影响的理论与实证分析[J]. 经济学家,2010(06):87-94.

[13]洪丽,曾国安. 养老保险制度的储蓄效应:基于中国的经验研究[J]. 社会保障研究,2016(03):17-22.

[14]杨继军,张二震. 人口年龄结构、养老保险制度转轨对居民储蓄率的影响[J]. 中国社会科学,2013(08):47-66+205.

[15]杨志媛,盖骁敏. 老龄化、养老保险与中国城镇居民储蓄率[J]. 经济经纬,2020,37(04):150-158.

[16]李雪增,朱崇实. 养老保险能否有效降低家庭储蓄——基于中国省际动态面板数据的实证研究[J]. 厦门大学学报(哲学社会科学版),2011(03):24-31.

[17]Yaari, M. E. , 1965, “Uncertain Lifetime, Life Insurance and the Theory of the Consumer”, Review of Economics Studies, Vol. 32 (2) , pp. 137-150.

[18]汪伟,艾春荣. 人口老龄化与中国储蓄率的动态演化[J]. 管理世界,2015(06):47-62.

[19]林闽钢. “十四五”时期社会保障发展的基本思路与战略研判[J]. 行政管理改革,2020(12):11-18.

部门预算改革的历史考察及其存在问题

覃威铭

摘　要：部门预算作为市场经济国家财政预算管理的一种基本组织形式，在我国现代社会主义市场经济的发展中正发挥着越来越重要的作用。本文从部门预算改革的历史发展角度来对部门预算进行分析，同时将部门预算与传统的功能预算进行了对比，最后针对部门预算改革过程中存在的问题给出了一些建议。

关键词：部门预算；功能预算；建议

文章结合课程知识点：财政预算管理—部门预算

文章所体现的思政元素：《中华人民共和国预算法》第八条规定：各部门预算由本部门及其所属各单位预算组成。《中华人民共和国预算法实施条例》第五条规定：各部门预算应当反映一般公共预算、政府性基金预算、国有资本经营预算安排给本部门及其所属各单位的所有预算资金。2021 年 4 月 13 日，国务院发布了《关于进一步深化预算管理制度改革的意见》（国发〔2021〕5 号）提出，进一步完善预算管理制度，更好发挥财政在国家治理中的基础和重要支柱作用，严格部门预算编制管理，增强财政预算完整性。落实部门预算管理主体责任，部门要对预算完整性、规范性、真实性以及执行结果负责。

部门预算顾名思义就是由部门来编制的预算。它是由下层所属单位按照本单位的实际需求来层层编制，编制完成后再逐层上报，最终由主管部门来进行汇总。汇总后经财政部审核通过后报送立法机关批准，由此就形成了涵盖各个部门各种收支情况的综合性财政计划。简单来说就是一个部门实行一本预算。与以往的功能预算不同，部门预算体现的是一种“大收入，大支出”的理念，预算资金不仅涵盖预算内的资金，还涵盖了预算外的一些收入和支出，比如说政府基金收支、经营收支也都包括在内。实行部门预算后能够做到一个单位一本账，本单位的各种收支情况一目了然，能做到心中有数；对于各部门的基本支出有一个规划好了的标准，能够保障各部门的基本支出需求；同时对于重点项目预算标准又不一样，能够保证把钱用在刀刃上，推进国家重点项目的发展。实行部门预算改革之后，坚持了“两上两下”原则，部门预算的编制程序得到了规范，有效防止了各部门编制程序杂乱无章的情况出现，有利于形成一个统一的编制程序；同时实行部门预算改革之后，强化了立法机构以及公众对部门预算的监督，有利于将预算资金用于规划好了的用途上，有效防止了预算资金滥用，让纳税人的钱花得透明。我国的部门预算改革从2000年开始，并逐年完善，在促进财政收支平衡上发挥了非常重要的作用。但同时也产生了一些问题。下面我们对部门预算改革的发展历程以及改革过程中存在的问题进行探讨。

一、我国部门预算改革的发展概述

（一）部门预算改革的时代背景

1994年以前中央和地方的收入分配不协调，为了理顺中央和地方在收入分配方面的关系，1994年我国进行了分税制财政体制改革，初步理顺了中央和地方的收入分配关系，大大增强了中央在宏观调控方面的能力。但是分税制改革理顺的只是中央和地方收入分配方面的关系，对于财政支出管理方面还存在着诸多的问题，旧体制下编制的预算存在不统一、不规范、支出效益不高等问题，十分不利于我国社会主义市场经济的发展。为了改变旧的预算机制的弊端，1999年6月审计署代表国务院所作的《关于1998年中央预算执行情况和其他财政收支的审计工作报告》以及全国人民代表大会在审议了工作报告后，都提出了要进行部门预算改革，要求预算编制工作要严格遵循预算法，细化报送给人大审批的预算草案内容。这些意见的提出正式拉开了我国部门预算改革的序幕。往后财政部就按照全国人大的要求开始逐步展开部门预算的改革工作。

2000年进行的首次部门预算改革，分别从编制方法、编制程序和编制内容三方面进行改革。首先，在预算的编制方法上，采用零基预算，以下一年的实际预测数为基础来进行编制，将支出划分为定员定额支出以及项目支出，以此来确定部门的年度预算支出，并据此编制部门预算。它对于各部门所发生的各项收入和支出有一个统一的标准，并且要求各部门将本部门的各项收支汇总后编制成一本预算。这样可以清楚追溯到每项支出的具体使用方向以及具体的用途，同时，按照规定的收支标准来进行编制能够保证各部门的支出水平相对公平。

其次，从部门预算编制的程序来看，部门预算实际上是将各种收支预算进行汇总后的预算。部门是作为部门预算的最后一个汇总单元，预算是从部门下属的基层单位开始编制的。基层下属单位根据本单位的年度任务确定所需要的预算资金，确定完成后再层层上报，经过层层审批后最后经由部门来进行汇总。这样不至于导致预算数与实际需要数严重脱节。

最后，从预算编制的内容上来看，首次部门预算改革对编制主体、编制范围、支出、编制程序、细化程度以及合法性都做出了具体要求。一是部门预算规定的部门预算主体是指一级预算单位，也就是直接与财政发生划拨关系的部门。二是部门预算要求的编制范围很广，不仅包括所有单位的预算收支，还包括了预算外的收支。三是部门预算涵盖了部门所有不同用途的支出。四是部门预算是按照部门将内部所有收支进行汇总后再进行编制的程序来进行的。五是实施部门预算后，对于预算资金的去向更加细化了。它将预算科目进行了细化，能将预算资金准确追踪到具体的项目以及人员支出。六是部门预算更体现了合法性，部门在编制预算的时候必须遵守国家有关的法律法规，以财政部规定的预算控制数来进行编制，部门编制的预算数不能超过财政部的预算控制数。

（二）2000 年以后部门预算改革进程

2001 年进行的部门预算改革在 2000 年改革的基础上又有了新的补充。2000 年由于刚开始进行预算编制改革，因此实行部门预算的部门或者单位还很少，提交给人大进行审核的部门预算也很少。为了应对人大关于增加部门预算范围的要求，2000 年 8 月财政部发布了编制 2001 年部门预算的通知，要求除了几个有特殊要求的部门，例如国防部、安全部、中央银行等之外，国务院所属的其他部门单位都要实行部门预算并且在预算年度终了时提交人大审核。2000 年 9 月财政部发布了关于部门基本支出和部门项目支出预算试点工作的通知，以国家计委等 10 个部门为试点，对部门基本支出采用定员定额的方式来编制预算，用项目审核的方式来对项目支出进行预算编制。

2002 年进行的部门预算在 2001 年改革的基础上又有了新的发展。2000 年的时候只要求 10 个试点部门按照基本支出和项目支出的方式来编制部门预算，2002 年将范围扩展至所有的中央部门，并且将支出分为人员支出、对个人和家庭的补助支出、日常办公支出、固定资产构建和大修理支出四部分，并将原来的目级科目进行了调整和扩充，将原来的 12 个科目细化成了 44 个；加大了对预算外资金的管理力度，把预算外的资金也纳入到了预算编制体系当中；增加预算资金在年初的到位率，同时开始尝试对中央政府的采购预算进行编制。

在 2003 年进行的部门预算改革中，一是对原先的基本支出进行了修改并对基本支出的试点范围进行了扩大，同时将部分中央部门的办公经费进行了分档并调整其定额标准。二是对政府部门的收入支出科目又进行了调整，将 2002 年的 44 个支出科目调整为 33 个，同时为了达到按支出功能来对支出进行分类的效果，首先对与科学、教育、农业有关的部门的支出科目进行了修改，重点是修改项级科目，使之能够准确反映政府的职能以及任务。三是尝试使用滚动预算的编制方式来对项目预算进行编制。

四是将行政事业性收费纳入到预算管理中来，加强对预算外资金的管理。五是对预算编报的内容和形式进行了改进，使之更适合数据库管理。六是对预算编制的流程进行了规范，明确规定了在预算编制中各部门的职能权限。

在 2004 年的部门预算改革中，一是对原先的定员定额标准进行完善，一方面扩大了定员定额的范围，另一方面又进行了实物定额的试点。二是要求对项目支出的效果进行评价以及按照类别来对项目进行划分，使之对项目支出的管理更加规范。三是进一步加强对预算外资金的管理，在原有预算外资金“收支脱钩”改革试点的基础上进一步增加试点数量。四是延长了预算编制时间，预算编制时间更改为 10 个月，使得进行预算编制的时间更加宽裕。

在 2005 年进行的部门预算改革当中，又对以下内容进行了改革：一是对实物费用定额的试点范围进行了扩大，增加了 13 个试点部门；对海关系统等垂直人员所发生的基本支出进行定员定额管理，并在中央部门建立相关的基础资料数据库，以此来提升对定员定额的管理水平。二是对预算项目实行更为严格的刷选与审核，保证预算项目的质量。三是出台了部门预算绩效的考核标准，提升部门预算绩效的评价水平。四是提升预算资金的使用效率，对拨款产生的结余资金加强管理。五是建立政府收支分类的模拟试点。

在 2006 年进行的部门预算改革中，一是继续做好政府收支分类改革的前期工作，为政府收支分类改革在 2007 年的全面推进做好铺垫。二是继续提高预算资金的使用效率，完善绩效考核制度，进一步加强对结存资金的管控力度。三是加强对预算分配的规范，使其分配更具有科学性，对预算支出的规模进行把控，防止预算的无序支出。四是继续推进国库改革，将国库集中支付制度扩展至全体部门并且建立追踪机制，同时在政府采购改革方面，扩大了政府采购的范围以及政府采购的规模。五是为了进一步推进部门预算改革，加强了对国有资产的管理。六是充分发挥信息技术对财政预算管理的作用，推进“金财工程”。

在 2007 年进行的部门预算改革中，一是在吸取往年政府收支分类试点经验的基础上，将政府收支分类试点改革推广至政府全体部门，并进一步加强对国有资产的管理。二是加强对预算支出的管控，严控结余资金，防止结余资金大量滞留在相关部门，同时加强对预算绩效评价的管理力度，使预算绩效评价能更好地发挥作用。三是继续对国库集中支付制度进行改革，并对政府采购加强管理，增强财政资金在使用时的安全性。四是不断加快“金财工程”的建设进度，预计用 3 年的时间来完成与部门预算相关的信息安全保障、营运维护以及网络系统体系的建设。

在 2008 年进行的部门预算改革中，大部分的改革内容都是在往年的改革基础上进行深化扩展，比如说继续推进政府采购制度改革；对项目支出进行细化以此达到加强对项目支出管控的目的；继续推进绩效考核，扩大试点；进一步强化对结余资金的管控，强化中央对结存资金的统筹能力。同时还有一些新增的改革内容，比如说提出了对公共产品和服务的质量要求。

二、部门预算与功能预算的对比

（一）部门预算与功能预算的概念对比

功能预算在编制的时候并不是以部门作为预算划分的标准，而是以政府的职能和经费的支出性质为分类标准。在2000年进行部门预算改革之前，我国采用的都是功能预算的编制方法，虽然说它有助于我们了解政府的职能以及支出方面的数额，比如说在基础建设方面的支出，在教育方面的支出金额，但是这种编制方法存在许多弊端，随着我国社会主义市场经济的发展，这些弊端日益凸显，按照功能预算的编制方法来编制我国的财政预算显得越来越落后于时代的发展。功能预算的编制方法存在的缺陷如下：第一，功能预算的编制方法不够细化，既不利于进行内部监督，也不利于进行外部监督。它的预算指标是按照职能或者支出项目来进行编制汇总的，并不能体现出各个部门或者单位的预算情况，这样就导致了无法对部门或者单位进行有效的监督，容易滋生腐败问题，人大的监督作用难以得到有效发挥。第二，按照功能预算进行编制的预算使得各个部门并没有自己完整的部门预算。在功能预算的编制基础之下，部门内部的预算既不反映建设性和事业性的支出，也不反映自有资金以及预算外资金的收支情况。第三，功能预算下预算资金的分配混乱。财政部和部门可能会同时给另一个部门分配资金，财政部内部的职能机构也可能给同一部门进行资金的分配，这就不利于资金分配的统一管理。第四，并没有采用定员定额的标准来进行预算的编制，部门内需要用到预算资金的人数是多少混乱不清，极易产生虚报人数来获取更多的预算资金的情况。第五，对于预算资金的划拨没有一个有效的约束机制。在进行预算改革之前，原本计划好了的预算常能进行修改，预算的计划作用形同虚设，因此在改革之前经常会看到各部委为了拿到更多的资金跑到财政部去要钱，形成了“跑部钱进”这一现象，进行预算的追加追减也就经常发生，这就极容易产生腐败。

而部门预算实行的是一个部门一本预算，它是以部门作为一个预算单位，从下而上进行编制，反映的是一个部门整体的收支情况。它采用的是零基预算的编制方法，同时还需要对预算的实施效果进行绩效评价，能有效发挥人大的监督作用，同时改变了预算资金分配混乱的局面，除特殊部门外都由财政部统一进行预算资金的分配。它还采用定员定额、项目支出管理的方法，有效防止了腐败的发生。

（二）部门预算与功能预算的具体差别对比

部门预算和功能预算的差异主要表现为以下几点：

第一，预算编制在预算文本的数量上存在差异。在功能预算下，一个部门的预算是根据其下设的所属部门按照其所行使的职能来进行编制的，一个部门下若是有多个不同的职能部门，就会有多个不同的预算文本，并且按照职能来进行编制并没有将预算外资金纳入预算编制范围，这样就导致一个部门很难有一本完整的预算。同时在财政部内部它也是按照下设部门的职能来对预算资金进行归口管理。而在部门预算下，财政部下设的每一个业务部门只对应一个部门，部门将所有收支都编制在一本预算当中，并且与财政部的某个业务部门相对应。

第二，在预算的编制时间方面也存在着差异。功能预算下的编制时间很短，要求预算编制完成的时间不超过 3 个月。要在如此短的时间内获取充分的数据来编制科学的预算显然是不够的，因此在功能预算下编制的预算缺乏约束性，在预算编制完成后往往会追加或者追减预算资金，这样就降低了预算编制的权威性。而部门预算下预算的编制时间一般为 10 个月左右，这就使得相关部门有足够的时间来获取充足的数据，保证了预算编制的科学性和有效性，减少随意追加或者减少预算资金的机会性。

第三，编制新一年度预算时所依据的基数不同。功能预算在编制下一年度的预算时是以今年的预算数为基础再适当加以调增或者调减，以此作为下一年度的预算数。而部门预算则采用的是零基预算，在编制下一年度的预算时，是根据下一年度的预测数来进行编制的，更加贴近实际，因此编制出来的预算更加合理科学。

第四，在预算编制程序方面也存在差异。功能预算是按照职能由部门替下级部门来进行统一编制，这样可能会导致编制的预算资金需要量与实际脱钩。而部门预算则是由基层部门进行编制，再上报给上级部门进行审核，采用“两上两下”的编制方式，使得预算资金的需要量与实际情况更加贴合。

第五，在预算编制科目的细化上也存在差异。功能预算的预算科目编制很粗糙，既不能追溯到具体项目，也追溯不到具体单位，预算资金的去向不能很好地进行溯源，很容易产生随意挪用预算资金的情况。而部门预算编制在科目上更加细化，它把经费分为人员经费和公用经费，并且把科目进行了细化，预算资金既能追溯到个人，也能追溯到具体的支出项目。这样对于预算资金的去向就有了十分明确的把控，能够有效防止腐败的发生。

第六，预算编制涵盖的内容也存在差异。功能预算只对预算内的资金纳入预算范围，而一些预算外的资金以及政府的一些收支并没有纳入到预算中来，这就使得功能预算下的预算数实际上是狭义的预算。而采用部门预算下的预算是广义上的预算，不仅包括了预算内的资金，还把预算外的资金纳入到预算的编制中来，使得预算的编制更具完整性。

第七，对于预算的批复方式也存在着明显的差异。在功能预算下是由财政部下设的各个业务部门对所对口的部门来进行批复，而部门预算下则是由财政部下设的预算司对所有部门的预算来进行批复。

第八，部门预算和功能预算在编制时的侧重点也存在差异。功能预算更看重预算资金进行分配时的计划性，着重于进行财政收支结构的分析以及预测财政的运行情况。而部门预算体现的是一种全过程管理的理念，它要求预算能够反映一个部门所有的财政收入和支出情况，它更为看重对于预算的事前控制。

三、对我国部门预算改革的几点建议

（一）对预算的编制时间进行更为科学的调整

在传统的功能预算编制体系下，有关部门的预算编制时间非常紧促，往往到了11月才要求编制下一年度的财政预算。实行了部门预算之后，预算编制的时间大大增加了，但是由于信息的来回反复传递以及决策的延迟，有些部门的编制时间往往还是会显得紧促。因此在适当增加预算编制时间的同时还可以简化预算编制的程序。目前我国普遍采用“两上两下”的编制方法，基层单位按照实际情况进行预算编制后提交上级部门审核，上级部门将审核数下发给下级部门，下级部门按照审核数调整后再提交上级部门审核，这样来回花费的时间可能比较多，因此可以采取简便的程序，比如说“一上一下”的程序。

（二）对全国人大审核的财政预算报告形式进行改革

很多时候提交给全国人民代表大会进行审核的财政预算报告内容比较空洞，缺少实质性的内容，有时候甚至只是一份预算报告编制的说明或者对预算执行情况的总结，人大代表很难看出预算编制的是否合理。代表大会期间审查预算报告的时间安排非常有限，对预算草案进行实质性审查主要是代表大会之前的初步审查。因此，提交给全国人大进行审核的预算报告既要增加实质性的内容，防止内容空洞，也要采用更为适合理解的形式呈现在人大代表面前，可以将简化版的部门预算报告提前印发给人大代表。只有让人大代表更好地理解预算报告的内容，才能更好发挥全国人民代表大会对于部门预算的监督作用。

（三）处理好财政部门内部以及与其他部门之间的关系

应对复杂的市场形势变化，需要财政部门重视部门内部的预算调整，积极开展相应的调整工作。我国在进行部门预算改革时就如何处理好财政部门各业务部门之间的关系以及财政部门与其他部门之间的关系上还存在着一些问题。在财政部内部，各业务部门往往是站在自己科室的角度争取为本科室争取到更多的财政预算资金，各业务部门普遍存在着一种“内部扩张”意识。而在财政部与其他部门的关系上，财政部往往处于劣势，在部门预算编制下，部门提交给财政部的预算数往往是被高估的，财政部在部门预算编制中处于被动局面，因为部门预算主要就是依靠部门来进行编制的。

因此，财政部一是要坚持公平公正公开的原则，将预算资金按照实际情况在各业务部门之间进行合理的分配；二是要恰当处理好集权与分权的关系，既不能对部门编制预算管得过紧，以免影响部门编制预算的积极性，又不能对部门预算管得过于宽松，以免造成部门预算与实际情况严重脱节。

（四）对人大的财政预算审查制度进行改革

人大作为国家权力机关，不仅行使预算立法权，同时通过对预算草案、预算调整方案、决算草案的审查和批准行使监督权。但是因条件所限，人大代表并不是所有人都对财政预算有一个清楚的了解，因此需要在全国人民代表大会内部设立一个专门机构来进行财政预算的审核，把具有相关知识的专业人才吸纳进来，提高财政预算审核的科学性。与此同时，对于财政预算审批实行三读制度，先由全国人大内部的专门机构来进行第一遍审核，形成第一遍的审核意见，接着由全国人大常委会来对第一遍的审核意见进行第二遍审核，最后再提交给全国人大对第二遍审核意见进行第三遍审核，这样既提高了审核的效率，又提高了审核的科学性。

（五）进一步完善定员定额标准

部门建立完善的预算支出定员定额标准体系，对于落实中央部门的方针政策，完善公共财政体制改革，提高财政资金的使用效率与执行效率，控制政府行政成本等都具有重要意义。虽然说部门预算改革中已经考虑到了根据定员定额来编制预算的问题，但是有关定员定额的标准如何来确定还始终是一个问题。在确定定员定额的标准时，需要考虑到以下三个方面的问题：第一，在确定部门单位履行职能所需的资金时要以国家的财力为限，不能透支国家财力。第二，不能简单地用部门或者单位的历史数据来进行预算需求量的测算，更多地应该采用标准计算法来确定定员定额的标准。第三，并不是所有的项目都适合采用定员定额的方法，随着国库集中支付制度的建立，工资性支出越来越透明化，因此不应该将工资性支出也列入定员定额当中，而是应该根据实际发生数进行核算。

（六）对以收付实现制为基础的政府会计进行改革

目前我国政府采用的会计基础是收付实现制，在收付实现时才编制会计分录，而企业则是采用权责发生制，在实际的权利和义务发生时就开始编制会计分录。收付实现制在对现金收支的问题上还能够真实反映，但是由于固定资产折旧的问题，采用收付实现制并不能完全准确地反映固定资产的存量情况，可能会导致固定资产的实际价值与账面价值存在较大的差异，由此在编制预算时可能会导致预算与实际情况相脱节。特别是行政事业性单位，由于其属于非营利性机构，设计的会计科目较为简单，所采用的财务会计方式也较为单一，难以满足现阶段行政事业单位部门的会计核算需求。

因此，为了适应市场经济发展的需要，应该对政府的部分会计基础进行改革，对政府与固定资产有关等科目实行权责发生制，合理计提折旧。

（七）要做好部门预算改革还需要完善与之相关的配套措施

改革财政预算的编制方法，全面推进政府采购制度和建立健全国库集中收付制度是我国财政支出体系改革中最重要的三个方面，三者相辅相成，缺一不可。因此，若是要更好地进行部门预算改革，就要同时对政府采购制度和国库集中收付制度进行改革，以使部门预算改革达到理想的效果。

参考文献

[1]袁力志．做实人大预算审查监督正当时[J]．人民之友，2014(12)：51.

[2]邱现超．财政部门预算管理中的内部控制研究[J]．财经界，2020(34)：64-65.

[3]冯丽．国家支出预算定员定额标准体系构建——以浙江省为例[J]．中外企业家，2016(22)：104-106.

[4]黄亚梅．行政事业单位部门预算改革与会计核算的协调核心思路[J]．纳税，2021，15(01)：103-104.